本刊的出版得到清华大学法学院凯原中国法治与义理研究中心的大力资助，特此感谢

中国法律史学会 主办

中国法律史研究

2017年卷

RESEARCH ON THE LEGAL
HISTORY OF CHINA

执行主编 高汉成

主编 吴玉章

社会科学文献出版社
SOCIAL SCIENCES ACADEMIC PRESS (CHINA)

编委会

目　录

轩辕法治与义理

学术综述

出版前言

《中国法律史研究（2017年卷）》已经呈现在读者面前了。

法学研究所领导非常重视《中国法律史研究》的编辑和出版工作，一再要求参与此项工作的人员"认真负责、精益求精"。

为了确定选题，以及应对临时发生的变化，期刊编委会数次开会，集体讨论，并最终定稿。本期编辑工作由法学研究所高汉成先生负责。为了保证学术质量，学会还与清华大学中国法治与义理研究中心的张少喻先生联系，将本期稿件请其帮助把关。

今天，法学研究处于欣欣向荣的局面，然而由于若干因素的影响，为中国法律史学会刊物约稿并不轻松，而本期供稿者"深化学术研究，推进学术交流"的责任心尤为强烈。

本期编辑过程中，法学研究所法律史研究室张生主任不仅大力支持，而且认真审稿，在此，我们表示深深的谢意。

社会科学文献出版社芮素平主任还是一贯地认真负责，她和她领导的团队对本书的编辑出版付出巨大劳动，我们也非常感谢！

中国法律史学会会长　吴玉章
2017 年 7 月 25 日

专题研究

从军功爵制到《勋章章程》

——中国功勋奖励制度之历史演进

张德美[*]

摘　要： 中国古代功勋奖励制度的历史，大体经历了军功爵制、勋官制度、封爵制度三个时期。尽管各个时期在制度设计上有所不同，但奖励功勋的主旨却是一脉相承的，这也是近代勋章制度的宗旨之一。比较而言，中国人对于功臣的奖励更加注重物质层面的赏赐，受封赠者往往可以因功取得某些政治、经济以及法律上的利益。当然，有关受封者舆服、铁券、诰敕等方面的规定，也会使受封者得到精神上的鼓励，而近代有关勋章及其执照的规定，有与此相通的地方。

关键词： 奖励　功勋制度　军功爵制　勋官制度　封爵制度

勋章，是一国政府授予有功者的荣誉证章或标志。中国最早出现的勋章是清末铸造的双龙宝星勋章，这主要是借鉴西方荣誉制度的结果。实际上，中国古代很早就出现了功勋奖励制度，从秦汉时期的军功爵制，到隋唐时期的勋官制度，再到明清时期的封爵制度。尽管这些制度在名称及内容上有所不同，但奖励功勋的主旨却是一脉相承的，而近代有关勋章制度的规定，也有与此相通的地方。本文旨在梳理中国古代在奖励功勋方面的制度和措施，探究中国勋章制度的历史渊源。

一　秦汉时期的军功爵制

《周礼·夏官司马》云："司勋掌六乡赏地之法，以等其功。王功曰

---

[*]　张德美，法学博士、教授，中国政法大学法律史学研究院专职研究人员。

勋，国功曰功，民功曰庸，事功曰劳，治功曰力，战功曰多。凡有功者，铭书于王之大常，祭于大烝，司勋诏之。大功，司勋藏其贰。掌赏地之政令，凡赏无常，轻重视功。"根据这段描述，西周时期由司勋负责论功行赏，对于功臣，除赏赐土地等财物外，还要铭其功于太常，功臣死后，亦得配祀于先王宗庙。虽然人们很难断定这些在后代官史中常见的情形，在多大程度上反映了西周的史实，毕竟《周礼》的成书年代迄无定论；当时封爵制的存在则是毋庸置疑的，如《左传》云："故天子建国，诸侯立家，卿置侧室，大夫有贰宗，士有隶子弟"，"各有分亲，皆有等衰"①，而且显然，这种封爵制度是因宗法而设，与功勋无关。春秋战国时期，出于争霸称雄的需要，一些诸侯国纷纷采取措施，奖励耕战，论功行赏。而在战国时期奖励军功方面最为完备的制度，莫过于秦国实行的军功爵制。

（一）爵级

所谓军功爵制，即以军功作为拜爵的依据，它是对世卿世禄的彻底变革。商鞅为秦国确立的价值观念就是"有功者显荣，无功者虽富无所芬华"，"宗室非有军功论，不得为属籍"。②秦国的军功爵共二十级，"一为公士，二上造，三簪枭，四不更，五大夫，六官大夫，七公大夫，八公乘，九五大夫，十左庶长，十一右庶长，十二左更，十三中更，十四右更，十五少上造，十六大上造，十七驷车庶长，十八大庶长，十九关内侯，二十彻侯"。③赐爵的具体办法是"战斩一首赐爵一级，欲为官者五十石"，④"各以率受上爵"，⑤而从前一条史料可知，秦时爵秩分离，无论官民，均可因斩首得爵，为官者若舍爵而取秩，则斩一首增秩五十石。

二十等爵之设，据说有仿古之义。刘劭云："自一爵以上至不更四等，皆士也。大夫以上至五大夫五等，比大夫也。九等，依九命之义也。自左庶长以上至大庶长，九卿之义也。关内侯者，依古圻内子男之义也。秦都山西，以关内为王畿，故曰关内侯也。列侯者，依古列国诸侯之义也。然

---

① 《春秋左传（一）》，顾馨、徐明点校，辽宁教育出版社，1997，第 16 页。
② 《史记·商君列传》，中华书局，2000，第 1765 页。
③ 《史记·秦本纪》，引《集解》，中华书局，2000，第 147 页。
④ 《史记·秦本纪》，引《集解》，中华书局，2000，第 147 页。
⑤ 《史记·商君列传》，中华书局，2000，第 1765 页。

则卿大夫士下之品，皆仿古，比朝之制而异其名，亦所以殊军国也。"① 对于二十等爵复分侯、卿、大夫、士四个层次，有学者认为："虽然二十等爵制与周爵制没有直接的承续关系，但是，长久施行、不断演化的周爵制之机能断不会因变革而消亡，更有可能的是注入新制度的肌体继续发挥作用。"②

根据《史记索隐》对"宗室非有军功论，不得为属籍"一句的注解："谓除其籍，则虽无功不及爵秩"，商鞅的二十等爵制分明是对西周时期世爵世禄制的根本否定。汉刘劭之流将二十等爵与周爵制相比附，无非是为了恢复西周时期的等级秩序，这种心思，汉儒早已有之，贾谊《新书·阶级》云："故古者圣王制为列等，内有公、卿、大夫、士，外有公、侯、伯、子、男，然后有官师、小吏，施及庶人，等级分明，而天子加焉，故其尊不可及也。"③ 不过，汉代的实际情况却是："大夫爵层与上、下爵层之间的界限渐趋消融，二十等爵制四分层的有效性也随之降低。"④

（二）法律特权

在秦汉时期，二十等爵给人们带来的主要是物质上的利益，如汉高祖六年夏五月，曾下诏"复故爵田宅"，⑤ 赏赐田宅的具体数额依爵级而定，而根据《二年律令·户律》，汉代二十等爵赐田数额依次为：关内侯九十五顷，大庶长九十顷，驷车庶长八十八顷，大上造八十六顷，少上造八十四顷，右更八十二顷，中更八十顷，左更七十八顷，右庶长七十六顷，左庶长七十四顷，五大夫二十五顷，公乘二十顷，公大夫九顷，官大夫七顷，大夫五顷，不更四顷，簪袅三顷，上造二顷，公士一顷半，而一般士卒、百姓赐田一顷。赐宅数额依次为：彻侯受百五宅，关内侯九十五宅，大庶长九十宅，驷车庶长八十八宅，大上造八十六宅，少上造八十四宅，右更八十二宅，中更八十宅，左更七十八宅，右庶长七十六宅，左庶长七十四宅，五大夫二十五宅，公乘廿宅，公大夫九宅，官大夫七宅，大夫五宅，不更四

---

① 《后汉书·百官志》，中华书局，2000，第 2480 页。
② 凌文超：《汉初爵制结构的演变与官、民爵的形成》，《中国史研究》2012 年第 1 期。
③ 方向东译注《新书》，中华书局，2012，第 68 页。
④ 凌文超：《汉初爵制结构的演变与官、民爵的形成》，《中国史研究》2012 年第 1 期。
⑤ 《汉书·高帝纪》，中华书局，2000，第 40 页。

宅，簪袅三宅，上造二宅，公士一宅半，而一般士卒、百姓则只受一宅。①

在法律上，受二十等爵者享有一定特权，如免役，据《二年律令·傅律》规定，"大夫以上年五十八，不更六十二，簪袅六十三，上造六十四，公士六十五，公卒以下六十六，皆为免老"，达到上述年龄的人得免全役；"不更年五十八，簪袅五十九，上造六十，公士六十一，公卒、士伍六十二，皆为睆老"，②达到上述年龄者得免半役。又如爵位世袭，《二年律令·傅律》规定："不为后而傅者，关内侯子二人为不更，它子为簪袅；卿子二人为不更，它子为上造；五大夫子二人为簪袅，它子为上造；公乘、公大夫子二人为上造，它子为公士；官大夫及大夫子为公士，不更至上造子为公卒。"③再如刑事上的豁免权，惠帝即位后曾下诏："爵五大夫、吏六百石以上及宦皇帝而知名者有罪当盗械者，皆颂系；上造以上及内外公孙、耳孙有罪当刑及当为城旦舂者，皆耐为鬼薪、白粲。"④

另外，秦汉时期虽然爵秩分离，封爵与拜官不同，但在某种情况下，爵级与秩级之间还是存在一定的对应关系，如《二年律令·赐律》规定，"赐不为吏及宦皇帝者，关内侯以上比二千石，卿比千石，五大夫比八百石，公乘比六百石，公大夫、官大夫比五百石，大夫比三百石，不更比有秩，簪袅比斗食，上造、公士比佐史"。⑤也就是说，对于那些立有大功而又无意仕宦的人，其赏赐比照各级官吏处理，这种以爵比秩的做法体现了秦汉时期爵秩之间的共生关系。

（三）丹书铁契

二十等爵所带来的政治、经济地位与法律特权，也通过受爵者的佩饰、服饰等外在形式体现出来，据《汉书·高帝纪》载，高祖八年春下令

---

① 张家山汉墓竹简整理小组：《张家山汉墓竹简（二四七号墓）》，文物出版社，2001，第 175~176 页。
② 张家山汉墓竹简整理小组：《张家山汉墓竹简（二四七号墓）》，文物出版社，2001，第 181 页。
③ 张家山汉墓竹简整理小组：《张家山汉墓竹简（二四七号墓）》，文物出版社，2001，第 182 页。
④ 《汉书·惠帝纪》，中华书局，2000，第 63 页。
⑤ 张家山汉墓竹简整理小组：《张家山汉墓竹简（二四七号墓）》，文物出版社，2001，第 173 页。

"爵非公乘以上毋得冠刘氏冠"。①《后汉书·百官志》称列侯即秦代的彻侯（避武帝讳）"金印紫绶"。② 至于其他爵级的佩饰，《后汉书·舆服志》等材料惜未提及。值得注意的是，汉高祖六年十二月，有所谓"剖符封功臣"之举，"与功臣剖符作誓，丹书铁契，金匮石室，藏之宗庙"，誓词中有"使河如带、泰山若厉，国乃灭绝"之类的句子。③ 当时汉高祖封了不少功臣作王侯，但他的真实想法是"非刘氏而王者"，"天下共诛之"，④ 于是异姓王鲜有善终。不过，汉高祖的丹书铁契还是开辟了中国古代功臣铁券制度的先河。

魏晋南北朝时期，历朝政权于名义上仍然维持着以功赐爵的传统，如魏武帝二十年冬，"始置名号侯至五大夫，与旧列侯、关内侯凡六等，以赏军功"，其中"名号侯爵十八级，关中侯爵十七级，皆金印紫绶；又置关内外侯十六级，铜印龟纽墨绶；五大夫十五级，铜印环纽，亦墨绶"；⑤ 北魏道武帝天兴元年改原来的五等爵为四等爵制，即王、公、侯、子四级，孝文帝延兴二年下诏，"非功无以受爵，非能无以受禄"。⑥ 但上述爵级的设计，已与秦汉时期大不相同，且在门阀制度盛行的魏晋南北朝时期，因功赐爵的制度也只能流于形式。比如西晋实行五等爵制，⑦ 晋武帝时明确规定："其大国次国始封王之支子为公，承封王之支子为侯，继承封王之支子为伯。小国五千户已上，始封王之支子为子，不满五千户始封王之支子及始封公侯之支子皆为男，非此皆不得封。"⑧ 这时的封爵制度更加注重身份而非功绩。

二 唐宋时期的勋官制度

隋唐以后日益发达的科举制度给门阀政治带来了极大的冲击，这一时

---

① 《汉书·高帝纪》，中华书局，2000，第 48 页。
② 《后汉书·百官志》，中华书局，2000，第 2479 页。
③ 《汉书·高帝纪》，中华书局，2000，第 45、59 页。
④ 《史记·汉兴以来诸侯王年表第五》，中华书局，2000，第 681 页。
⑤ 《三国志·魏书·武帝纪》，中华书局，2000，第 33 页。
⑥ 《魏书·官氏志》，中华书局，2000，第 1980、1982 页。
⑦ 《晋书·文帝纪》，中华书局，2000，第 29 页。
⑧ 《晋书·职官志》，中华书局，2000，第 481 页。

期，以奖励军功为目的的勋官制度发展起来，隋朝设勋官十一等，唐朝勋官则为十二等。

（一）勋级与授叙

《隋书·百官志》云："高祖又采后周之制，置上柱国、柱国、上大将军、大将军、上开府仪同三司、开府仪同三司、上仪同三司、仪同三司、大都督、帅都督、都督，总十一等，以酬勤劳。"① 唐代尚书省吏部设司勋郎中、员外郎，掌管"邦国官人之勋级"，据《唐会典》记载："凡勋十有二等：十二转为上柱国，比正二品；十一转为柱国，比从二品；十转为上护军，比正三品；九转为护军，比从三品；八转为上轻车都尉，比正四品；七转为轻车都尉，比从四品；六转为上骑都尉，比正五品；五转为骑都尉，比从五品；四转为骁骑尉，比正六品；三转为飞骑尉，比从六品；二转为云骑尉，比正七品；一转为武骑尉，比从七品。凡有功效之人合授勋官者，皆委之覆定，然后奏拟。"②

尽管隋唐两代在勋官等级、名号上的规定有所不同，但因功授勋的精神是一致的。不过隋文帝时所设十一等官为散官，并不理事，"加文武官之德声者"，③ 奖励对象并未普遍化。后隋炀帝在平定杨玄感叛乱过程中，采纳了民部尚书樊子盖的建议，"厚为勋格"，以期"人心自奋"，平叛后应授勋者人数众多，炀帝虽"性吝官赏"，却不宜失信于人，于是"更置戎秩，建节尉为正六品，次奋武、宣惠、绥德、怀仁、秉义、奉诚、立信等尉，递降一阶"，④ 当时守雁门将士一万七千人，得勋者达一千五百人，勋官封赏已普遍及于地位低下的兵士。而唐代勋官授予，更加强调"审其实而授叙焉"，如根据《唐六典》卷五《尚书兵部》"兵部员外郎"条记载：

> 若牢城苦战第一等，酬勋三转，第二、第三等差减一转。凡破城、阵，以少击多为"上阵"，数略相当为"中阵"，以多击少为

---

① 《隋书·百官志》，中华书局，2000，第530页。
② 《唐六典·尚书吏部》，中华书局，1992，第40～41页。
③ 《隋书·百官志》，中华书局，2000，第530页。
④ 《资治通鉴》卷一八二《隋纪六》炀帝大业十一年冬十月，中华书局，1956，第5698、5700页。

"下阵"，转倍以上为"多少"。常据贼数以十分率之，杀获四分已上为"上获"，二分已上为"中获"，一分已上为"下获"。凡上阵上获第一等酬勋五转，上阵中获、中阵上获第一等酬勋四转，上阵下获、中阵中获、下阵上获第一等酬勋三转，其第二、第三等，各递降一转。中阵下获、下阵中获第一等酬勋两转，第二、第三等并下阵下获各酬勋一转。其虽破城、阵，杀获不成分者，三等阵各酬勋一转。其跳荡、降功不在限。凡临阵对寇，矢石未交，先锋挺人，贼徒因而破者为跳荡；其次先锋受降者为降功。凡酬功者，见任、前资、常选为上资，文武散官、卫官、勋官五品已上为次资，五品子孙、上柱国柱国子、勋官六品已下、诸色有番考人为下资，白丁、卫士、杂色人为无资。凡跳荡人，上资加两阶，即优与处分，应入三品、五品，不限官考；次资即优与处分；下资优与处分；无资稍优与处分。其殊功第一等，上资加一阶，优与处分，应入三品、五品，减四考；次资优与处分；下资稍优与处分；无资放选。殊功第二等，上资优与处分，次资稍优与处分，下资放选，无资常勋外加三转。殊功第三等，上资稍优与处分，次资放选，下资应简日放选，无资常勋外加两转。若破国王胜，事愈常格，或斩将搴旗，功效尤异，虽不合格，并委军将临时录奏。①

上述内容明确了酬勋的标准与办法，规定酬功的范围上至现任职事官、文武散官，下及白丁、卫士及杂色人等。授勋流程一般分为三步：先由大将评功，"既捷，及军未散，皆会众而书劳，与其费用、执俘、折馘之数，皆露布以闻"。② 再由尚书省兵部员外郎审核，"勋、获之数，皆审其实而授叙焉"；最终还要由吏部司勋司复核，十二转"皆委之覆定，然后奏拟"。对于功效尤异者，也可不依常格，由军将"临时录奏"。同时，唐代亦设有封爵之制，"凡叙阶之法，有以封爵"，③ 爵分王、郡王、国公、郡公、县公、县侯、县伯、县子、县男九等，食邑一万户至三百户不等，④

---

① 《唐六典·尚书兵部》"兵部员外郎"条，中华书局，1992，第160~161页。
② 《唐六典·尚书兵部》"兵部郎中"条，中华书局，1992，第159页。
③ 《唐六典·尚书吏部》"吏部郎中员外郎"条，中华书局，1992，第31~32页。
④ 《旧唐书·职官二》，中华书局，2000，第1243页。

用以封赠宗室，有时也用于奖励功臣，比如唐高祖封长孙顺德为薛国公，[①]太宗封侯君集为潞国公，[②] 肃宗时封郭子仪为汾阳王，[③] 代宗时封李晟为合川郡王[④]，事例不一而足。一般来说，功臣封爵需要皇帝特旨，而勋官制度则是奖励军功的常制。

（二）勋官的法律地位

在隋唐时期，勋官得享经济、政治与法律等特权。首先，在经济上，唐代勋官可分得永业田："上柱国三十顷，柱国二十五顷，上护军二十顷，护军十五顷，上轻车都尉一十顷，轻车都尉七顷，上骑都尉六顷，骑都尉四顷，骁骑尉、飞骑尉各八十亩，云骑尉、武骑尉各六十亩。"[⑤] 同时在租庸调负担上，"凡有功之臣，赐实封者，皆以课户充"。[⑥]

其次，在法律上，勋官照例享有特权，如八议之一即议功，功"谓能斩将搴旗，摧锋万里，或率众归化，宁济一时，匡救艰难，铭功太常者"，[⑦] 其"犯死罪，皆条所坐及应议之状，先奏请议，议定奏裁"。[⑧] 又如上请，五品以上官爵包括"勋官及爵二品以下，五品以上。此等之人，犯死罪者，并为上请"。[⑨] 再如减刑，"谓六品、七品文武职事、散官、卫官、勋官等身"，"犯流罪以下，各从减一等之例"。[⑩] 同时，前述勋官，依律"犯流罪以下，听赎"。[⑪] 而犯私罪得以官当徒的所谓官当，也包含勋官在内，"若用官当徒者，职事每阶各为一官，勋官即正、从各为一官"。[⑫]

再次，在政治上，除前述现任职事官可因跳荡、殊功获得加阶、减考等奖励外，勋官也可通过某种渠道入仕为散官甚至职事官。如《新唐书·

---

① 《旧唐书·长孙顺德传》，中华书局，2000，第 1557 页。
② 《旧唐书·侯君集传》，中华书局，2000，第 1693 页。
③ 《旧唐书·郭子仪传》，中华书局，2000，第 2346 页。
④ 《旧唐书·李晟传》，中华书局，2000，第 2491 页。
⑤ 《唐六典·尚书户部》"户部郎中员外郎"条，中华书局，1992，第 75 页。
⑥ 《旧唐书·职官二》，中华书局，2000，第 1246 页。
⑦ 《唐律疏议》卷二《名例》"八议"条，法律出版社，1999，第 19 页。
⑧ 《唐律疏议》卷二《名例》"诸八议者"条，法律出版社，1999，第 36 页。
⑨ 《唐律疏议》卷二《名例》"请"条，法律出版社，1999，第 37 页。
⑩ 《唐律疏议》卷二《名例》"减"条，法律出版社，1999，第 38 页。
⑪ 《唐律疏议》卷二《名例》"赎"条，法律出版社，1999，第 39 页。
⑫ 《唐律疏议》卷二《名例》"诸犯私罪，以官当徒者"条，法律出版社，1999，第 50 页。

百官志》称："凡勋官九百人，无职任者，番上于兵部，视远近为十二番，以强干者为番头，留宿卫者为番，月上。外州分五番，主城门、仓库，执刀。上柱国以下番上四年，骁骑尉以下番上五年，简于兵部，授散官。"① 又据《通典》卷二《食货典》"屯田"条大唐开元二十五年令云："其屯官取勋官五品以上及武散官并前资边州县府镇戍八品以上文武官内，简堪者充。据所收斛斗等级为优劣。"② 在募兵制下，勋官亦可出任统帅："凡天下诸州差兵募取户殷丁多、人材骁勇，选前资官、勋官部分强明堪统摄者，节级权补主帅以领之。"③ 至于散官入仕后的位阶，《唐六典》称叙阶之法"有以勋庸"，注云："谓上柱国，正六品上叙，柱国以已下，每降一等，至骑都尉，从七品下；骁骑尉、飞骑尉，正九品上；云骑尉、武骑尉，从九品下。"④ 勋官亦可荫子，不过限于骑都尉以上，"九品以上及勋官五品以上子，从九品下叙"，⑤ 骁骑尉以下不能荫子。

最后，在服饰上，唐代勋官与流外官及庶人、部曲等也有不同，"勋官之服，随其品而加佩刀、砺、纷、帨。流外官、庶人、部曲、奴婢，则服䌷绢絁布，色用黄白，饰以铁、铜"。⑥

（三）功臣铁券

唐代还继承了前代的功臣铁券制度。魏晋南北朝时期，已有皇帝赐臣铁券恕死的先例，如《周书·李穆传》记载，李穆冒死救宇文泰于危难，宇文泰自觉"加之以爵位，赏之以玉帛，未足为报"，于是"特赐铁券，恕以十死"。⑦ 武德元年八月，唐高祖以太原首功下"裴寂等恕死诏"，文曰：

> 朕自起义晋阳，遂登皇极，经纶天下，实仗群才。尚书令秦王某、尚书右仆射寂，或合契元谋，或同心运始，并蹈义轻生，捐家殉

---

① 《新唐书·百官一》，中华书局，2000，第 782～783 页。
② 《通典》，中华书局，1988，第 44 页。
③ 《唐六典·尚书兵部》"兵部郎中"条，中华书局，1992，第 157 页。
④ 《唐六典·尚书吏部》"吏部郎中员外郎"条，中华书局，1992，第 32 页。
⑤ 《新唐书·选举志》，中华书局，2000，第 770 页。
⑥ 《新唐书·车服志》，中华书局，2000，第 351 页。
⑦ 《周书·李穆传》，中华书局，2000，第 356 页。

节，艰辛备履，金石不移。论此忠勤，理宜优异，官爵之荣，抑惟旧典，勋贤之议，宜有别恩。其罪非叛逆，可听恕一死。其太原元谋勋效者，宜以名闻。①

而据《旧唐书·刘文静传》所载，对于太原元谋立功者李世民、裴寂、刘文静"特恕二死"，长孙顺德等十四人"约免一死"。② 唐太宗贞观十二年，又有"图功臣像于凌烟阁"之举，其诏书有云："自古圣王褒崇勋德，既勒铭于钟鼎，又图形于丹青。是以甘露良佐，麟阁著其美；建武功臣，云台纪其迹"；对于长孙无忌、杜如晦等二十四功臣，"宜酌故实，弘兹令典，可并画于凌烟阁。庶念功之怀，无谢于前载；旌贤之义，永贻于后昆"。③ 有唐一代，政局多变，有功于社稷之臣，或受赐铁券，或图形于凌烟阁。中宗神龙元年五月，"以张柬之等及武攸暨、武三思、郑普思等十六人皆为立功之人，赐以铁券，自非反逆，各恕十死"；④ 玄宗天宝十二载，赐突骑施黑姓可汗铁券，表彰其"久率蕃部，归化朝廷，兼拒凶威，挫其侵轶，精贯白日，义光青史"；代宗广德元年，雍王李适，"以元帅功拜尚书令，食实封二千户，与郭子仪等八人图形凌烟阁"；⑤ 德宗贞元五年，"九月壬戌，诏褚遂良已下至李晟等二十七，图形于凌烟阁，以继国初功臣之像"。⑥ 昭宗兴化元年，赐韩建铁券，恕其九死，其子孙恕二死，誓文曰："矧夫黄河不竭，青山匪穷，比此赏延，锡于苗裔，使卿永荷禄位，长受宠荣。"⑦

关于唐代的勋官制度，《旧唐书·职官志》称，自高宗永徽以后，"年月既久，渐相错乱"，"战士授勋者动盈万计"，勋官普遍化的结果是其实际地位的降低，"据令乃与公卿齐班，论实在于胥吏之下，盖以其猥多，

---

① 《唐大诏令集》卷六四《大臣铁券》"裴寂等恕死诏"，中华书局，2008，第 353 页。
② 《旧唐书·刘文静传》，中华书局，2000，第 1547 页。
③ 《唐大诏令集》卷六五《大臣录勋》"图功臣像于凌烟阁诏"，中华书局，2008，第 359 页。
④ 《资治通鉴》卷二〇八《唐纪二十四》"中宗神龙元年五月乙酉"条，中华书局，1956，第 6590 页。
⑤ 《旧唐书·德宗纪》，中华书局，2000，第 217 页。
⑥ 《旧唐书·德宗纪》，中华书局，2000，第 250 页。
⑦ 《唐大诏令集》卷六四《大臣铁券》"赐韩建铁券文"，中华书局，2008，第 354 页。

又多出自兵卒，所以然也"。① 至于功臣铁券上的信誓旦旦，皇帝本人就未必当真，如高祖时刘文静得免二死仍不免于鸟尽弓藏的宿命；② 太宗时候君集图像于凌烟阁终"斩于四达之衢"；③ 中宗恕敬晖十死却有"迹其巨逆，合置严诛"之诏；④ 昭宗赠杜让能"扶危启运保乂功臣"铁券，却于危难关头赐其死以自保。⑤ 归根到底，铁券只是对已往功勋的认可，即便文字成铁也不能保证受赠者将来的命运。德宗兴元元年赐李怀光铁券，怀光投券于地曰"凡人臣反，则赐铁券，今授怀光，是使反也"。⑥ 权臣对于铁券的这种态度，折射了中唐政府日益衰落的史实。

宋代继承了勋级十二转的制度，但宋太宗淳化元年"诏自今免官者，并以职事官，不得以勋、散、试官之类"，此即废除了唐代以来勋官当徒的特权；又"诏京官、幕职、州县官始武骑尉，朝官始骑都尉，历级而升"，⑦ 此举便已剥夺了一般士卒、庶人等受勋之途。宋神宗元丰六年十二月又进一步规定："升朝官加勋，依宗室法，并自武骑尉始"，⑧ 这就意味着，京官、幕职、州县官等皆不再授予勋级。授勋的严格化，并不意味着勋官在宋代比唐代更加受到重视。事实上，宋代不断有人提出废除勋官之制，如仁宗嘉祐三年十二月，知制诰刘敞即提出废除勋官的问题："文武散官及检校、兼官、勋、爵、实封等，在开元以前颇有实事，于今唯散官犹叙服色，粗系轻重，其余悉皆虚名，无益治体。即欲改正官制，当例行省罢，此所谓改正者也。"⑨ 至政和二年，宋徽宗终于采纳大臣李嘉的建议，于同年二、三月先后废除文武勋官的授予。⑩ 自此以后便不复设置，《建炎以来朝野杂记》云：

---

① 《旧唐书·职官志》，中华书局，2000，第1234页。
② 《旧唐书·刘文静传》，中华书局，2000，第1547页。
③ 《旧唐书·侯君集传》，中华书局，2000，第1696页。
④ 《旧唐书·敬晖传》，中华书局，2000，第1985页。
⑤ 《旧唐书·杜让能传》，中华书局，2000，第3139、3140页。
⑥ 《旧唐书·李怀光传》，中华书局，2000，第2374页。
⑦ 《续资治通鉴长编》卷三一"太宗淳化元年正月丙申"条，上海古籍出版社，1986，第268页。
⑧ 《续资治通鉴长编》卷三四一"神宗元丰六年十二月辛未"条，上海古籍出版社，1986，第3171页。
⑨ 《续资治通鉴长编》卷一八八"仁宗嘉祐三年十二月辛亥"条，上海古籍出版社，1986，第1733页。
⑩ 《宋会要辑稿》职官十之十八、十九，中华书局，1987，第2609页。

勋官者，自战国以来有之，至唐始以为虚名。国朝循唐制，文臣朝官、武臣崇班以上，遇恩辄加之。由武骑尉至上柱国，凡十二转。政和中罢，淳熙末，朝议欲复之，以旌有功，如贴职之比，后亦不果行。①

三　明清时期的封爵制度

元代复设勋官，共十阶，依次为上柱国、柱国、上护军、护军、上轻车都尉、轻车都尉、上骑都尉、骑都尉、骁骑尉、飞骑尉；又设爵八等：王、郡王、国公、郡公、郡侯、郡伯、县子、县男。元代勋爵之设，主要"止于封赠用之"，②《元史·选举志》"封赠之制"称："至元初，唯一二勋旧之家以特恩见褒，虽略有成法，未悉行之。"元英宗至治三年新定封赠之法，规定"一品至五品并用散官勋爵，六品七品止用散官职官"，勋爵成为封赠品官父母妻子，用以"分立等第"、"激劝忠孝"的制度，③已丧失了奖励军功的作用。而元代之后的明清两朝的封爵制度，相比前代，则有其特色之处。以下笔者一一予以详述之。

（一）明代的封爵

明代勋官始分文武。据《明史·职官志》记载，明代设文勋十：左、右柱国，正一品；柱国，从一品；正治上卿，正二品；正治卿，从二品；资治尹，正三品；资治少尹，从三品；赞治尹，正四品；赞治少尹，从四品；修正庶尹，正五品；协正庶尹，从五品。④又设武勋十二：左、右柱国，正一品；柱国，从一品；上护军，正二品；护军，从二品；上轻车都尉，正三品；轻车都尉，从三品；上骑都尉，正四品；骑都尉，从四品；骁骑尉，正五品；飞骑尉，从五品；云骑尉，正六品；武骑尉，从六品。⑤

---

① 《建炎以来朝野杂记》甲集卷一二《勋官》，中华书局，2000，第 249 页。
② 《元史·百官七》，中华书局，2000，第 1540 页。
③ 《元史·选举志》，中华书局，2000，第 1405、1406、1407 页。
④ 《明史·职官一》，中华书局，2000，第 1160 页。
⑤ 《明史·职官一》，中华书局，2000，第 1169 页。

对有大功于社稷者，则赐以封爵。爵分公、侯、伯三等，"以封功臣与外戚"。① 据《大明会典》记载："国初因前代之制，列爵五等，非有社稷军功者不封，子男后革。所封公侯伯皆给诰券，或世或不世，各以功为差。"②

1. 论功行赏

明代论功行赏的程序，是在军队胜利归来之后，由中书省移文大都督府，由兵部出具诸将功绩，吏部依此出具勋爵职名，户部、礼部开具赏格，之后中书省召集六部论定功赏，再奏请皇帝最终裁定。论功行赏的礼仪大体如下：

> 前期，陈御座香案于奉天殿，设宝案诏书案于殿中，诰命案于丹陛正中之北，宣制案于诰命案之北。吏、户、礼三部尚书位于殿上东南，大都督、兵部尚书位于殿上西南，应受赏官拜位于丹墀中，序立位于丹墀西南，受赏位于诰命案之南，受赏执事位于受赏官序立位之西。每官用捧诰命、捧礼物各一人，俱北向。余陈设如朝仪。是日，鼓三严，执事官各就位。皇帝衮冕升座，皇太子诸王衮冕，自殿东门入侍立，受赏官入就拜位，四拜。承制官跪承制，由殿中门出，吏、户、礼尚书由殿西门出，立于诰命案东。承制官南向称有制，受赏官皆跪，宣制曰："朕嘉某等为国建功，宜加爵赏。今授以某职，赐以某物，其恭承朕命。"宣毕，受赏官俯伏，兴，再拜。唱行赏，受赏官第一人诣案前跪，吏部尚书捧诰命，户部尚书捧礼物，各授受赏官。受赏官以授左右，俯伏，兴，复位。余官以次受赏讫，承制官、吏部尚书等俱至御前复命，退复位。受赏官皆再拜，三舞蹈，山呼。俯伏，兴，复四拜。礼毕，皇帝还宫。各官出，至午门外，以诰命礼物置于龙亭，用仪仗鼓乐各送还本第。明日进表称谢，如常仪。③

2. 法律特权

《大明会典》卷五十三更加详细地记录了明代的"论功行赏仪"，因篇

---

① 《明史·职官五》，中华书局，2000，第 1237 页。
② 《大明会典》卷六《吏部五》验封清吏司"功臣封爵"，江苏广陵古籍刻印社，1989，第 121 页。
③ 《明史·礼十一》"论功行赏"，中华书局，2000，第 960～961 页。

幅所限，这里不复赘引。明代获勋爵者得受庄田、公田。明太祖时"赐勋臣公侯丞相以下庄田，多者百顷"，"又赐公侯暨武臣公田，又赐百官公田，以其租入充禄"。由于勋戚求请庄田及侵夺民田的现象日益严重，皇帝不得不加以限制，如穆宗时定世次递减之限，"勋臣五世限田二百顷"；神宗时"复更定勋戚庄田世次递减法"，但终归效果寥寥。《明史·食货志》称："盖中叶以后，庄田侵夺民业，与国相终云。"① 明代勋臣庄田不免于输役，穆宗时"着令宗室买田不输役者没官，皇亲田俱令有司征之，如勋臣例"。②

至于功臣在法律上的特权，包括军官犯罪至徒流，"以世功犹得擢用"；功臣及五品以上官吏入监服刑者，"许令亲人入侍，徒流者并听随行"。③ 较唐律而言，明律赋予功臣的法律特权相对较少，为了防止功臣居功自傲，在洪武五年六月，明太祖曾"作铁榜诫功臣"。④ 在后来定型的《大明律》中，除议功之条得以延续外，唐律中有关勋官犯罪请、减、赎、官当的规定，在明律中均不复见。《大明律·名例》"应议者之父祖有犯"条还特别规定，若"有人于本管衙门告发，差人勾问，其皇亲国戚及功臣，占吝不发出官者，并听当该官司，实封奏闻区处"。⑤

在明代的勋爵体制下，三等爵的政治地位很高。《明史·职官志》称："凡爵非社稷军功不得封，封号非特旨不得与。"⑥ 其中封号分四等："佐太祖定天下者，曰开国辅运推诚；从成祖起兵，曰奉天靖难推诚；余曰奉天翊运推诚，曰奉天翊卫推诚。武臣曰宣力武臣，文臣曰守正文臣。"⑦ 洪武二十六年，"定公侯伯子男见职受封者，必须随即奏请封号爵禄等级及驸马婚礼，俱用具奏给授诰命，札付翰林院撰文，具手本送中书舍人书写，尚宝司用宝完备，择日具奏颁降"。又规定凡功臣殁后加封的，"公追封为

---

① 《明史·食货一》，中华书局，2000，第 1259～1261 页。
② 《明史·食货一》，中华书局，2000，第 1261 页。
③ 《明史·刑法一》，中华书局，2000，第 1527 页。
④ 《明史·太祖纪》，中华书局，2000，第 18 页。
⑤ 《大明律》卷一《名例律》"应议者之父祖有犯"条，法律出版社，1999，第 6 页。
⑥ 《明史·职官一》，中华书局，2000，第 1159 页。
⑦ 《明史·职官五》，中华书局，2000，第 1237 页。

王，侯追封为公，伯追封为侯"。①

此外，明代公侯伯均得推恩三代，如洪武二十六年定："公父、祖父、曾祖父、各封某国公；母、祖母、曾祖母、各封某国夫人；本官妻、封某国夫人。侯父、祖父、曾祖父、各封某侯；母、祖母、曾祖母、各封某侯夫人；本官妻、封某侯夫人。伯子男同。"凡公侯伯的爵位得由子孙承袭，袭爵依嫡长子、嫡长孙、嫡次子孙、庶长子孙的顺序进行。②

3. 铁券制度

明代对功臣均赐给诰命及铁券。封爵者的诰轴，均用一品之制，唯公侯用玉轴，而伯子男用犀轴。③而据《明史·舆服志》记载，侯伯冠上梁数为七梁，亦与一品同，公冠为八梁，则高于一品。公侯伯服色花样、腰带，也与一品同，即绯服、大独科花，佩玉带。④他们还与京朝官一样领牙牌，以防奸伪，牙牌上刻有"勋"字。⑤

明朝是中国历史上铁券制度最为完备的时期。洪武二年，明太祖欲效法前朝，赐功臣铁券，但当时未有定制，后来得到台州百姓钱允一家所藏吴越王镠唐赐铁券，于是因制损益，形成明代铁券之制：

> 其制如瓦，第为七等。公二等：一高尺，广一尺六寸五分；一高九寸五分，广一尺六寸。侯三等：一高九寸，广一尺五寸五分；一高八寸五分，广一尺五寸；一高八寸，广一尺四寸五分。伯二等：一高七寸五分，广一尺三寸五分；一高六寸五分，广一尺二寸五分。外刻履历、恩数之详，以记其功；中镌免罪、减禄之数，以防其过。字嵌以金。凡九十七副，各分左右，左颁功臣，右藏内府，有故则合之，以取信焉。⑥

---

① 《大明会典》卷六《吏部五》验封清吏司"功臣封爵"，江苏广陵古籍刻印社，1989，第121页。
② 《大明会典》卷六《吏部五》验封清吏司"功臣推封"，江苏广陵古籍刻印社，1989，第121～122页。
③ 《大明会典》卷六《吏部五》验封清吏司"功臣封爵"，江苏广陵古籍刻印社，1989，第121页。
④ 《明史·舆服三》，中华书局，2000，第1092、1093页。
⑤ 《明史·舆服四》，中华书局，2000，第1115页。
⑥ 《明史·舆服四》，中华书局，2000，第1109页。

铁券的书写由中书舍人执掌，"凡草请诸翰林，宝请诸内府，左券及勘籍，归诸古今通集库"。① 在明代历史上，颁赐功臣铁券的事例很多。仅洪武三年明太祖大封功臣，李善长等公、侯合计三十四人并赐铁券；洪武二十五年改制铁券，又赐傅友德等八家铁券。② 成祖时因所谓靖难之功，于建文四年九月、永乐元年四月先后赐丘福等三十六人公侯伯爵，并赐铁券。③ 英宗天顺元年正月，因夺门功封石亨等六人公侯伯爵，三月又封徐有贞武功伯，并给诰券。④ 石亨等人因所谓"夺门迎复功"即获赠封爵，明英宗的做法完全背离了明代爵制"非社稷军功不封"的初衷。此后更有武宗朝神英因厚赂太监刘瑾而受封泾阳伯之事，⑤ 明中叶以后铁券制度之伪滥，于兹可见。

同唐朝一样，铁券在明代也没能真正成为功臣的免死牌。功高如李善长者受赐铁券，"免二死，子免一死"，却在致仕以后被明太祖以所谓"大逆无道"的罪名，"并其妻女弟侄家口七十余人诛之"。⑥ 至于受世券者亦是颍川侯傅友德赐死、永昌侯蓝玉伏诛，开国功臣的性命尚无法保证，后来的武昌伯徐有贞"徙金齿为民"则更不在话下。⑦ 不过《明史》称："洪武功臣之不获保全者，或亦有以自取欤。"⑧ 虽然明太祖诛杀功臣有兔死狗烹的意味，但明代对于功臣的约束比唐代更加严格却也是事实。既有铁券镌文防过于前，又有铁榜训诫功臣于后，则如蓝玉之流"骄蹇自恣，多蓄庄奴、假子"、"纵兵毁关入"，⑨ 无疑是自取灭亡了。

（二）清代的封爵

清代未设勋官，对于功臣的奖励制度是封爵之制。

---

① 《明史·职官三》，中华书局，2000，第 1205 页。
② 《明史·舆服四》，中华书局，2000，第 1109～1110 页。
③ 《明史·成祖纪》，中华书局，2000，第 51～53 页；《明史·舆服四》，中华书局，2000，第 1110 页。
④ 《明史·英宗纪》，中华书局，2000，第 105 页；《明史·徐有贞传》，中华书局，2000，第 3036 页。
⑤ 《明史·神英传》，中华书局，2000，第 3103 页。
⑥ 《明史·李善长传》，中华书局，2000，第 2500～2501 页。
⑦ 《明史·傅友德传》，中华书局，2000，第 2522 页；《明史·蓝玉传》，中华书局，2000，第 2565 页。
⑧ 《明史·傅友德传》，中华书局，2000，第 2528 页。
⑨ 《明史·蓝玉传》，中华书局，2000，第 2565 页。

1. 爵级及承袭

据《大清会典》记载，凡世爵之位九，其等二十有七：一曰公，其等三（一等公、二等公、三等公）；二曰侯，其等四（一等侯兼一云骑尉、一等侯、二等侯、三等侯）；三曰伯，其等四（一等伯兼一云骑尉、一等伯、二等伯、三等伯）；四曰子，其等四（一等子兼一云骑尉、一等子、二等子、三等子）；五曰男，其等四（一等男兼一云骑尉、一等男、二等男、三等男）；六曰轻车都尉，其等四（一等轻车都尉兼一云骑尉、一等轻车都尉、二等轻车都尉、三等轻车都尉）；七曰骑都尉，其等二（骑都尉兼一云骑尉、骑都尉）；八曰云骑尉，其等一；九曰恩骑尉，其等一。

显然，清代封爵之制继承了明代封爵制度的某些内容，可以说是明代的勋官制度与封爵制度合二为一的产物。清代封爵是以云骑尉为准，加等则增加承袭次数（从云骑尉至一等公，承袭次数从一次至二十六次不等）。承袭次数用完则改授恩骑尉，但因军功给予世爵非阵亡者，袭次用完，亦不给恩骑尉。依旨世袭罔替者，不计承袭次数。清代封爵者赏给诰敕，但不像明代那样颁赐铁券。其中，世袭罔替者授诰命，有承袭次数者授敕命。诰命、敕命之轴，由吏部具题后，交由内阁撰写并用宝，再由吏部颁发。世爵袭替次数，每年要由吏部统计，登于皇册。公侯伯按其勋阀赐名，程序是先由内阁撰拟嘉名，经皇帝钦定后，载入袭爵诰敕内颁发。

清代对于所谓"爵除而其人存"的情况，也给予优恤。如因军功所立世爵，若子孙亡故后，袭次已尽，而立爵官尚在者，则给其全俸；或立爵官已死，而其母尚在者，则给其半俸。立爵官如因罪被革爵者，除所犯为枉法赃、侵盗钱粮之罪外，仍准许其应袭之子孙承袭爵位。终身无嗣，方查销其爵位。①

2. 服 制

清代公侯伯服饰亦有定制。如《清史稿·舆服志》载，公"朝冠，冬用薰貂，十一月朔至上元用青狐。顶镂花金座，中饰东珠四，上衔红宝石，夏顶制同"。又"朝服，蓝及石青诸色随所用。披领及袖俱石青，片金缘，冬加海龙缘。两肩前后正蟒各一，腰帷行蟒四，中有襞积。裳行蟒

---

① 清代封爵制内容，参见《大清五朝会典·光绪会典》卷一二《吏部九》"验封清吏司郎中"条，线装书局，2007，第101~103页。

八。十一月朔至上元，披领及裳俱表以紫貂，袖端薰貂。两肩前后正蟒各一，襞积行蟒四，皆四爪。曾赐五爪蟒缎者，亦得用之。蟒袍，蓝及石青诸色随所用，通绣九蟒"；而"朝珠，珊瑚青金绿松蜜珀随所用，杂饰惟宜。绦用石青色，朝带色用石青或蓝，镂金玉圆版四，每具饰猫睛石一。佩帉下广而锐，吉服带佩帉下直而齐，版饰惟宜。雨冠、雨衣、雨裳俱用红色"。[①] 侯伯以下服饰，依次减配，这里不复赘述。

四　近代勋章制度的诞生

近代门户开放以后，在中国的衙门、军队、工矿企业及交通运输、教育等部门中出现了不少受聘的洋员，他们襄助中国有功，这便产生了如何奖励洋人的问题。比如对于在镇压太平天国起义中立功的洋人，"有仅专旨嘉奖者，有行知各该国主自行给奖者，有赏给银牌者，有赏给银两者，其功绩大小不同，故奖赏亦厚薄有别"，[②] 标准并不统一。同治元年十二月，李鸿章向清廷提出对于"助剿"出力的英法领事、官兵的奖励办法，"即由臣饬令会防局依照该国功牌式样，另铸金银等牌若干面，分别酌给佩带"。[③] 但清廷并未采纳。同治二年三月，三口通商大臣崇厚向清廷提出仿照宝星，"查外国向有宝星名目，一中国宝星相似，不过制造精工"，在取得总理衙门支持的情况下，崇厚提出了一个仿照宝星的改铸方案，改铸后的功牌称金宝星，式样为背面双龙形，正面铸御赐字样。这个方案最终得到清廷允准，[④] 并制成标准样式向全国推行。

（一）《宝星章程》

光绪七年十二月，总理衙门奏准颁布《宝星章程》，照会各国使臣并知照南北洋大臣、各省督抚、出使各国大臣遵照办理。该章程将宝星分五

---

① 《清史稿·舆服志》，中华书局，1977，第 3048 页。
② 《筹办夷务始末（同治朝）》（三）卷二二廷寄"谕议政王军机大臣等"，中华书局，2008，第 988 页。
③ 《筹办夷务始末（同治朝）》（二）卷一二"李鸿章又奏请奖英法各国出力各员片"，中华书局，2008，第 523 页。
④ 《筹办夷务始末（同治朝）》（二）卷一五"奕䜣等又奏议复崇厚请以宝星等奖英法助战各员片"，中华书局，2008，第 658 页。

等十一级：头等宝星为方形，长三寸三分，宽二寸二分，赤金地，法蓝双龙，其中第一宝星嵌珍珠，金龙金红色带，专赠各国之君，第二宝星嵌红宝石，银龙大红色带，颁给各国世子、亲王，宗亲国戚等，第三宝星嵌光面珊瑚，银龙大红色带，颁给各国世爵大臣、总理各部院大臣、头等公使等；二等宝星为圆形，直径二寸七分，赤金地，银双龙，嵌起花珊瑚，黄龙紫色带，其中第一宝星给各国二等公使等，第二宝星给各国三等公使、署理公使、总税务司等，第三宝星给各国头等参赞、武职大员、总领事官、总教习等；三等宝星为圆形，直径二寸七分，法蓝地，金双龙，嵌蓝宝石，红龙蓝色带，其中第一宝星给各国二、三等参赞、领事官、正使随员、水师头等管驾官、陆路副将、教习等，第二宝星给各国副领事官、水师二等管驾官、陆路参将等，第三宝星给各国翻译官、游击、都司等；四等宝星给各国兵弁；五等宝星给各国工商人等。①

颁发宝星，必须奉旨允准，头等、二等宝星由总理衙门制造发给，余下宝星由何处奏请即由何处照式制造颁给，仍须知照总理衙门盖用关防。另外，除头等第一、第二宝星外，以下宝星均须由总理衙门发给执照、盖用关防，作为凭据。《宝星章程》颁布后，实践效果良好，并且根据需要对适用对象、宝星形制作了某些修改。特别是光绪三十四年八月，外务部奏请清廷"赏给出使大臣宝星"，得到清廷批准，遂使宝星制度的奖励对象，由外国人延及中国出使大臣。

在这份奏折中，外务部指出："查各国通例，其国之有宝星者，内外官员一律颁给"，而"臣部奏定宝星章程，专为赠给各国人员，以示联络邦交"，其结果却是出使大员"每于中外庆典樽俎周旋，不能不佩带他国所赠之宝星，而独无本国之宝星"。② 这种情况虽因清廷允准外务部奏请而有所改变，但制定适用于本国人民的勋章制度势在必行。

（二）《勋章章程》

宣统元年二月，训练禁卫军大臣载涛上《为请拟颁行各项勋章事奏

---

① 中国历史第一档案馆编《光绪朝朱批奏折·外交》第一一二辑，中华书局，1996，第671页，转引自王开玺《清代外交礼仪的交涉与论争》，人民出版社，2009，第576～577页。

② 《光绪朝东华录》（五），中华书局，1958，第5989页。

折》，其中谈道："外务部所制之宝星，昔仅用以奖励外宾，近虽颁赏外务部堂官及出洋各使，其非办理外交人员，尚未能获此美观、幸邀旷典。盖缘宝星制自外部，与各国之制自政府者，惟质既有不同，用法因亦各异。刻值四方和会，士大夫交相砥砺，已稍稍以此为荣。军人戎服佩刀，尤以不带勋章为憾。"载涛在奏折中先是概述了各国勋章制度的情况，最后指出："此项勋章确有激励人才之妙用，中国似宜仿行。"[1] 清廷接到奏折后，下旨交外务部、陆军处、会议政务处议奏。至宣统三年正月，外交部拟就颁发勋章办法，宣统三年二月由外务部总理大臣奕劻将议定后的《勋章章程》八章三十条上奏朝廷，[2] 很快得到清廷批准。

根据《勋章章程》规定，外务部暂设勋章局，负责赏勋事务。由各衙门奏请赏给中外臣民勋章者，应将拟给人员履历、功绩等详细胪陈，由勋章局核办。特旨赏给或奏奉特准者，由勋章局注册给发。勋章等级共十九级，其中前三级依次为：大宝章，由皇帝佩带；黄龙章，由皇族中爵位最崇、勋劳卓著者佩带；赤龙章，赐皇族有勋劳者佩带；四至十九级依次为一等至八等青龙、黑龙勋章，赏赐对象为一品至九品文武官员及绅民中着有勋劳者，以及农工商业人等于事业学问上着有功绩、国家社会受其利益者，但文武官员五六品者请赏勋章不得过三四等，七八品者不得过五六等，九品不得过七等，着有劳绩者经褒奖实官虚衔花翎封典者，亦不得再请赏勋章。

除二等青龙、黑龙勋章外，各级勋章均佩有绶带，自大宝章至八等黑龙勋章，绶有大绶、领绶、襟绶之别，色彩有明黄至蓝红之分，显示其尊卑等级的不同。勋章于礼服上佩带，大绶，佩章于左胸；领绶，佩章于领下；襟绶，佩章于左襟。各勋章均附勋表，颜色如绶制，于便服襟上扣带。赏给勋章者除大宝章外，还要颁发勋章执照，黄龙、赤龙及一等青龙勋章至三等黑龙勋章，均用御宝，四等以下勋章，加盖勋章局印信。[3]

根据奕劻在《为遵旨会议各项勋章事宜并拟定章程事奏折》中所做的解释："命名则称大宝，取《易》义，以彰中国之圣人。带绶则用明黄，

———

① 第一历史档案馆编《宣统年间清政府拟定颁发勋章章程》，《历史档案》1999 年第 3 期。

② 《外务部总理大臣奕劻等为遵旨会议各项勋章事宜并拟定章程事奏折》，载第一历史档案馆编《宣统年间清政府拟定颁发勋章章程》，《历史档案》1999 年第 3 期。

③ 第一历史档案馆编《宣统年间清政府拟定颁发勋章章程》，《历史档案》1999 年第 3 期。

采月令以显中央之土德，此臣等遵拟大宝章之义也。自《易》着龙飞之象，史传龙负之样，龙之为文炳于中土，施为礼服而章彩缤纷，画之国旗而声名洋溢，古今同尚，中外咸闻。今拟皇族、臣工勋章，中皆绘龙，而以黄、赤、青、黑四色分为四种，盖用古者伏羲以龙纪官，设黄龙、赤龙、青龙、黑龙诸官之说。"如此看来，《勋章章程》虽然是借鉴各国勋章制度的产物，其中的中国元素却是不少。不管如何，《勋章章程》是普遍适用于中国人的勋章制度，这也是它超越《宝星章程》的地方，自此开启了中国近代勋章制度的先河。

结　语

中国古代奖励功勋制度的历史，大体经历了军功爵制、勋官制度、封爵制度三个时期。尽管各个时期在制度设计上有所不同，但奖励功勋的主旨却是一脉相承的，这也是近代勋章制度的宗旨之一。通过分析可知，中国人对于功臣的奖励比较注重物质层面的赏赐，受封赠者往往可以因功取得某些政治、经济以及法律上的利益。同时，精神方面的奖励也并未付之阙如，方形的头等宝星或许就有古代铁券的影子，勋章执照与封爵诰敕也有相通的地方。不过，总体而言，封爵制度的演进，几乎始终未能彻底摆脱宗法等级制度的影响，如西晋五等爵即已经是非宗室不得封，而清代的酬庸制度则把外戚或孔子后裔都包括在内，这就使得奖励功勋制度掺杂了更多的身份因素。虽然这与近代西方的勋章制度若合符节，但从追求法律平等的意义上说，这些因素未免会产生消极的影响。毕竟，秦代军功爵制的推行，便是从摒弃世卿世禄制开始的。

保辜制度的立法智慧

吕　虹[*]

摘　要：保辜制度是中华法系特有的一项刑事法律制度，其主旨在于设定辜限保护人身伤害案件中的受害人的利益，正确追究加害人的法律责任，进而促进社会关系的稳定和谐。本文从保辜制度设计中所体现的中国古人立法智慧展开探讨与解析，以和谐视角重新审视和解读保辜制度，从而深入挖掘这一古老法律制度中所蕴含的丰富的东方哲学精髓和中华法律文化内核。

关键词：保辜制度　立法智慧　刑事法律制度

中华民族法律传统久远，立法司法文化丰厚。在有文字可考的三千多年的政治法律发达史上，"良法善治"一直是有识之士的不二追求，其中蕴涵着宝贵的"治国理政"经验、智慧和艺术，还有许多近乎神秘的"遗传密码"未曾破译。历史，法的历史，司法的历史，永远是今人知识和智慧的富矿，采之不尽，取之不绝。保辜制度作为中华法系特有的一项刑事法律制度，其主旨在于设定辜限保护人身伤害案件中的受害人的利益，正确追究加害人的法律责任，进而促进社会关系的稳定和谐。本文拟从保辜制度设计中所体现出的中国古人智慧展开探讨与解析，力图深入挖掘这一古老法律制度中所蕴含的丰富的东方哲学精髓和中华法律文化内核。

一　规定保辜立限的双重标准

保辜制度中以二元化的标准确立保辜期限和适用范围，体现了我国古

---

[*]　吕虹，西北政法大学中华法系与法治文明研究院、刑事法学院副教授，法学博士，硕士生导师。

人一般标准与特殊标准兼顾的制度设计中的智慧。在这种二元化的标准中，其一般标准就是以伤人器物和手段为标准确立保辜期限。保辜制度根据伤人时所使用手足、他物或兵刃等器物的不同，以及所用器物对他人造成的大小危险不同，确定保辜期限。唐律规定："诸保辜者，手足殴伤人限十日，以他物殴伤人者二十日，以刃及汤火伤人者三十日。"[①] 明律规定："手足及以他物殴伤人者，限二十日。以刃及汤火伤人者，限三十日。"[②]《大清律例》所规定的辜限，与明律的规定完全相同。[③] 与唐宋时期相比，明清的法律规定中少了一种"十日"的辜限，原因是明清两代将唐宋时期手足殴伤人的辜限从十日延长至二十日，取消了唐宋法律所规定的手足殴伤人辜限为十日的情况。

以辜限作为判断伤害行为与伤害结果之间的因果关系虽然有一定的科学道理，但这种因果关系并不存在泾渭分明的界限，而是一个动态的过程。以辜限来判断和推定这种因果关系尽管可能性较大，却不能决定和判断特殊的、偶然出现的因果关系。为了弥补这种不足，明清律又规定了保辜余限。明代《问刑条例》和清代《大清律例》载："斗殴伤人，辜限内不平复，延到限外，若手足、他物、金刃及汤火伤，限外十日之内；折跌肢体及破骨堕胎，限外二十日之内；果因本伤身死，情真事实者，方拟死罪，奏请定夺。此外，不许一概滥拟渎奏。"[④] 这个规定使原有的二十、三十、五十日的保辜"正限"之外又出现了十日、二十日的保辜"余限"，即当遇有辜限外确因本伤而死的情形时辜限变为三十、四十、七十日。因此，明清时期保辜正限的变化和保辜余限的规定，比起唐宋时期，实际上增加了追究加害人刑事责任的力度。

在保辜立限的二元化标准中，其特殊标准是以伤害后果为标准确立辜限。唐律针对受害人所受伤害程度较为严重时补充了五十日的辜限，"折跌支体及破骨者五十日"，疏议进一步解释，"若折骨跌体及破骨，无问手

---

① 《唐律疏议·斗讼》，刘俊文点校，法律出版社，1999，第 420 页。
② 《大明律》，怀效锋点校，法律出版社，1999，第 161 页。
③ 参见《大清律例》，田涛、郑秦点校，法律出版社，1999，第 446 页。
④ 《大明律》附录《问刑条例》，怀效锋点校，法律出版社，1999，第 419 页。《大清律例》，田涛、郑秦点校，法律出版社，1999，第 447 页。

足、他物，皆限五十日"。① 鉴于"堕胎、瞎目、毁败阴阳、折齿等"人身伤害与其他伤情相比对受害人造成的伤害后果更为严重，比起其他伤情具有特殊性，唐律专门对"伤折支体及破骨"以外的伤情保辜立限进行了补充说明，即"其有堕胎、瞎目、毁败阴阳、折齿等，皆约手足、他物、以刃、汤火为辜限"。② 明清律完善了唐律的规定，"折跌肢体及破骨堕胎者，无问手足他物，皆限五十日"。③ 以伤害后果为标准确立辜限补充了仅以手段器物为标准确定辜限的不足。

保辜立限的二元化标准既考虑到手足、他物、刃、汤火造成伤害的程度存在一种可能的递进关系，也没有忽略受害人受到较为严重的伤害时因立限标准不当或不明时自身权益无法保障的情况，立法者可谓思维缜密。同时辜限确立标准的规定对使用危险工具杀伤人的行为有一定的限制作用。这种思想与英国刑法学家边沁所说之理论，即"对相连之罪、严重之罪应适用严厉刑，从而使罪犯有可能在较轻阶段上停止犯罪"，④ 颇有暗合，反映了我国古代立法者的智慧。

除了确立辜限的二元化标准以外，对保辜制度的适用范围，古人在律典中也从两个方面给予了明确界定。第一，考虑到有些犯罪行为发生后，犯罪后果当时没有立刻显现，可能延迟出现的情况，古代律典规定，只要存在殴打或其他伤害行为，不管是否出现伤害后果，均须保辜。如《唐律疏议》规定，"殴、伤不相须"，⑤ 就是说殴打行为与伤害后果之间不一定有因果关系时亦适用保辜。第二，从犯罪行为后果的角度明确保辜适用范围，即凡有伤害后果出现，均须保辜，而无论伤害是由殴打，或其他非殴行为而致，如因推拉而仰面跌倒或因恐吓胁迫而身体受损等。即所谓"殴、伤不相须"，谓殴及伤，各保辜十日。然伤人皆须因殴，今言不相须者，为下有僵仆，或恐迫而伤，此则不因殴而有伤损，故律云"殴、伤不

---

① 《唐律疏议·斗讼》，刘俊文点校，法律出版社，1999，第420页。
② 《唐律疏议·斗讼》，刘俊文点校，法律出版社，1999，第421页。
③ 《大明律》，怀效锋点校，法律出版社，1999，第161页。《大清律例》，田涛、郑秦点校，法律出版社，1999，第446页。
④ 〔英〕边沁：《立法理论——刑法典原理》，孙力等译，中国人民公安大学出版社，1993，第67页。
⑤ 《唐律疏议·斗讼》，刘俊文点校，法律出版社，1999，第420页。

相须"。① 这主要是考虑到有些伤害后果可能与伤害行为之间没有十分直接的关系，如因恐吓胁迫行为而受伤之类，这种情况同样适用保辜。总之，保辜制度适用于一切伤害行为或对他人造成人身伤害后果的案件。

二　正确认定加害人的法律责任

保辜制度可以最大可能地正确认定加害人的法律责任，使其接受应有的惩罚。这是我们古人在保辜制度设计中所体现的又一个重要智慧。中国古代的司法检验水平与当今社会不可同日而语，对人身伤害的认定缺乏必要的设备和技术，也没有专门的鉴定机构对伤害后果做出准确的鉴定，如果仅仅依据当时的检验方法立即进行鉴定，会影响罪名和刑罚认定的准确性。一些因伤害行为造成的伤害结果从表面看似乎很严重，但实际上并没有危及生命，并会很快痊愈；而有些伤害外表上并不严重，却可能致人死亡。因此，适用保辜，规定辜限，待受害人的伤势稳定以后，再确定加害人的法律责任，在当时的技术条件下无疑会大大降低审判结果的错误概率。

如唐律"保辜"条律文所云："限内死者，各依杀人论；其在限外及虽在限内，以他故死者，各依本殴伤法。他故，谓别增余患而死者。"② 即受害人在辜限内死亡的，对加害人按照杀人罪定罪量刑，原则上既不论该加害人身份的贵贱尊卑，也不论其行为造成受害人伤势的轻重程度；受害人在辜限外死亡的，或者虽在辜限内但由于其他缘故而死亡的，应依照殴伤罪定罪量刑。疏议对"他故"进一步解释："假殴人头伤，风从头疮而入，因风致死之类，仍依杀人论，若不因头疮得风，别因他病而死，是为'他故'，各依本殴伤法。"③ 可见，受害人的伤亡结果与加害人的伤害行为之间的因果关系是定罪量刑的关键，也是保辜制度实施的核心任务和最终目的。

除去上述保辜条的规定外，唐律中还有两条律文对保辜制度进行补

---

① 《唐律疏议·斗讼》，刘俊文点校，法律出版社，1999，第 420 页。
② 《唐律疏议·斗讼》，刘俊文点校，法律出版社，1999，第 420 页。
③ 《唐律疏议·斗讼》，刘俊文点校，法律出版社，1999，第 421 页。

充。"兵刃斫射人"条注云："堕胎者，谓辜内子死，乃坐。若辜外死者，从本殴伤论。"疏议进一解释："谓在母辜限之内而子死者。子虽伤而在母辜限外死者，或虽在辜内胎落而子未成形者，各从本殴伤法，无堕胎之罪。其有殴亲属、贵贱等胎落者，各从徒二年以上为加减之法，皆须以母定罪，不据子作尊卑。若依胎制刑，或致欺绐，故保辜止保其母，不因子立辜，为无害子之心也。若殴母罪重，同折伤科之。"① 可见，唐律对堕胎罪的认定，是以堕胎之子在母辜限内死亡与否为依据，如果子在母辜限内死亡则认定为堕胎罪，如果子在母辜限外死亡或虽在辜限内胎落而子并未形成者，则各从殴伤法。即，堕胎罪的认定是以堕胎之子在母辜限内死亡为前提条件，否则仍为殴伤罪。

宋代在唐律规定的基础上，对怀孕妇女在保辜期限内流产的，所定辜限有所延长，但不得超过五十日。"辜内堕胎者，堕后别保三十日，仍通本殴伤限，不得过五十日。"② 孕妇受伤后没有即时死亡也未即时堕胎的，按保辜的一般规定设立辜限，根据具体情况辜限可能是十日、二十日、三十日或五十日；但在辜限内受害孕妇堕胎的，要"堕后别保三十日"，即额外再增加辜限三十日。"别保三十日内"，如果胎儿已初具人形且死亡的，对加害人处以堕胎罪；否则依伤人罪论处。这样的规定，一方面，突破了传统意义上的"保辜止保其母"、"不因子立辜"的规定，凸显了古人对人命的关怀；另一方面，由于妇女流产后可能因产后并发症而死亡，延长保辜期限有助于司法官吏正确认定造成当事人死亡的原因。但是为了及时解决纠纷，节省司法资源，宋代法律对"堕后别保三十日"后的实际辜限又有所限制，即不得超过五十日。这一规定不仅解决了唐律所未明确的孕妇受伤后的保辜期限问题，而且为明清律例明确规定致人堕胎的辜限打下了基础。

施行保辜制度的重要目的之一，就是依据殴打行为与损伤结果之间的因果关系对加害人定罪量刑，其中所蕴含的思想精髓是古人对实质正义的追求。相较于程序正义，古人更重视实质正义，追求个案的实质正义与公正处理结果。这在当时来说是比较高明的，是适应古代社会发展趋势和古

① 《唐律疏议·斗讼》，刘俊文点校，法律出版社，1999，第 416～417 页。
② 高随捷、祝林森：《洗冤集录译注》，上海古籍出版社，2009，第 5 页。

人认识水平的明智之举，也是古人立法与司法智慧的一种体现。

三 兼顾当事者双方的利益

保辜制度中有一项使当事人双方均受益的设计，即一方面，对加害人而言有利于轻缓刑罚；另一方面，对被害人而言可以获得民事赔偿。所谓"保，养也；辜，罪也。保辜，谓殴伤人未至死，当官立限以保之。保人之伤，正所以保己之罪也"。① 这里明确提出了设立保辜制度的立法意图是"保人之伤，正所以保己之罪也"，即发生了伤害案件以后，加害者负有为受害者积极治疗的义务，从而减轻自己的罪责。正如《律例馆校正洗冤录》所说："保辜之设，正欲全活两人性命，乃律之良法美意也。"②

保辜制度根据在保辜期限内所医治被害人情况，视伤平复情况而给予犯罪人不同的刑罚。如唐律规定："斗殴折跌人支体及瞎其一目者，徒三年；辜内平复者，各减罪二等。余条折跌平复，准此。"③ 后明清律扩展到折伤以上，"若折伤以上，辜内医治平复者，各减二等"；并且，对于"下手理直，减殴伤二等，如辜限内平复，又得减二等"。④ 如果辜内不平复，则不能享受减刑之待遇；或者虽平复，但是致使被害人成残、废、笃疾的，仍依律全科。可见，保辜制度的设计目的之一就在于，在保辜期限内，由保养义务人认真医治被害人伤情，视伤情最后结果而定其罪名、裁定刑罚。而这种以辜限和保辜效果作为定罪量刑的标准，让犯人自己决定自己命运的做法，不仅可以对加害人以较轻罪论，而且可以使其获得减刑和优待，与现代刑法社会防卫主义提倡的不定期刑有异曲同工之妙。如果加害人积极为医治受害人而努力，表明其有认真悔过的积极态度，其主观恶性和人身危险性降低，而结果又向着良好改善的方向发展，根据二者的结合，即主观方面和客观的危害结果以减轻刑事责任，正是主观罪过、客

---

① 《大清律例》，田涛、郑秦点校，法律出版社，1999，第446页。
② 《律例馆校正洗冤录》卷一"验伤及保辜总论"，载《续修四库全书·子部·法家类》，上海古籍出版社，2002，第258页。
③ 《唐律疏议·斗讼》，刘俊文点校，法律出版社，1999，第417页。
④ 《大明律》，怀效锋点校，法律出版社，1999，第161页。《大清律例》，田涛、郑秦点校，法律出版社，1999，第446页。

观结果和刑事责任相结合的体现。一方面，这种制度会促使加害人积极地救助受害人，使受害人获得一定的民事赔偿，使其权益得到及时的保护；另一方面，积极补偿受害人的直接结果，是减轻了加害人的刑事责任，间接的结果则是降低了国家刑事司法资源的投入，符合刑罚经济的精神。与此同时，保辜制度最重要的功能，是在受害人与加害人之间，搭建了一座改善关系的法律之桥，通过加害人对受害人伤病的治疗，修补双方因为犯罪行为而破损的社会关系，反映了古人在保辜制度设计中的远见卓识。

2012 年以来，习近平总书记接连做出了视察曲阜中国孔子研究院，看望汤一介教授主持的北京大学《儒藏》编辑委员会，出席"孔子诞辰2565周年纪念会"并发表重要讲话等一系列举动。在中国共产党的历史上，他是第一个明确肯定儒家传统、将中华传统文明视为根本的最高领导人。这其中所要表达的强大信息和蕴涵的文化价值及其历史变革意义，值得广大学者认真领会和体味。具体到保辜制度而言，尽管随着科学技术的进步，特别是自清末始，西方医学在中国的广泛引进和发展，对于刑事伤害案件中的伤害手段和伤害结果之间的因果关系完全可以借助现代医学手段加以确定，保辜制度由此已失去了存在的基础；但是对于现代民主自由国家来说，保辜制度设计中所蕴含的消灭社会矛盾、维护公平正义、实现社会和谐的价值功能仍是法治国家的立法本源。以和谐视角重新审视和解读保辜制度，并将其内核纳入我国的刑事法律体系，仍不失为一件有现实意义的事情。

元朝断例编撰与判例法问题再考

胡兴东[*]

摘　要： 元朝按条格和断例分类立法的法典只有《大元通制》和《至正条格》。这两部法典最能体现元朝的时代立法特质，在编撰体例上融合了唐朝以来形成的"事类体"和"会要体"两种立法体例。《大元通制》和《至正条格》分别由独立的《制诏典》、《条格典》、《断例典》三个次法典组成，其中《条格典》和《断例典》是主体。《条格典》和《断例典》从法律性质上看，是唐宋时期的令典和律典的演变产物，是中国古代法律性质分类体系中"设制立范"和"定罪正刑"分类体系的新形式。元朝在立法分类上，采用条格和断例作为标准，随着发展两种法律的分类标准越来越严格和成熟，体现在《大元通制》和《至正条格》的条格和断例分类上，则是前法典中纳入条格中的一些内容被重新归入《至正条格》的断例中，而其原因正是在于分类标准的严格执行。从现存的《大元通制》、《至正条格》残本保留下的条格和断例内容看，两者在构成上都有成文法和判例法两种形式。现存的《通制条格》有643条，其中114条是判例，529条是成文法。现存《至正条格》中断例有13卷，共423条，其中232条是判例，191条是成文法；条格共有373条，其中36条是判例，337条是成文法。元朝两大法典中不管是条格还是断例，判例都成为主要法律形式。

关键词： 元朝　断例　判例

---

* 胡兴东，法学博士，云南大学滇西发展研究中心教授，主要研究方向为中国法律史、民族法学、法律社会学。

考察元朝现有诸法律史料，特别是法典①，采用条格和断例分类标准进行编撰的法典只有《大元通制》和《至正条格》。元世祖至元二十八年（1291 年）制定的《至元新格》中没有采用条格和断例的分类，也没有把断例作为篇名进行独立编撰。此外，《元典章》中虽然存在一些被称为断例的具体法律内容和图表，但在编撰体例上没有采用条格和断例的严格分类体系。为了全面了解元朝断例的立法成就，下面分别对元朝几部重要法律成果中涉及断例及判例的问题进行分析，以揭示元朝断例及判例的特征和性质。

一 《大元通制》中的"断例"

根据现有史料，元朝在编撰法典时，首先把断例作为独立部分进行立法的是《大元通制》。对《大元通制》的编撰情况，有不同史料进行了记载。从现在可以见到的史料看，整部《大元通制》的结构可以基本断定有制诏、条格、断例和令类四个部分，或者说《大元通制》可以分为制诏、条格、断例和令类四部独立法典。

较早对《大元通制》中各个部分的名称和特征进行记载的是元人吴澄。他在《大元通制条例纲目·后序》中对《大元通制》的篇名结构进行了详细记载：

> 制诏、条格，犹昔之敕令格式也；断例之目曰卫禁，曰职制，曰户婚，曰厩库，曰擅兴，曰贼盗，曰斗讼，曰诈伪，曰杂律，曰捕亡，曰断狱，一循古律篇题之次第而类辑，古律之必当从，虽欲违之而莫能违也。②

这里吴澄对《大元通制》中断例部分的篇名进行了逐一列举，整个篇

---

① 元朝修撰过的成文法典共有五部，即《至元新格》、《大元通制》、《至正条格》、《元典章》和《经世大典·宪典》，其中国家正式颁布生效的法典有三部，即《至元新格》、《大元通制》和《至正条格》，《元典章》和《经世大典·宪典》两部法典在元朝虽有法律效力，但不是国家层次上严格意义制定的法典。

② 吴澄：《吴文正公集》卷一一《大元通制条例纲目·后序》，载《元人文集珍本丛刊》（四），新文丰出版公司，1985。

名体例是唐朝律典十二篇名中的十一篇名，仅缺"名例"篇。《大元通制》的篇名和体例说明了断例部分的内容及特征。而吴澄认为《大元通制》中的断例实质上就是律典。

另，元人孛术鲁翀在《大元通制·序》中记载有：

> 由开创以来政制法程可著为令者，类集折衷，以示所司。其宏纲三：曰制诏，曰条格，曰断例。经纬乎格例之间，非外远职守所急，亦汇辑之，名曰别类。①

这里孛术鲁翀仅记载了《大元通制》的基本构成，具体由制诏、条格、断例和别类四个部分组成。孛术鲁翀记载中的最大特点是指出《大元通制》还存在一个称为"别类"的部分。

《元史》在记载《大元通制》结构时也是四部分，只是第四部分名称不是孛术鲁翀所称的"别类"而是"令类"。②《元史》还对"令类"的总条数进行了记载，共有577条。至治三年（1323年）二月辛巳条记载："格例成定，凡二千五百三十九条，内断例七百一十七、条格千一百五十一、诏赦九十四、令类五百七十七，名曰《大元通制》，颁行天下。"③ 这里的记载较有特点，它把整个《大元通制》称为"格例"，记载整部《大元通制》的条数是2539条，断例有717条，格例有1151条，制诏有94条，令类有577条。这里详细记载了《大元通制》各个部分的法律条文数，让我们能够了解《大元通制》条文的具体数量。

元人沈仲纬在所著的《刑统赋疏》"通例"中对《大元通制》中的条格和断例篇名进行了具体记载，指出断例部分的篇名是："断例，即唐律十二篇，名令提出《狱官》入'条格'，卫禁，职制，户婚，厩库，擅兴，盗贼，斗讼，诈伪，杂律，捕亡，断狱。"④ 按沈仲纬的解释，断例的篇名由律典十二篇变成十一篇的原因是，《通制条格》把"名例"篇内的内容纳入了"狱官"中，并入"条格"部分，让"断例"变成十一篇。从现

---

① 《通制条格》，方龄贵点校，中华书局，2001，第1页。
② 虽然孛术鲁翀在"序"中称为"别类"，《元史》称为"令类"，然而，从此类法律的性质和当时使用的习惯看，此类法律应称为"令类"才正确。
③ 《元史》卷二八"英宗二"，中华书局，1975，第629页。
④ 沈仲纬：《刑统赋疏》，载沈家本《枕碧楼丛书》，知识产权出版社，2006，第172页。

有材料看，《大元通制》"条格"中确有"狱官"篇，通过比较，很多条文确属于《唐律》"名例篇"中的内容，说明这里的记载情况是真实可信的。

《大元通制·断例》部分在法律条文结构上，具体情况现在没有直接史料可以证明，但从它与《至正条格》的关系可知应该以判例为主，同时存在大量成文法。《大元通制·条格》部分从残本《通制条格》看，在现存的 653 条中以个案形式表达的有 114 条，占总数的 17.46%，分布在残本所有各卷中，说明判例在元朝不仅是断例的重要组成部分，还是条格的重要组成部分。

通过上面的分析，可知《大元通制》中的断例构成了法典的基本部分，在整个法典中，就条文数量而言居于第二位，共 717 条，占整个法典的 28.24%。

二 《至正条格》中所见"断例"情况

元朝断例构成，现在可以从目录和具体内容上全面反映的是韩国发现的《至正条格》残本。此残本保留了元朝后期制定的断例目录结构和内容。从史料记载看，现在可以确知《至正条格》是对《大元通制》全面继承和修订的产物。两者的关系是全面继承和发展，具体而言，《至正条格》是在对《大元通制》的内容和对《大元通制》的部分条文分类进行适当调整后的产物。① 对此，史料上有明确记载。如《元史·顺帝纪》记载，（后）至元六年（1340 年）秋七月，"命翰林学士承旨腆哈、奎章阁学士嵂嵏等删修《大元通制》"。② 在结构上，《至正条格》和《大元通制》基

---

① 对《至正条格》在法律规范归类上的调整问题，金文京和刘晓都进行过考证。当然，两人在论述此问题时存在认识上的不同理解。从立法角度看，这种调整是必然的，因为后者在调整时比前者更合理。金文京认为，"或者也可以说《大元通制》和《至正条格》对断例与条格的定义并不完全一致"；而刘晓则认为是元朝法典编撰者使用元朝法律文献中"生硬套用前代法典分类体系的方法，来整合现有法律文献"所致。从两个法典的内容看，应该是金文京的理解更适合当时的情况。经过 20 多年的发展，元人对条格和断例的分类标准与体例运用得更加成熟，理解得更加深入，在分类上自然会出现变化。此外，《至正条格》与《大元通制》在结构上存在不同，《大元通制》有"令类"，而《至正条格》缺少此部分。这会导致《至正条格》把《大元通制》中的令类部分编入的情况。

② 《元史》卷四〇"顺帝纪三"，中华书局，1975，第 858 页。

本一致，特别是诏制、条格和断例三部分是全面的继承，所以《至正条格》中断例部分反映出的情况是《大元通制》中断例的情况。当然，在构成上存在的不同是《至正条格》没有"令类"部分。下面从三个方面对《至正条格》中的"断例"部分进行考察。

（一）《至正条格》制定的情况与基本结构

从现存史料文献看，全面记载《至正条格》制定情况的是元人欧阳玄的《至正条格·序》。欧阳玄的"序"是了解《至正条格》制定情况的最重要文献，因为它是《至正条格》制定后，奏请皇帝裁定颁行时的说明，是对制定情况、与《大元通制》的关系、《至正条格》内容结构等问题进行的最权威说明。

（后）至元四年戊寅三月二十六日中书省臣言："《大元通制》为书，缵集于延祐之乙卯，颁行于至治之癸未，距今二十余年。朝廷续降诏条法司续议格例，岁月既久，简牍滋繁。因革靡，前后衡决，有司无所质正，往复稽留，奸吏舞文。台臣屡以为言，请择老成者旧文学法理之臣，重新删定为宜。"上乃敕中书专官典治其事，遴选枢府、宪台、大宗正、翰林、集贤等官明章程习典故者，遍阅故府所藏新旧条格，杂议而圆听之，参酌比校，增损去存，务当其可。书成，为制诏百有五十，条格千有七百，断例千五十有九。至正五年冬十一月有四日，右丞相阿鲁图、左丞相伯勒济尔布哈、平章政事特穆尔达实、巩卜班、纳麟、伯颜、右丞相搠思监、参知政事多尔济巴勒等入奏，请赐其名曰《至正条格》，上曰可。既而群臣复议曰：制诏，国之典常，尊而阁之，礼也。昔者《周官》，正月之吉，始和太宰而下各以政教治刑之法，悬之象魏，挟日而敛之，示不敢亵也。条格、断例，有司奉行这事也。《甫刑》云：明启刑书，胥占其所，从来远矣。我元以忠质治天下，宽厚得民心，简易定国政，临事制宜，晋叔向所谓古人议事以制之意，斯谓得之。请以制诏三本，一置宣文阁，以备圣览；一留中书，藏国史院。条格、断例，申命锓梓示万方。上是其议，于是属玄叙其首篇。玄乃拜手稽首扬言曰：人君制法，奉天而行。臣知事君，即知事天，敬君敬天，敢不敬法。《书》曰："天命有德，五服五章哉。天讨有罪，五刑五用哉。"《易》曰："雷电噬嗑，先王以明罚敕法"，又曰："雷电皆至，丰，君子以折狱致刑"。二卦之象，为电为雷，所以明天威也。继自今司平之官，执法之士，当官莅政，有征是书，毋渎国宪，毋干天常，刑期无刑，实自此始，亦曰懋敬之哉！①

《至正条格》立法成果共分三部分，即制诏、条格和断例，其中制诏有 150 条，条格有 1700 条，断例有 1059 条。而两部法典各部分条文数量的变化具体如表 1 所示：

表 1　《大元通制》与《至正条格》条文变化

	制诏	条格	断例	令类
大元通制	94	1151	717	577
至正条格	150	1700	1059	0
变化	56	549	342	

从表 1 看，《至正条格》中不管是制诏、条格，或是断例，数量都有较多增加，其中断例增加了 48%，达 342 条，条格也增加了 48%。这个数量变化反映后者在立法时对前者进行了较大扩修。当然，这当中可能有大量内容是从令类移入，因为《至正条格》中没有此部分，而《大元通制》中有 577 条令类法律。此外，令类内容的主体应是非刑事法律，所以绝大多数被归入条格中。

《至正条格》颁布时仅把"条格"和"断例"刊印向全国颁行，"制诏"存放于中央宣文阁、中书省和国史院。欧阳玄的"序"没有记载条格和断例各个部分有多少卷，整个法典共有多少卷。由此是否可以推定当年颁行时，是把《至正条格》分成"条格"和"断例"两部分分别进行呢？对《至正条格》的卷数，清朝编修的《钦定四库全书总目》卷八十四中记载共有 23 卷，但这个卷数是按《永乐大典》中所录出的版本获得的，也

---

① 欧阳玄：《圭斋文集》卷七"至正条格·序"，四部丛刊初编本。

就是在《永乐大典》中《至正条格》被撰成 23 卷。① 对此，《钦定四库全书总目》中明确指出"原本卷数不可考，今载于《永乐大典》者，凡二十三卷"。②《文渊阁书目》卷十四"宿字号第一厨书目·刑书"中记载"元《至正条格》一部，三十八册"；黄虞稷的《千顷堂书目》卷十"政刑类·补"记载"《至正条格》四册"。韩国残本中《至正条格·条格》和《至正条格·断例》各一册，其中"断例"册目录共有 10 页，明确写明"至正条格目录·断例"等字样。从韩国残本看，《至正条格·断例》应是

---

① 对《至正条格》的名称，学术界多有争议，认为《至正条格》从结构上是继承《大元通制》，由制诏、条格和断例组成，而采用《至正条格》的名称是不合适的。最早对《至正条格》名称提出异议的是元朝时人朵尔直班，他提出的理由有二：一是内容不全是当朝的，用"至正"不合；二是内容不仅有条格还有断例与制诏，用条格不能总括所有法律内容。"时纂集《至正条格》，朵尔直班以谓是书上有祖宗制诰，安得独称今日年号；又律中条格乃其一门耳，安可独以为书名。"（《元史》卷一三九，"朵尔直班传"，第3358 页）这成为《至正条格》名称争议的来源。对此，有学者认为是当时丞相不了解汉文化所致，如陈高华；有学者认为是因为元朝"条格"有广义和狭义之分，即认为《至正条格》中广义是指整部法典，包括"条格"与"断例"；狭义是指法典中的"条格"部分，如金文京、李玉年等。金文京指出，"由此而推，当时条格一词可能有广狭两义，狭义的条格是针对断例而言，是严格的含义；广义则条格、断例的统称，虽不确切，是广为流用的通俗用法"。（《有关庆州发现元刊本〈至正条格〉的若干问题》，载《至正条格校注本》，韩国学中央研究院编印，2007，第 477 页）对《至正条格》的名称，说当时丞相不识汉文化所致是没有太大的说服力的，因为虽然当时是以丞相名义上奏折，但起草往往是参与修撰法典的人员，若不了解法典，要说明法典修撰的情况是很难的。"条格"一词从唐宋时期敕格、敕条、条贯、条例演化而来。从宋朝《宋会要辑稿》和《续资治通鉴长编》看，"条格"在宋朝有泛指律疏以外，特别是因时因事而制定的各类法律规范总称的含义。从史料看，宋朝时"条格"包括刑事法规方面的内容，因为在《续资治通鉴长编》中记载有："戊申，大理寺言：'外州军人逃亡于京畿，首告者，除犯死罪及强盗或杀人罪不至死，并元系凶恶及死罪贷命充军，不以今犯轻重，并从本府断遣外，余照所招罪先犯罪次断决讫，具录情款、合用条格，并所断刑名，牒送元逃处勘鞫，依法施行。如勘鞫得不实，其已决之罪，并不在通计之限。已上未至本所，逃走于京城内及畿县捕获者，并杖一百。'从之。"（《续资治通鉴长编》卷四六八，"祐六年十一月戊申"条，中华书局，1994，第 11174 页）这里"合用条格"就是刑事法律规范。有学者用广义与狭义来解释《至正条格》的名称，从历史考察看具有更多的合理性，或者说，元朝对唐宋金时期以来形成的"条格"一词进行了新定义。用"条格"和"断例"重新分类所有法律类型。对元朝很多法律术语的解释不能仅从元朝的政治结构，特别不能仅从元朝统治者是蒙古族，而认为是他们不熟悉汉文化来解释。分析元朝法律术语来源，可确知它受两个方面的影响：唐宋时期形成的术语影响和辽西夏金诸北方民族政权时期形成的具有相对北方民族语境的法律术语的影响。《至正条格》的名称用"条格"，从法典内容结构与《大元通制》的比较看，确实有不够严谨的地方，但从法律术语传统看，应是时代的通用之法。
② 《钦定四库全书总目》卷八四"史部四十·政书类存目二"，中华书局，2016，第 726 页。

两册，所存为第一册。结合以上记载，元朝当时通行版本中《至正条格》的册数可能在 4~5 册，若是四册应是各为两册，若是五册，应是"条格"三册，"断例"两册。而在卷数上，断例部分为 30 卷，条格卷数应在 30 卷以上，因为韩国残本中所见"条格"卷数已经达到 30 卷。

（二）《至正条格》中"断例"篇名结构和条文

《至正条格·断例》部分由于在韩国发现的《至正条格》残本中保留有完整的目录，让现在学术界能够全面了解元朝断例在元顺帝时编撰成的篇名和条目结构。从韩国残本看，《至正条格·断例》共 11 篇，30 卷，1051 条，断例的条文数量较欧阳玄记载的少 8 条。从残本所存断例目录看，条目有 811 个，条文有 1051 条。在 811 个条目下，有 2 条以上的共有171 个。严格来讲，1051 条仅仅是条目，因为很多称为"条"的法律往往由独立的法律构成，下面有数条，最多的达 24 条，如"漕运罪赏"。为了全面反映《至正条格》的"断例"部分，下面将对此部分的篇名结构、各篇中的条文数量以及整个"断例"目录进行整理分析（见表 2）。

表 2　《至正条格》卷数、条文结构

	篇名	卷数	条目		条文		备注
1	卫禁	第 1，共 1 卷	7	0.94%	10	0.95%	其中 2 条目有 2 条以上
2	职制	第 2、3、4、5、6，共 5 卷	158	21.27%	189	17.98%	其中 25 条目有 2 条以上
3	户婚	第 7、8，共 2 卷	68	9.15%	80	7.61%	其中 12 条目有 2 条以上
4	厩库	第 9、10、11、12，共 4 卷	115	15.48%	126	11.99%	其中 9 条目有 2 条以上
5	擅兴	第 13，共 1 卷	32	4.30%	34	3.24%	其中 2 条目有 2 条以上
6	贼盗	第 14、15、16、17、18、19，共 6 卷	146	19.65%	200	19.03%	其中 28 条目有 2 条以上
7	斗讼	第 20、21、22，共 3 卷	69	9.29%	106	10.09%	其中 22 条目有 2 条以上
8	诈伪	第 23、24，共 2 卷	38	5.11%	61	5.80%	其中 14 条目有 2 条以上

	篇名	卷数	条目		条文		备注
9	杂律	第 25、26、27，共 3 卷	120	16.15%	168	15.98%	其中 22 条目有 2 条以上
10	捕亡	第 28，共 1 卷	27	3.63%	30	2.85%	其中 6 条目有 2 条以上
11	断狱	第 29、30，共 2 卷	31	4.17%	47	4.47%	其中 29 条目有 2 条以上
总计	11	30	811	100%	1051	100%	171

从表 2 可知，《至正条格》"断例"部分中的篇名结构与唐律中律典的篇名相比，仅缺"名例"一篇，其他 11 篇完全是唐律典篇名。这和元人认为"断例"就是"律典"的认识是相符的。从韩国《至正条格》残本中的"断例"目录来看，30 卷都被保留了下来，共有 1051 条，比史书所记载的 1059 条缺少 8 条。① 这说明此残本的"断例"目录全面反映了《至正条格·断例》部分条文目录的结构。从卷数上看，《贼盗》最多，有 6 卷；《卫禁》、《擅兴》和《捕亡》最少，各有 1 卷。从条文数看，《贼盗》最多，共有 200 条，其次是《职制》，共有 189 条，再次是《杂律》，共有 168 条，三者共有 557 条，占断例部分的 53%。此外，从表中可知，《至正条格·断例》中的条目和条文存在区别，有些条目下有 2 条以上的具体条文，此类法律共有 171 个，占总数 811 个中的 21%。

若把上面所有断例的条目和《元典章》相关条目进行严格比较，就可以知道此部分很多条文的来源和特点等问题。

（三）《至正条格》中"断例"的内容形式

学术界对元朝断例的研究，曾经最大的问题是它的表达形式，具体来说就是断例是判例法还是成文法，或者两者皆是的问题。对此问题，以前

---

① 在《至正条格·断例》的条数上，韩国残本的整理者认为应为 1051~1053，因为第 540 "老幼为盗"和第 622 "诱略良人"的条数漫漶，看不清是"二"还是"三"，若两者都是"三"，就有 1053 条。（金文京：《有关庆州发现元刊本〈至正条格〉的若干问题》，载《至正条格校注本》，韩国学中央研究院编印，2007，第 475 页）。此外，条文数量的差异可能还存在不同版本中分类、统计上的不同，因为在一些条与条之间关系认定上存在困难。

争议很多，但从韩国残本出现后，此问题得到解决，因为残本中有完整的表达形式。当然，这接着又产生了新问题，即元朝断例的形式和宋朝断例的形式是一样的吗？两者存在区别吗？对此，就元朝"断例"而言，至少从《大元通制》和《至正条格》两部法典看，表达形式是一样的。而且，《大元通制》和《至正条格》中两个重要的构成部分，条格和断例的表达形式也是一致的，都由成文和判例组成。当然，从元朝初期制定的《至元新格》所存留的残文看，《至元新格》在表达形式上完全采用成文形式，没有采用判例形式。① 除此之外，《大元通制》、《至正条格》和《元典章》三者在法律表达形式上是一致的。因此可以确定，元朝法律在表达形式上存在成文和判例两种通用形式。其中"条格"的内容和表达形式现在可以从《大元通制》、《至正条格》两部法典中所存留的"条格"内容中看出，它们都是由成文和判例两种形式组成。所以说，元朝法律形式中的"条格"和"断例"与成文法和判例法并不等同，两者都有成文法，也有判例法。这是元朝法律形式最重要的特征，也是元朝在中国古代法律形式发展史中体现出来的特殊性所在。

《至正条格·断例》共 30 卷中，现有残本存有 13 卷具体内容，共 427 条。分析这 427 条法律可知，它们的表达形式可以分为两类，即以成文形式表达和以判例形式表达两种。其中以成文形式表达又分为两种，即整个法律仅是一个条文和整个法律实质上是一个独立的法律。后者往往由数条组成，最多的达 24 条。所以说史料所记载《至正条格》的条文数量与实际条文数量是有差异的，整个法典的实际条文数量远远多于此。

1. 成文法形式

第一，以单一条文形式表达，很多是对某件法律中与刑事有关的部分和整部涉及刑事法律内容的摘录和整理的立法成果。

如卷一"卫禁"第 7 条"巡绰食践田禾"：

> 泰定三年七月二十一日，中书省奏："每年上位大都、上都往来

---

① 对《至元新格》残条，黄时鉴有过整理辑考，从辑录出来的条文看都是成文法（参见黄时鉴《至元新格辑录》，载《元代法律资料辑存》，浙江古籍出版社，1988）。此外，从《元典章》中所引《至元新格》的内容看也是成文法，现在《至正条格》中所引《至元新格》的内容也是成文法。

经行时分，扎撒孙内差发，教为头领着一百名怯薛丹巡绰。但有将百姓田禾食践的，禁约有来。在先禁约的上头，行了几般禁例，忒轻呵，也不宜，忒重呵，也不宜有。守得的一般禁例偏行呵，相应也者。俺如今偏行省谕，若有撒放马驼牛只，食践田禾的每根底，一个头匹，令人赔偿十两钞，断一十七下。各怯薛、各枝儿里偏行省谕呵，怎生？"奏呵，奉圣旨："那般者"。①

此法律是针对每年皇帝行巡大都和上都过程中随行军马、权贵们随便食践百姓庄稼而颁布的处罚法律，整个法律只有一条。这里把整个法律编入，成为独立的 1 条，法律条目的名称就是法律条文的名称。

又如，卷二"职制"第 29 条"漏报卷宗"：

延祐元年十二月，中书省检校官呈："吏部漏报合检文卷，罪过遇革拨。今后各部似此漏报卷宗，合验多寡，定立罪名"。刑部议得："省部应合检校文卷，如漏落不行，从实具报者，一宗决七下，每伍宗加一等，罪止三十七下。若有所规避，临事详情定拟"。都省准呈。②

此法律涉及中央各部的文卷检校法律责任，由中书省官员提出，交刑部立法。从整个法律看，构成了一个独立的法律条文。

再如，第 396 条"私茶生发"：

延祐六年二月，刑部与户部议得："令后随处府州司县提调长官，禁治不严，致有私茶生发，比依私钱提调官例，初犯知叁拾，再犯加一等，三犯别议黜降"。都省准拟。③

分析此条法律，表达形式上是把中央制定的单行法令整理编撰成条文，在内容上具有很大的原始性。

---

① 《至正条格校注本》卷一"断例·卫禁·巡绰食践田禾"，韩国学中央研究院编印，2007，第 172 页。
② 《至正条格校注本》卷二"断例·职制·漏报卷宗"，韩国学中央研究院编印，2007，第 180 页。
③ 《至正条格校注本》卷一二"断例·厩库·私茶生发"，韩国学中央研究院编印，2007，第 301 页。

此种表达形式在"断例"中构成了重要组成形式。此类法律表达形式在"断例"中成为成文法的绝大多数，构成整个成文法的主体。

第二，法典中有些条文由多款条文组成，整个条文看起来是一个独立的法律文件，而不是具体的法律条文。如第 145 条"整点急递铺"，具体如下：

> 至顺三年二月，兵部议得："邮传之设，累有整治条画，有司失于检举，因仍弛，以致入递文字，多有稽迟，铺司人等，中间作弊，于公未便。议拟至整治事理"。都省准拟。
>
> 1. 凡有递转文字，一昼夜须及四百里，迟慢二刻，犯人笞决七下，每二刻加一等，罪止三十七下。
>
> 2. 将递转文字擦磨损坏者，三解已上，犯人笞决七下，每三解加一等，罪止四十七下。
>
> 3. 将递转文字停留，不即入递，及伺候类发者，三件以上，犯人笞决七下，每三件加一等，罪止四十七下。
>
> 4. 铺司铺兵，将递铺文字受财卖与为事人等，挨究明白，计赃论罪，取与同科。
>
> 5. 亲临提调官吏，不行依期整点者，依例决责。①

从上面具体内容看，此条下摄 5 款内容，认真分析，本质上是 5 条。第 145 条"整点急递铺"实质上是一个独立的法律文件，编撰时把此法律文件作为一条整体编入。

又如，卷六"职制"中第 149 条"取受十二章"：

> 大德七年三月十六日，钦奉圣旨，节该："诸职官及有出身人等，今后因事受财，依条断罪。枉法者了，除名不叙，不枉法者，须殿三年，再犯不叙，无禄者减等，以至元钞为则"。
>
> 枉法：
>
> 一贯至十贯，四十七下，不满贯者，量情断罪，依例除名。
>
> 十贯已上至二十贯，五十七。

---

① 《至正条格校注本》卷五"断例·职制·整点急递铺"，韩国学中央研究院编印，2007，第 215～216 页。

二十贯以上至五十贯，七十七。

五十贯以上至一百贯，八十七。

一百贯已上，一百七。

不枉法：

一贯至二十贯，四十七，本等叙。不满贯者，量情断罪，解见任，别行求仕。

二十贯已上至五十贯，五十七，注边远一任。

五十贯已上至一百贯，六十七，降一等。

一百贯已上至一百五十贯，七十七，降二等。

一百五十贯已上至二百贯，八十七，降三等。

二百贯已上至三百贯，九十七，降四等。

三百贯已上，一百七，除名不叙。①

此法律是针对官员受赃行为的处罚，整个法律分为枉法和不枉法两类，枉法上分五等处罚，不枉法分七等处罚，在元朝称为《取赃十二章》，本质上是一个独立的法律，具体可以分为独立的两条。

根据对《至正条格》残本中所见以"条"为名，实际上是对具体法律文件名称的情况进行统计，情况如表 3 所示：

表 3 《至正条格》"条目"结构

卷数	篇名	条序	名称	条数
卷三	职制二	66	造作	中书省制定 6 条，工部制定 8 条，共 14 条
卷三	职制二	67	造作违慢	3 条
卷四	职制三	105	草贼生发罪及所司	2 条
卷五	职制四	145	整点急递铺	5 条
卷六	职制五	149	取受十二章	12 条
卷九	厩库	301	检闸昏钞	3 条，条下还分成款，如第一条有 12 款
卷九	厩库	317	关防漕运	11 条
卷九	厩库	318	漕运罪赏	24 条
卷十	厩库	322	纲船扰民	6 条

---

① 《至正条格校注本》卷六"断例·职制·取受十二章"，韩国学中央研究院编印，2007，第 218～219 页。

续表

卷数	篇名	条序	名称	条数
卷十一	厩库	363	盐课	9 条
卷十一	厩库	365	私盐罪赏	延祐元年有 9 条，至正二年有 11 条
卷十二	厩库	393	铁课	至元年间有 7 条，延祐元年有 10 条
卷十二	厩库	395	茶课	6 条
卷十二	厩库	408	市舶	22 条

表 3 中 14 条是《至正条格·断例》部分所见以 "条" 为名，但实际上是收录了整个立法成果的情况，其中 "漕运罪赏"、"盐课"、"私盐罪赏"、"铁课"、"茶课" 和 "市舶" 是关于这些专门领域的刑事法律，是一个个独立的法律文件。有些 "条" 名还分别由不同时期制定的不同法律组成，如第 66 条 "造作" 由中书省制定的共有 6 条和工部制定的共有 8 条的两个独立的法律文件组成；第 365 条 "私盐罪赏" 由延祐元年（1314 年）制定的共有 9 条和至正二年（1342 年）制定的共有 11 条的两件法律文件组成；第 393 条 "铁课" 是由至元年间制定的共有 7 条和延祐元年制定的共有 10 条的两件法律文件组成。元朝这种立法风格更像是对已经存在的各种法律的整理编撰，具有很大的原始性。在当今世界上，这种立法风格最像美国非官方制定的法律重述的风格。此种立法情况同样存在于条格部分。这也是学术界对元代立法成就持否定态度的根源。

2. 个案形式

《至元条格·断例》中很多具体条文是以个案形式表达，构成了一种特殊的判例法。此种表达形式成为 "断例" 的重要组成部分。如第 57 条中的 "失误迎接"，具体如下：

> 至治二年十月，刑部议得："哈剌鲁万户府镇抚黄头，因为酒醉，失误迎接诏书，合答五十七下，标附"。都省准拟。[①]

又如第 58 条 "失误拜贺"，具体如下：

---

① 《至元条格校注本》卷三 "断例·职制·失误迎接"，韩国学中央研究院编印，2007，第 189 页。

至顺三年十一月，刑部议得："鲁王位下钱粮总管府提控案牍张思恭，天寿节辰指称带酒，不行拜贺，合杖六十七下，解任标附"。都省准拟。①

再如第 109 条"闻丧不奔讣"，具体如下：

元统二年正月，刑部与礼部议得："父母丧亡，闻即奔讣。今松蟠等处按抚使八剌，父死匿不举哀，又不大奔丧。虽色目人等例不丁尤，理当奔讣。拟合杖断六十七下，降二等，杂职内叙用。罪幸遇免，依上降叙"。都省准拟。②

此类法律形式在《至正条格·断例》残本中占据主体。下面统计了《至元条格·断例》各卷中以判例为载体的具体条文情况。

第一卷《卫禁》中第 8 条"门尉不严"和第 10 条"津渡留难致命"，共有 2 条通过个案表达。

第二卷《职制》中有第 11、12 条"擅自离职"，第 16 条"应值不值"，第 17、18 条"沮坏风宪"，第 19 条"拘占印信"，第 22 条"隐藏玄象图谶"，第 26 条"稽缓开读"，第 27、28 条"官文书有误"，第 34 条"私人顿放公文"，第 35 条"误毁官文书"，第 36、37 条"弃毁官文书"，第 38、39 条"发视机密文字"，第 44 条"废疾不许从仕"，第 45 条"拆扣解由"，共有 18 条通过个案表达。

第三卷《职制》中第 52 条"失误祀事"，第 57 条"失误迎接"，第 58 条"失误拜贺"，第 62 条"私用贡物"，第 63 条"失误赐帛"，第 64 条"赈济迟慢"，第 65 条"修堤失时"，第 71 条"织作不如法"，第 74 条"中卖站马"，第 75 条"中卖站船"，第 76 条"带造段匹"，第 77 条"带绣段匹"，第 78 条"违法买引"，第 80 条"诡名买引"，第 81 条"聘卖未茶"，第 82 条"减价买物"，第 83 条"减价买马"，第 84、85 条"借民钱债"，第 86、87 条"违例取息"，第 88 条"勒要借钱文契"，第 89 条"虚

---

① 《至正条格校注本》卷三"断例·职制·失误拜贺"，韩国学中央研究院编印，2007，第189 页。
② 《至正条格校注本》卷四"断例·职制·闻丧不奔讣"，韩国学中央研究院编印，2007，第205 页。

契典买民田"，第90条"侵使赡学钱粮"，第92条"巡盐官军违期不换"，第93条"纵军抢取民财"和第95条"致死军人"，共27条通过个案表达。

第四卷《职制》中第96条"被盗勒民赔偿"，第97条"虚称被封装"，第101条"私役部民"，第102条"挟势乞索"，第103条"纵吏扰民"，第104条"罚俸令人代纳"，第107条"冒哀从仕"，第108条"不丁父母尤"，第109条"闻丧不奔讣"，第111条"诈称亲丧"，第112条"妄冒奔丧"，第113条"军官奔丧"，第114条"虚称迁葬"，共有13条通过个案表达。

第五卷《职制》中第116条"泛滥给驿"，第119、120、121条"增乘驿马"，第122条"强质驿马"，第123条"枉道驰驿"，第125条"冒名乘驿"，第126条"擅起铺马"，第127条"借骑铺马"，第128条"走死铺马"，第129条"枉道不诘"，第130条"私用站车"，第131条"多支分例"，第132条"增起站车分例"，第133条"取要长行马草料"，第135条"稽留铺马札子"，第137条"私用计置羊口"，第138条"被差令人代替"，第139条"军官承差不赴"，共有19条通过个案表达。

第六卷《职制》中第151条"取受虽死征赃"，第153、154条"赃罪再犯"，第156、157条"未任取受"，第158条"已任未授犯赃"，第159条"去官取受"，第163条"风宪犯赃"，第164条"军官取受值丧"，第165条"运司取受茶商分例"，第167条"土官受赃"，第170条"奴贱为官犯赃"，第171条"捕盗官匿赃"，第172条"弓手犯赃"，第174条"盗用侵使封装"，第175条"侵使军人寄收钱粮"，第177条"受要拜见钱"，第178条"受要离役钱"，第179、180条"强取民财"，第181条"军官挟势乞索"，第182条"乞索粮筹"，第183、184条"齐敛财物"，第186条"勒要贴户钱物"，第188条"请尔受赃"，第189条"子受赃不坐父罪"，第192条"悔过还主"，第193条"出首不尽"，第195条"非真犯不追封赠"，第199条"过钱剋落"和第200条"违例接首钱状"，共有32条通过个案表达。

第七卷《户婚》中第203条"赋役不均"，第204条"私取差发"，第205条"隐蔽包银"，第207、208条"科敛扰民"，第209条"虚供户绝"，第211条"亡献户计"，第212条"诬偎为义子"，第213条"压良为驱"，第214、215条"非法虐驱"，第216条"擅披剃僧"，第217条

"背夫为尼"，第 221 条 "私种官田"，第 222 条 "不修圩田"，第 223 条 "冒献地土"，第 224 条 "虚申义粮"，第 225 条 "虚报农桑"，第 228 条 "虚包公田"，第 232 条 "僧道不许置买民田"，第 237 条 "虫蝻失捕"，第 238 条 "水灾不申"，第 239 条 "地震不申"，共有 23 条通过个案表达。

第八卷《户婚》中第 242 条 "有妻娶妻"，第 244 条 "同姓为婚"，第 247 条 "兄妻配弟"，第 248 条 "弟妇配兄"，第 249 条 "娶男妇妹为妾"，第 250、251 条 "居丧嫁娶"，第 252 条 "娶有夫妇人"，第 253、254 条 "娶定婚妇"，第 255、256 条 "嚇娶女使"，第 259、260 条 "妄嫁妻妾"，第 261 条 "转嫁男妇"，第 262 条 "逐婿嫁女"，第 264 条 "休妻再合"，第 265 条 "擅嫁匠妻"，第 266 条 "男妇配驱"，第 267 条 "勒娶民女"，第 268 条 "佃女嫁驱"，第 269 条 "娶逃驱妇为妾"，第 271 条 "冒娶良人为驱"，第 272 条 "娶囚妇为妾"，第 273 条 "定婚闻奸强娶"，第 274 条 "定婚夫为盗断离"，第 276、277 条 "僧道娶妻"，第 279 条 "禁娶乐人"，第 280 条 "职官娶倡"，共有 30 条通过个案表达。

第九卷《厩库》中第 283 条 "私宰牛马"，第 285、286 条 "私宰病马牛"，第 287 条 "受雇干犯宰牛"，第 288 条 "宰牛再首不准"，第 289 条 "药针刺牛"，第 290 条 "怀恨割牛舌"，第 294 条 "阑遗不行起解"，第 295 条 "私卖阑遗头匹"，第 299 条 "监临倒钞"，第 300 条 "昏钞不使退印"，第 302 条 "扎钞官有失关防"，第 303 条 "提调官不封钞库"，第 306 条 "结揽小倒"，第 307 条 "监官本知情寄放"，第 312 条 "主守分要轻赉"，第 313 条 "监临抵换官物"，第 314、315 条 "监临私借官钱"，第 316 条 "抵换官钱"，共有 20 条通过个案表达。

第十卷《厩库》中第 319 条 "海运带装私麦"，第 324 条 "监临官买军粮"，第 326 条 "盗卖官粮"，第 327 条 "虚交粮筹"，第 336、337 条 "计点不实"，第 338 条 "虚出通关"，第 339 条 "诡名籴粮"，第 340、341 条 "监临揽税"，第 342 条 "取受附余粮"，第 343 条 "仓官盗籴分例粮"，第 344 条 "侵使粮价"，第 346 条 "仓官带收席价"，第 349 条 "拗支草料"，第 351 条 "收草官折受轻赉"，第 354 条 "剋落皮货"，第 355 条 "解典造甲钱"，第 356 条 "漏报匹帛"，第 359 条 "押运官物损坏"，第 360 条 "官物有失关防"，共有 21 条通过个案表达。

第十一卷《厩库》中第 368 条 "妇人犯私盐"，第 372 条 "无榷货不坐"，第 377 条 "私盐遇革"，第 379 条 "船户盗卖客盐"，第 384 条 "扫刮卤土"，第 385 条 "官盐挽土"，第 389 条 "酶造盐梅" 和第 392 条 "捉获酶鱼给赏"，共有 8 条通过个案表达。

第十二卷《厩库》中第 399 条 "绰敛圈税"，第 401 条 "诬人匿税"，第 403 条 "职官不纳契税"，第 404 条 "贸易收税"，第 405 条 "欺隐增余课程"，第 406 条 "亏折契本"，共有 6 条通过个案表达。

第十三卷《擅兴》中第 409 条 "临阵选退"，第 410 条 "擅自领军回还"，第 411 条 "军官遇贼不捕"，第 412、413 条 "军民官失捕耗贼"，第 414 条 "诈避征役"，第 415、416 条 "交通贼人"，第 417 条 "激变瑶人"，第 419 条 "交换不即还营"，第 420 条 "逃军赏罚"，第 422、423 条 "私役军人"，共有 13 条通过个案表达。

统计上面诸卷中以个案形式表达的法律条文，共有 232 条，占所存 423 条的 54.85%；成文法形式的共有 191 条，占所存 423 条的 45.15%，其中 14 条属于法律文件的整体编入，剩下独立成文的共有 177 条。这样基本可以确定元朝 "断例" 部分在具体法律条文构成上判例和成文的比例情况。而两者相比，判例数量超过了成文的数量，具体达 10% 左右。

三 《元典章》中所见 "断例"

在元朝现在可以见到的法律史料中，较原始的是《元典章》。《元典章》作为元朝原始法律文件编撰而成的成果，体现了元朝立法的特征、通用法律术语和法律名称的通行形式等。笔者对《元典章》中出现的以 "断例" 为名的法律进行全面检索后，对其内容进行了深入分析考察，试图揭示元朝 "断例" 的日常法律使用的含义和特征。检索《元典章》中使用 "断例" 之名的相关法律情况后发现，其主要可以分为两个部分：一是各卷的卷首刑量图表中把量刑等级称为 "断例" 的，共有 14 个；二是在具体的法律条文名称上使用 "断例" 的，其有 22 条，但因为有两条是同一法律的重复，实质上是 21 条。为了全面反映元朝日常法律中 "断例" 被使用的情况，下面从表格中的断例和条文中的断例两个方面来考察《元典章》中体现出来的 "断例" 特征。

（一）表格中使用"断例"的情况

《元典章》在编撰时，为了使用上的方便，编撰者把整卷中涉及定罪量刑的内容制作成表格，放在各卷卷首。其中很多涉及定罪量刑的表格明确使用"断例"。考察整部《元典章》在卷首表格中使用"断例"的情况，具体如下：

1. 台纲卷之二·照刷·断例　典章六（第176页）
2. 户部卷之三·户计·断例　典章十七（第580页）
3. 兵部卷之二·军器·断例　典章三十五（第1217页）
4. 刑部卷之六·诸殴·断例　典章四十四（第1502页）
5. 刑部卷之八·断例　典章四十六（第1543页）
6. 刑部卷之九·诸赃三·断例　典章四十七（第1579页）
7. 刑部卷之十三·捕盗·断例　典章五十一（第1700页）
8. 刑部卷之十四·断例　典章五十二（第1733页）
9. 刑部卷之五十·诉讼·断例　典章五十三（第1744页）
10. 刑部卷之十六·杂犯一·断例　典章五十四（第1799~1780页）
11. 刑部卷之十八·阑遗·断例　典章五十六（第1859页）
12. 刑部卷之十九·诸禁·断例　典章五十七（第1870页）
13. 新集　户部·钞法·倒钞（第2082页）
14. 《永乐大典》《元典章》（第2271~2272页）

从14个表格的内容看，这里的"断例"本质上是指量刑等级，是一种刑事量刑法律的表达形式。而此处的"断例"的含义，即定罪量刑时量刑等级的规则、标准。

（二）《元典章》中使用"断例"的具体法律

"断例"作为元朝两大基本法律形式之一，在元朝一般法律中是否会使用；在使用时，具体情况如何呢？这里对《元典章》2636条法律中涉及使用"断例"为名的法律进行了逐一考察，以揭示元朝"断例"在日常法律中的使用情况。

通检《元典章》中以"断例"为名的法律，具体情况如表4所示：

表4 《元典章》所见"断例"

栏目 名称	卷数及页书	法律内容	形式	确立的法律内容
1 焚夫尸嫁①断例	户部四·婚姻·服内婚，卷十八	至元十五年潭州路奏阿陈诉表嫂阿吴焚夫尸改嫁案	判例	确立相关焚夫尸改嫁属于违律成婚，改嫁人受处罚的量刑等级
2 户绝家产断例	户部五·田宅·家财，卷十九	至元八年南京路张阿刘继承诉讼案	判例	确立户绝出嫁女财产继承份额
3 买卖蛮会断例	户部六·钞法·伪钞，卷二十	延祐六年江浙行省等地方百姓仍沿用和制造宋时交会案	成文	确立制造宋朝和使用宋朝交会的违法量刑原则
4 买使挑钞断例	户部六·钞法·挑钞，卷二十	皇庆元年湖州路许季二挑钞案	判例	确立挑剜补凑宝钞以真作伪量刑原则
5 侏儒挑钞断例	户部六·钞法·挑钞，卷二十一	延祐二年临江路萧真挑造钞案	判例	确立侏儒挑造宝钞的量刑原则
6 食践田禾断例	户部九·农桑·劝课，卷二十三	至大元年禁止诸王驸马人员外出让马食践田禾庄稼	成文	确立犯此类行为量刑原则
7 借骑铺马断例	兵部三·违例，卷三十六	至元四年东平路马户崔进诉恩州太守石璘借铺马案	判例	确立官员无故借骑铺马的量刑原则
8 背站驰驿断例	兵部三·违例，卷三十六	至元二十四年回回令史法鲁沙背站骑马案	判例	确立违法站骑铺马量刑原则
9 奸八岁女断例	刑部七·强奸·典章，卷四十五	皇庆元年绍兴路姚细僧强奸案	判例	确立强奸幼女量刑原则
10 借使吏官吏俸钱断例	刑部九·侵使，卷四十七	至元二十七年刘从恕侵占官钱案	判例	确立官员侵占官钱的量刑原则
11 处断盗贼断例	刑部十一·强窃盗，卷四十九	延祐二年偷盗犯罪量刑问题立法	成文	确立不同类型偷盗行为的量刑原则
12 蒙药摸钞断例	刑部十二·掏摸，卷五十	大德十一年李广志用药迷吴仲一后偷钞案	判例	确立使用迷药偷窃财物处罚原则
13 诈骑铺马断例	刑部十四·诈，卷五十二	至元三十年刘斌诈骑铺马案	判例	确立诈骑铺马的量刑原则
14 奴诬告主断例	刑部十五·诬告，卷五十三	至元三年高德禄诬告主人案	判例	确立奴婢诬告主人的量刑原则
15 刑名枉错断例	刑部十六·违错，卷五十四	大德九年廉阿罗诉儿子被枉打致死案	判例	确立官员审理案件中冤枉他人的量刑原则
16 昏钞不使退印断例	刑部十六·违例，卷五十四	元贞二年平准行用库提领李成、大使程福等人不退昏钞案	判例	确立官吏在此类犯罪行为中的量刑原则

名称 栏目	卷数及页书	法律内容	形式	确立的法律内容
17	杀羊羔犯断例	刑部十九·禁宰杀，卷五十七	至元二十八年制定宰杀羊羔法律	成文	确立宰杀羊羔的处罚原则
18	摸牌赌博断例	刑部十九·禁赌博，卷五十七	元贞元年闰僧往、郑猪狗摸牌赌博案	判例	确立赌博量刑原则
19	禁断金箔等物断例	工部一·杂造，卷五十八	至大四年立法禁止使用金箔等物制造器物	成文	确立违法者量刑原则
20	偷船贼断例	新集·刑部·偷盗	延祐五年宣城县武多儿偷盗陈荣祖木船案	判例	确立偷盗船只量刑原则
21	戳剜双眼断例	新集·诸欧·殴伤肢体	至治二年舒杞八唆使舒信三甲奴刺戳挖舒寓一双眼案	判例	确立此类行为的量刑原则

注：①此条在《刑部三·不义·焚夫尸嫁断例》中有重复，具体见第 1412 页。

表 4 是《元典章》2636 条中以"断例"为名称的具体法律条文，共有 21 条。在这 21 条中，具体以判例为载体的有 16 条，以成文法为载体的有 5 条。其中第 11 条中的"断例"是一个具体法律文件的名称，而不是某条法律的名称，因为下面由多条具体法律条文组成。当然，分析全部 21 条的法律性质，有 20 条属于刑事法律，是中国古代称为"律"的法律范围，仅有 1 条使用个案的不是刑事法律而是家庭继承法律，具体是表 4 中的第 2 条。所以元朝"断例"在日常使用中主要是指刑事法律，并且称为"断例"的法律基本以具体个案为构成形式的特征同样在《元典章》中称为"断例"部分的法律中得到体现。

四 《刑统赋疏》和《无冤录》中所见"判例"

元朝后期，元顺帝年间，元人沈仲纬对宋人傅霖的《刑统赋》进行了全面注疏。沈仲纬注疏的最大特点是改变了元初《刑统赋解》的结构和所引法律，两者构成了元朝对《刑统赋》解释的两大特色，体现了元朝不同时期法律所宗指向，其中《刑统赋解》所宗的是金朝《泰和律义》，《刑统赋疏》所宗的是《唐律疏议》。《刑统赋解》虽写明是元朝东原人郜韵释，元人王亮增注，但分析"解"和"歌"以及"增注"所引法律，会发现"解"和"歌"的内容是金朝《泰和律义》，"增注"是元朝法律，构成了现在了解金朝《泰和律义》的重要法律文献。《刑统赋疏》在"解"的部分所引的内容现在可以确定是《唐律疏议》而不是《泰和律义》，"通例"所引和总结的法律则全是元朝现行法律。两者存在显著不同。根据分析，现在可以认定，《刑统赋解》应是元朝初期的成果，而《刑统赋疏》是后期成果。其中《刑统赋疏》所体现的全是《唐律疏议》的精神，同时整个解释也以《唐律疏议》的精神原则作为指导。

沈仲纬的《刑统赋疏》虽然有几个地方缺失解释，但通看现在所存的"通例"部分，其中所引元朝法律可说是全面反映了元朝的法律结构。整个"通例"共引了 162 条元朝当时有效的法律，其中 90 条是具体个案，属于判例法范畴。对元朝的法律内容而言，现在除了《至正条格》、《通制条格》和《元典章》之外，《刑统赋疏》是最全面反映元朝法律结构和内容的重要法律史料，但其缺点是，此法律属于刑事和诉讼法，没有反映民事、行政等方面的内容。

此外，根据检考，元朝现存法律史料中，王与的《无冤录》上卷收录的是元朝与检验有关的法律，其中有 6 条是个案，属于判例法。由此，《无冤录》也是元朝现存重要法律史料之一。

《刑统赋疏》共有 8 韵，每个韵在"通例"部分都引元朝当时通行的法律。据统计，通例所引法律有 161 条，其中属于个案的有 89 条。对《刑统赋疏》的特点，元人杨维桢在"序"中有说明，他称赞该书是："吴中沈仲纬氏为郡府掾，独能尽心于例事，指明霖意，取其则赋，章分句解，又以本朝律款，会而通之，辩取其要，无不中隙。待论厚而诗书乐闻，演义白而俗胥所共晓，析类例最精而大吏者取信。"① 沈仲纬《刑统赋疏》中的"通例"部分法律条文具体结构如表 5 所示：

表 5　《刑统赋疏》所见案例和条文分布

	第一韵	第二韵	第三韵	第四韵	第五韵	第六韵	第七韵	第八韵	总数
个案数	1	23	14	11	12	10	12	6	89
条文数	3	40	27	21	18	21	19	12	161

---

① 沈仲纬：《刑统赋疏》，载沈家本《枕碧楼丛书》，知识产权出版社，2006，第 169 页。

不管是《刑统赋疏》还是《无冤录》中所引的各类法律，这些具体个案都没有被称为"断例"，因为在《刑统赋疏》中有明确称为"断例"的法律，如第二韵"刑异五等"在"通例"中引用了延祐二年（1315年）三月的"盗贼断例"，内容是"强盗持杖伤人的，虽不得财，皆斩死"。① 又如第四韵"言其变，则或严未得之始"中的"通例"再引大德五年（1301年）"盗贼断例"，内容是："强盗持杖，但伤人者，虽不得财，皆死；不曾伤人者，不得财徒二年半；谋而未行者，于不得财罪各减一等坐之。盗库藏钱物者，比常盗加一等。赃满至五百贯以上者，远流。"② 从两处以"断例"为名的法律看，这里使用"断例"的含义与《元典章》是一致的，是作为某个刑法的特定名称，体现了定罪量刑问题。

元人王与所撰的《无冤录》的上卷收录了大量元朝与检验有关的法律，共有17条，其中有6条是判例法。王与在《无冤录》的上卷中所收法律都是当时生效的法律，因为书中有"伏见省部通行"的字样。"通行"在元朝是指具有普遍效力的法律，与宋朝的"海行"是同义词。《无冤录》所收法律中判例情况具体如下：

> 大德十一年，磁州成安县田云童殴弟误伤母死，伊舅耿瑞告县，达鲁花赤太帖木儿推抑不受。刘主簿受而为理，太帖木儿等检尸受赃，验作风气病死。本州张知州觉举其事，直申省部，太帖木儿等计赃论罪，田云童结案侍报，张知州辨明恶逆，优加升用。③

> 至元六年十二月二十五日，平阳路臧彦松因斗踢死姬进，省部定罪合行处死，缘臧彦松父年七十六岁，别无兼丁，拟杖五十七下，征给烧埋银两，于至元八年十月二十日奏准断决。以此参详，凡犯徒以上罪名，如亲老无侍者，拟合比附断过事例申详，使养亲老。④

> 至元十五年五月，中书兵刑部为中牟县樊润告男妇喜仙自缢身死，初检官主簿李伯英据喜仙母阿白等告，委是自缢身死，别无他

---

① 沈仲纬：《刑统赋疏》，载沈家本《枕碧楼丛书》，知识产权出版社，2006，第176页。
② 沈仲纬：《刑统赋疏》，载沈家本《枕碧楼丛书》，知识产权出版社，2006，第193页。
③ 《无冤录》卷上"张知州辨明恶逆"，载沈家本《枕碧楼丛书》，知识产权出版社，2006，第237页。
④ 《无冤录》卷上"亲老无侍犯徒以上罪名"，载沈家本《枕碧楼丛书》，知识产权出版社，2006，第237页。

故，情愿收埋。本官准告免检，责付尸亲安埋。取到李伯英不合准告，违错招伏。省部相度，既是自缢身死，另无他故，情愿将尸安埋，初检官虽有准告免检，罪犯合从本路省会免罪。①

元贞二年九月，江西行省为端州路申上高县李伯盛告刘二落水身死，安埋了当，赵县尹开棺检验违错；高安县陈显告陈德一被王俊卿打死，安埋了当，本县移准所委官牛县丞牒，若便发冢开棺检验，诚恐未应。奉省札取问，不行催督检验违错。②

大德四年九月，江西行省札付，据袁州路申，为宜春县钟元七身死事照得：先扰本路备萍乡州申彭阿夏告大彭季八身死公事，委官开棺，检得皮骨消化，骨殖显露，难以检验。移准都省送刑部议得：自来亦无检骨定例。参详：合依已行事理，详情区处。已经行下本路，依上施行去讫。今据见申，不见凭何典例将骨检验定执致命根因。省府合下仰照验勘明白，将行凶人一干人等研穷磨问钟元七端的致命根因，取责各各照准实词，追究完备，牒审无冤，依例结案。仍取不庆检骨违错招状申省。③

至元五年六月，尚书刑部为淄莱路淄阳县刘聚因争地殴打刘开身死，有本县官吏检尸怠慢罪犯。本部议得：达鲁花赤县尹主簿交互相推，以致往复迟慢，拟笞四十，赎铜。典史、司吏事由官长，不合治罪。呈奉都省准拟，各官罚俸，典史、司吏各免罪。④

五 《经世大典·宪典·验尸》遗文所见"判例"

《经世大典·宪典》是元朝中期编撰的重要法典，在现存《永乐大典》

---

① 《无冤录》卷上"自缢免检"，载沈家本《枕碧楼丛书》，知识产权出版社，2006，第243页。
② 《无冤录》卷上"开棺临事区处"，载沈家本《枕碧楼丛书》，知识产权出版社，2006，第243页。
③ 《无冤录》卷上"检验骨殖无定例"，载沈家本《枕碧楼丛书》，知识产权出版社，2006，第244页。
④ 《无冤录》卷上"检复迟慢"，载沈家本《枕碧楼丛书》，知识产权出版社，2006，第244页。

残本第 914 卷上可以看到其中"验尸"部分的遗文。"验尸"遗文抄录了《经世大典》中与检验有关的法律，全部有 16 条，下面抄录了 22 个当时具有法律效力的相关判例。这是现在可以见到的判例较多的元朝法律史料之一。分析《永乐大典》中"验尸"部分相关法律，会发现《经世大典·宪典》是把判例法和成文法的内容抽象出来，进行成文法典式立法的结果。在抽象出来的每条法律下，同时把各自的判例和成文法抄录附在每条的下面。如第 1 条由四个具体案例抽象而成；而第 16 条由"检尸式"中 2 条成文法律和 2 个判例整理而成。《经世大典·宪典》"验尸"遗文的 16 条法律中，共有 10 条是《经世大典》所独有的，在其他元代法律史料中并不曾看到，而判例中 11 个个案是此处特有，其他地方也没有出现过。这些使得该遗文成为了解元朝法律的重要史料。

通观以上元朝现存的不同法律史料，我们大致可以对元朝断例、判例及相关法律形式得出较为真实的结论，那就是就成文法和判例法的分类而言，元朝属于混合法时期。元朝不仅在法律形式上由成文法和判例法组成，而且是判例成为国家公开承认的法律形式的时期。元朝的条格和断例两种法律形式的分类体系并不是成文法和判例法的分类体系，而是在继承发展秦汉至唐宋时期中国古代"设制立范"和"定罪正刑"① 两类法律形式的基础上产生的一种新分类形式，即断例是秦汉至唐宋时期"律"和"敕"下所有与"定罪正刑"相关的各种刑事法律形式的整合体，条格是秦汉至唐宋时期令格式等所有与"设制立范"有关的非刑事法律形式的整合体。总之，元朝的断例和条格是中国古代把法律分为"设制立范"和"定罪正刑"两种基本法律形式进一步发展的新形式而不是判例法和成文法两种法律载体形式的新分类形式。这一点是正确理解元朝断例与条格的内涵和特征的关键。

---

① 在中国古代的"律"和"令"两种法律形式的定义，是从性质上进行，如晋朝时杜预的定义是"令以设事制"和"律以定罪名"，而《唐六典》的定义是"令以设制立范"和"律以定罪正刑"。总结两个定义，"律"和"令"可以分别指代"定罪正刑"和"设制立范"。这种从法律性质上进行区分的体系构成了中国古代法律分类的基本类型。

清代中国藏传佛教事务立法进程论析[*]

田庆锋^{**}

摘　要： 立法进程是指国家对重要社会关系进行立法调整的全部动态过程。藏传佛教是沟通清代中国满、蒙、藏上层的重要社会桥梁和文化资源，其相关事务是清代中国西部地区最为重要的社会关系。清代国家藏传佛教事务立法进程表明清政府对藏传佛教事务的立法既融合于相关民族事务立法之中，又有相对独立的体系。清政府对藏传佛教的宗教立法经过了一个漫长的过程，可以分为萌芽、奠基、成熟和完善四个时期，其进程具有渐进性、开放性、均衡性等特征，注意保持法律制度的稳定，汲取蒙藏地方僧俗贵族的意见，保护后者的合法权利，认真平衡世俗权力与宗教权力、世俗利益与宗教利益，从理论至立法实践均体现出其政教有别和分立的重要努力与尝试。

关键词： 清代中国　藏传佛教事务　立法进程

立法进程是指国家对重要社会关系进行立法调整的全部动态过程。清代是中国西部地区历史发展的重要时期，藏传佛教快速传入蒙古地区，其中最为重要的是格鲁派异军突起，逐渐成为沟通清代中国满、蒙、藏上层

---

　* 本文系 2012 年国家社科基金青年项目 "清代中国西部宗教法制研究" （批准号：12CFX010）、2013 年甘肃省高校基本科研业务费专项资金项目 "地方立法语境中的清代藏传佛教立法研究"、2015 年国家博士面上基金一等资助项目 "清代藏传佛教立法研究"（批准号：2015M570263）、西北师范大学 2016 年青年教师科研能力提升计划项目 " '一带一路'视域下的西北方志法律资源整理与研究"（项目编号：SKGG16014）的阶段研究成果，受甘肃省财政厅项目 "地方立法视域下的清代藏传佛教立法研究" 资助。

** 田庆锋，法学博士，西北师范大学法学院副教授，《西北法律文献资源》编委，主要从事法律史研究。

的重要社会桥梁、政治力量和文化资源，藏传佛教事务也演变为当时中国西部地区最为重要的社会关系。清政府极为重视对这些关系的立法调整，若没有对这些问题的妥善处理，则不可能保持较为稳定的满蒙上层联盟关系，进而稳定其在中国西部地区的治理。这一宗教立法进程融合于相关民族事务立法之中，虽然有民族事务立法副产品之嫌疑，但也自成体系，体现出与西部蒙藏民族事务相区分的努力。这一立法进程可以分为四个阶段：萌芽期、奠基期、成熟期和完善期。学界对清代中国藏传佛教事务立法内容的研究颇多，将立法进程作为背景性的介绍也多有所在，而以专文从立法进程角度进行系统考察者则阙如。本文拟根据清代相关档案法律文献对其立法进程进行系统检视，以期进一步总结清代中国藏传佛教事务立法的特征。

一 萌芽期：天命至顺治时期（1616～1661 年）

（一）天命时期（1616～1626 年）

后金政权建立之初，清太祖的一些言行体现了他对藏传佛教的基本法律观念，从某种意义上说也可视为一种法律创制。他并非一位无神论者，也相信天命，但更相信天命之下人的努力。他曾训导自己的属下：信佛虽可以求福，但不是大福，真正的大福乃励精图治、从公听断、弥盗平乱、普济贫困、国家太平。[1] 这种政教有别的宗教法律思想在他对归附自己的蒙古贵族的训话中表达得更为清楚。他认为虽然蒙古信仰佛教，但是欺诈横逆之风不息，贵族之间尔虞我诈，这是导致其衰落的重要原因。[2] 当然他并未否定藏传佛教的作用，并且对之予以保护，天命六年（1621 年），他规定："不准任何人毁坏庙宇！不准在庙内拴马牛！不准在庙内屎尿！如有违令毁庙（在庙内）拴牛马者，即逮捕治罪。"[3]

---

① 中国第一历史档案馆等译注《满文老档》（第一册），中华书局，1990，第 38～39 页。
② 阿桂等：《皇清开国方略》，文渊阁四库全书史部编年类，总第 341 册，台湾商务印书馆，1985 年影印版，第 112 页。
③ 中国第一历史档案馆等译注《满文老档》（第一册），中华书局，1990，第 38 页。

（二）天聪至崇德时期（1627～1643年）

皇太极继位之初，藏传佛教已在蒙古地方得到广泛传播。[1] 对喇嘛的宗教行为，皇太极给予了严格的限定。天聪七年（1633年）规定：喇嘛班第出居城外清净处所，有请喇嘛念经治病者，家主治罪；喇嘛班第有容留妇女，及不呈明吏部私为喇嘛、私盖寺庙者，治罪。[2] 同时，他对藏传佛教活动中的负面现象大加斥责，如崇德元年（1636年）发布上谕，批评喇嘛口作讹言，以供佛持戒为名潜奸妇女、贪图财利。[3] 皇太极的这些观念是对乃父思想的发展，其中包含着宗教与世俗事务分离的法观念，即喇嘛聚敛钱财是非法的。这种既承认藏传佛教信仰又反对喇嘛妄行的宗教法观念为藏传佛教事务宗教立法奠定了一定的理论基础。崇德元年（1636年），谕令禁止蒙古嗣后在丧葬中为死人旋转轮结布旛。[4] 另外，对喇嘛僧侣的数量和念经人数也做出强制性规定，将内齐托音喇嘛及诸"无行"喇嘛等所私自收集的汉人、朝鲜人遣还本主；对于既不愿遵守戒律又不愿娶妻的喇嘛给予"宫刑"处罚。[5] 这些立法体现了清政府建立初期宗教立法的特征，即既承认藏传佛教的合法性，又依据国家政治统一的原则对其进行严格限制，防止其削弱国家政权的力量。

皇太极也认识到藏传佛教对大清国发展的积极影响。为解决漠北蒙古的归附问题，崇德二年（1637年），他写信给土伯特汗，邀请喇嘛高僧至其直辖地区传教。[6] 次年，首次以立法的方式确定喇嘛来朝时肉、羊、酒、面、灯油、路费等方面的具体待遇问题。[7] 崇德七年（1642年），清政府首次对达赖喇嘛来使的待遇进行立法，规定西藏达赖喇嘛若遣使来朝，赐

---

① 乔吉：《蒙古佛教史》，内蒙古人民出版社，2007，第156页。

② （康熙朝）《大清会典》，近代中国史料丛刊三编第72辑，文海出版有限公司，1992年影印版，第3628页。

③ 中国第一历史档案馆等译注《满文老档》（第一册），中华书局，1990，第1406页。

④ 中国第一历史档案馆等译注《满文老档》（第一册），中华书局，1990，第1406页。

⑤ 《清太宗实录》卷四四"崇德三年十二月丁巳"。

⑥ 中国第一历史档案馆等：《清初五世达赖喇嘛档案史料选编》，中国藏学出版社，2000，第2～3页。

⑦ （光绪朝）《大清会典事例》卷五二一《礼部二三二·饩廪二·各处喇嘛饩廪》，中华书局，1990年影印版。

恩燕一次;① 达赖喇嘛的来使,每日正副使各给羊 1 只、茶 1 包,众番僧共给羊 1 只,每人给牛乳 1 旋、酥油 5 两、灯油 4 两,并给盐,回时每日各给羊 1 只,作为路费。②

(三) 顺治时期 (1644～1661 年)

1644 年清朝入关后,顺治帝继承其父优待藏传佛教僧侣的法制,以迎请五世达赖喇嘛进京为契机,展开对藏传佛教事务的宗教立法工作,即一方面继续提高藏传佛教组织的政治地位,另一方面继续对宗教组织和喇嘛的活动进行规范。

首先,立法完善西藏佛教组织贡使的待遇,明确宗教组织的政治地位。顺治九年 (1652 年) 定赏赉达赖喇嘛贡使之例,即每头目二人、随从役卒二十八名,共赏二等玲珑鞍马一、银茶筒一、银盆一、缎三十、毛青梭布四百、豹皮五、虎皮三、海豹皮五;③ 达赖喇嘛正使并从役每日给羊 1 只、茶 1 包、牛乳 1 旋、酥油 2 两,副使并从役每日给羊 1 只,格隆等每日每人给羊肉 2 斤、每 2 日给羊肉 2 盘,班第等每日每人给羊肉 2 斤,副使格隆等每日每人给茶 1 包、面 1 斤、酥油 2 两,从役每日每人给羊肉 1 斤 8 两;正副使每日每人给灯油 2 两,每日给盐各 1 两,每 5 日设燕 5 席、给羊 2 只、茶 4 筒,由礼部与理藩院监送;达赖喇嘛来朝时每 10 日给羊 30 只、茶 30 斤、面 60 斤、酥油 10 斤、牛乳 30 斤、盐 10 斤、黄蜡烛 3 枝,头等第一喇嘛每名每 10 日给羊 10 只、茶 20 包、面 20 斤、酥油 5 斤、牛乳 15 斤、盐 10 两、黄蜡烛 1 支,头等第二及二等喇嘛每 10 名每 10 日给羊 10 只、茶 10 包、面 20 斤、酥油 20 两、牛乳 4 斤、盐 3 斤、灯油 10 钟,三等、四等人及其从役每 12 名,每 10 日给羊 10 只、茶 10 包、面 20 斤、酥油 20 两、牛乳 4 斤、盐 3 斤、灯油 10 钟。④ 清政府继承明朝敕封藏

---

① (光绪朝)《大清会典事例》卷五一〇《礼部二二九·燕礼四·外藩来朝筵燕》,中华书局,1990 年影印版。
② (光绪朝)《大清会典事例》卷五二一《礼部二三二·饩廪二·各处喇嘛饩廪》,中华书局,1990 年影印版。
③ 《清世祖实录》卷六六"顺治九年七月戊戌"。
④ (光绪朝)《大清会典事例》卷五二一《礼部二三二·饩廪二·各处喇嘛饩廪》,中华书局,1990 年影印版。

传佛教组织上层僧侣名号的惯例，对格鲁派领袖予以重新册封。①

其次，加强国家对宗教活动的管理，明确相关监管程序与法律责任。顺治四年（1647 年）议定喇嘛不许私自游方，有游方到京者，著发回原籍；② 八年，规定陕西河州弘化、显庆二寺僧旦巴查穆苏、诺尔卜查穆苏等喇嘛贡方物时不许进贡佛像、铜塔及番犬；③ 九年，规定由理藩院确定京城附近寺庙喇嘛徒弟数目，妇女叩拜喇嘛须与丈夫同行；④ 十四年，题准喇嘛班第等不许私自为人诵经、擅宿人家和擅留妇女于庙，不许擅留私行喇嘛和增添喇嘛人数；十八年，题准除法定喇嘛之外，其余喇嘛班第应居住于京城之外，不得擅进京城居住，违者送刑部治罪。⑤ 此外，进一步理顺喇嘛僧官体制，京师设 4 名札萨克喇嘛，盛京西勒图库伦等处各设首领喇嘛和德木齐 1 名。⑥

最后，进一步提高蒙古地方藏传佛教组织的法律地位，进一步详定漠北蒙古不同等级喇嘛来朝待遇。⑦

此外，在立法过程中，藏传佛教组织的建议日渐受到清政府的重视。顺治十四年（1657 年），盛京班第大诺们汗奏请每年北庙正月祈福诵经时清帝应亲幸庙塔，每年西藏地方晒藏经时应加恩赏，并请允许自己徒众会集等，得到清政府批准。⑧

顺治时期，清朝以迎接五世达赖喇嘛和加强对直辖区内藏传佛教组织管理为契机，对藏传佛教展开了较为全面的立法，为康熙及其以后的宗教立法奠定了一定的基础。以迎请达赖喇嘛为例，其中大部分程序为乾隆四十四年（1779 年）六世班禅朝觐所遵依。⑨

---

① 《清世祖实录》卷七四"顺治十年四月丁巳"。
② （康熙朝）《大清会典》，近代中国史料丛刊三编第 72 辑，文海出版有限公司，1992 年影印版，第 3628 页。
③ 《清世祖实录》卷五四"顺治八年闰二月己未"。
④ 《清世祖实录》卷六八"顺治九年九月戊子"。
⑤ （雍正朝）《大清会典》，近代中国史料丛刊三编第 77 辑，文海出版有限公司，1994 年影印版，第 6798 ~ 6799 页。
⑥ （康熙朝）《大清会典》，近代中国史料丛刊三编第 72 辑，文海出版有限公司，1992 年影印版，第 7068 ~ 7069 页。
⑦ （光绪朝）《大清会典事例》卷五二一《礼部二三二·饩廪二·各处喇嘛饩廪》，中华书局，1990 年影印版。
⑧ 《清世祖实录》卷一〇九"顺治十四年四月丁亥"。
⑨ 张其勤原稿、吴丰培增辑《清代藏事辑要》，西藏人民出版社，1983，第 198 ~ 199 页。

二 奠基期：康熙至雍正时期（1662～1735 年）

康熙至雍正时期，藏传佛教事务宗教立法成为国家法典的重要内容，主要表现于《蒙古律书》的修改和《钦定大清会典》的制定，同时其他形式的立法也有增加。

（一）《蒙古律书》的修订与对藏传佛教立法

《蒙古律书》[①] 最早制定于清太宗时期，康熙时期曾修订两次，修订原因是"崇德八年颁给《蒙古律书》与顺治十四年定例增减不一"。[②] 新修订的《蒙古律书》，蒙文名称为《康熙六年增订律书》，共 113 条，其中对藏传佛教的立法主要集中于第 79 条：喇嘛等，博、伊杜干等，违禁妄行，蒙骗他人及以给人念经为由驻留、住宿人家，以给幼儿起名、治病为由偕其母同来，或于寺庙无故容留妇女等类肆意行事，仍视其情节轻重，分别处决、杖责、罚服。[③] 该条不仅吸收了顺治十四年谕旨的相关内容，明确将法律责任分为三等，而且在适用的对象上有所扩大，如将蒙古传统生活中的男巫师（博）和女巫师（伊杜干）也包括了进去。康熙三十年（1691年），漠北蒙古归附清朝，该法典的效力范围扩及该地区。次年，清朝按照漠南蒙古之例，每札萨克各给律书一部。[④] 虽然此时《蒙古律书》的编纂体例较为粗陋，但是却使藏传佛教事务宗教立法的形式发生了较大的变化。康熙朝以前其主要法律形式为谕旨和定例，而康熙六年《蒙古律书》的修订，明确了相关宗教立法的适用范围，有利于宗教立法的统一。

康熙三十五年（1696 年），清政府鉴于漠北蒙古归附后西部形势已发生较大变化，再次修订《蒙古律书》，充实宗教管理的相关内容，该法典现存 152 条，与康熙六年法典体例相同。达力扎布先生将其译汉，收入

---

① 《蒙古律书》即后来所称的《蒙古律例》，至今未发现乾隆以前有汉译刻本或抄本，故而在此使用清史学界的称谓。

② 《清圣祖实录》卷二十四"康熙六年九月癸卯"。

③ 《康熙六年〈蒙古律书〉》，李保文译，《历史档案》2002 年第 4 期。

④ （雍正朝）《大清会典》，近代中国史料丛刊三编第 77 辑，文海出版有限公司，1994 年影印版，第 14441 页；会典馆编《乾隆朝内府抄本〈理藩院则例〉》，赵云田点校，中国藏学出版社，2006，第 109 页。

《康熙三十五年〈蒙古律例〉研究》一文中。① 新法典对藏传佛教立法的修改主要体现在如下几个方面。

首先，鼓励蒙古宗教组织高层人士来京师朝贡，并对宗教组织使者和高级僧侣朝觐的待遇进一步作了较为详细的规范，具体规定详见表1和表2。

表1　康熙三十五年蒙古宗教组织使者朝贡赏赐

使者等级	缎（匹）	青布（匹）	仆从人数（个）	仆从各赏青布（匹）
喀尔喀汗、呼图克图等使者	3	24	2	6
喀尔喀大台吉、喇嘛等使者	2	16	1	6
喀尔喀小台吉、喇嘛等使者	1	8	1	4
厄鲁特大台吉、喇嘛之使	2	16	3	1
厄鲁特小台吉、喇嘛之使	1	8	1	4

资料来源：达力扎布：《康熙三十五年〈蒙古律例〉研究》，载中央民族大学历史系主编《民族史研究》第5辑，民族出版社，2004，第135、144、146~147页。

表2　康熙三十五年蒙古高级僧侣朝贡赏赐

僧侣来朝情况	三十两银茶筒（个）	妆缎（匹）	澎缎（匹）	缎（匹）	青布（匹）
绰尔济、大喇嘛亲自来朝		1	1		12
绰尔济、大喇嘛遣使来朝			1		4
札萨克喇嘛亲自来朝				5	
呼图克图亲自来朝	1			10	
札萨克喇嘛遣使人朝				1	4
呼图克图遣使人朝				1	4

资料来源：达力扎布：《康熙三十五年〈蒙古律例〉研究》，载中央民族大学历史系主编《民族史研究》第5辑，民族出版社，2004，第149~150页。

由表1、表2可见，清政府对不同蒙古地区宗教组织朝贡使者和上层宗教人士来朝的待遇不同。漠北蒙古地区宗教组织的待遇比漠西地区稍高，上层喇嘛亲自来朝的待遇高于遣使来朝的待遇。

其次，重新确定达赖喇嘛使者人数、待遇等问题。新法典规定：达赖喇嘛使团来时正使应为1人，朝廷给从马30匹、骡80匹、驼30只；副使

---

① 达力扎布：《康熙三十五年〈蒙古律例〉研究》，载中央民族大学历史系主编《民族史研究》第5辑，民族出版社，2004，第95~96页。

应为 2 人，给从马 25 匹、骡 90 匹、驼 20 只，仆从应为 28 人；长城以内所用马匹不给草豆，只给驿马 30 匹、车 15 辆；返回时自西宁边墙以外根据人数多少给 90 日口粮；朝廷赏给次等雕鞍 1 副、30 两银茶筒 1 个、银盘 1 个、缎 30 匹、青布 400 匹、猞猁狲皮 5 张、水獭皮 5 张、虎皮 3 张。① 由此可见，《蒙古律书》调整的范围在不断扩展。

最后，减轻对喇嘛留宿人家和在寺庙内无故容留妇女等行为的处罚。新法典规定：喇嘛等留宿人家或在寺庙内无故容留妇女，"将容留妇女之喇嘛、班第鞭一百，将留宿人家之喇嘛、班第革退，交札萨克发遣等因。停前喇嘛留宿人家及容留妇女治罪例，其余例仍旧"。② 同时停止对喇嘛违法行为实行斩、籍没等方式的严厉处罚，实行罚金刑；减轻对相关管理人员管理失职行为处罚的力度。③

（二）《青海善后事宜十三条》等法律文件与对藏传佛教立法

雍正时期，清朝对青海地区的立法中涉及藏传佛教的立法有三部，即《青海善后事宜十三条》、《禁约青海十二事》和《西宁青海番夷成例》。这些立法奠定了清代国家对青海地区藏传佛教立法的基础，确立了该地区政教制度的基本框架。其中，《青海善后事宜十三条》是重要的立法成就之一，该法律文件从寺院经济、寺院规模和喇嘛人数三个方面对青海地区藏传佛教活动进行了规制。《禁约青海十二事》共 12 条，其中第 12 条规定："察罕诺门汗喇嘛庙内不可妄聚议事。"④ 后雍正十一年（1733 年），清廷令西宁办事大臣达鼐等人根据《蒙古律例》纂成《西宁青海番夷成例》，又称《番例条款》或《番例》。该法律文件规定："凡偷窃喇嘛牲畜者，将贼人之家产、牲畜入官。"⑤

---

① 达力扎布：《康熙三十五年〈蒙古律例〉研究》，载中央民族大学历史系主编《民族史研究》第 5 辑，民族出版社，2004，第 149、151、153 页。
② 达力扎布：《康熙三十五年〈蒙古律例〉研究》，载中央民族大学历史系主编《民族史研究》第 5 辑，民族出版社，2004，第 135 页。
③ 达力扎布：《康熙三十五年〈蒙古律例〉研究》，载中央民族大学历史系主编《民族史研究》第 5 辑，民族出版社，2004，第 153 页。
④ 《清世宗实录》卷二〇"雍正二年五月戊辰"。
⑤ 张锐智、徐立志主编《中国珍稀法律典籍集成》丙编第二册《盛京满文档案中的律令及少数民族法律》，科学出版社，1994，第 404 页。

（三）《钦定大清会典》与对藏传佛教立法

清朝第一部《钦定大清会典》于康熙二十三年（1684 年）开馆纂修，二十九年（1690 年）完成，系首次对关外时期至康熙二十六年以前的藏传佛教立法文件进行清理，按照时间和门类将其编入理藩院卷内。① 雍正十年（1732 年），清政府颁布雍正朝《钦定大清会典》，增加了康熙二十六年以后对陕甘地区宗教组织封赏的谕旨和奏折，修订者称"其间良法美政胪举详列"。② 虽然历代《钦定大清会典》的内容多有重复，但是将相关宗教立法收入国家重要的法典本身即标志着清代西部宗教立法的稳定性和法律位阶在不断提升，开创了中央政府将西部宗教立法纳入国家法典的传统。

（四）其他形式的宗教立法

在《蒙古律书》、《钦定大清会典》等法典修订之前，能够及时有效地对藏传佛教进行调整的法律文件是谕旨等其他形式的立法。这些法律文件弥补了《蒙古律书》和《钦定大清会典》不能及时修改的缺陷。如通过谕旨立法的方式确立了哲布尊丹巴呼图克图、章嘉呼图克图在漠北和漠南蒙古地区的宗教地位；③ 详细规定了班禅使团在京的待遇问题。④

三 成熟期：乾隆至嘉庆时期（1736～1820 年）

这一时期是清代藏传佛教立法逐渐成熟的时期。其内容成熟的标志为《钦定西藏善后章程二十九条》，其编纂体例成熟和内容开始完善的标志是《钦定理藩院则例》。此外，《钦定大清会典》、《钦定大清会典则例》等相

---

① （康熙朝）《大清会典·御制序》，近代中国史料丛刊三编第 72 辑，文海出版有限公司，1992 年影印版。
② （雍正朝）《大清会典·凡例》，近代中国史料丛刊三编第 77 辑，文海出版有限公司，1994 年影印版，第 8 页。
③ （光绪朝）《大清会典事例》卷九百四十七《理藩院一二·喇嘛封号·西藏及蒙古各部落游牧喇嘛》，中华书局，1990 年影印版；姚明辉：《蒙古志》，成文出版社，1968 年影印版，第 268 页。
④ （光绪朝）《大清会典事例》卷五百二十一《礼部二三二·饩廪二·各处喇嘛饩廪》，中华书局，1990 年影印版。

关法典的修订也持续关注对藏传佛教的立法。

（一）珠尔默特纳穆札尔叛乱与对藏传佛教立法

乾隆十五年（1750 年）清朝册封的藏王珠尔默特纳穆札尔叛乱被平定后，清帝决定再次改革西藏地方的法制。次年，策楞等奏定《酌定西藏善后章程十三条》。法制改革的历程和《酌定西藏善后章程十三条》的制定过程表明藏传佛教组织对清朝立法决策具有重大的影响。宗教人士亦参与了此次立法的重要决策过程。

在此次立法过程中，清政府坚持维护国家政治统一、因势利导和循序渐进的基本立法原则。乾隆帝在上谕中指示："夫开边黩武，朕所不为；而祖宗所有疆宇，不敢稍亏尺寸。西藏此番办理，实事势转关一大机会，不得不详审筹画，动出万全，以为边圉久远之计。"① 此次立法改革的中心并非藏传佛教组织，而是对西藏世俗贵族政治权力进行限制。乾隆帝多次在上谕中明确指示应遵守"多立头目，以分其势"② 的立法原则。但是行政管理的基本规律是必须有一个行政首脑能够对全部事务负总责。在改革过程中，乾隆帝本欲派驻总督等官员治理西藏，但是当时在北京的章嘉呼图克图若必多吉向其劝谏，认为委派督抚治理不符合西藏具体情况。③ 清政府认真考虑章嘉呼图克图的建议后，以确保国家政治统一、维护西藏政治稳定为处理珠尔默特纳穆札尔叛乱善后事务的首要原则。更为重要的是，七世达赖喇嘛在珠尔默特纳穆札尔余党叛乱发生之后能够迅速控制当时局势，并表示拥护清政府的统治。这些事实不但表明在西藏格鲁派是能够对西藏地方和中央负责任的组织，而且促使乾隆帝重新考量达赖喇嘛的法律地位问题。乾隆十六年（1751 年）正月二十八日，清政府向达赖喇嘛发布特谕，称策楞等大臣已经前往西藏，达赖喇嘛拣补噶伦等所有事务应与钦差大臣协商一致，务必保证西藏政治安定，并指出中央政府以保护西

---

① 中国藏学研究中心等：《元以来西藏地方与中央政府关系档案史料汇编》，中国藏学出版社，1994，第 524 页。
② （清）祁韵士等：《皇朝藩部要略》，续修四库全书史部地理类，第 740 册，上海古籍出版社，2002 年影印版，第 514 页。
③ （清）土观·洛桑却吉尼玛：《章嘉国师若必多吉传》，陈庆英等译，中国藏学出版社，2007，第 157 页。

藏地方和格鲁派利益为处理善后事务的基本原则，得到达赖喇嘛的认同。①

在改革噶伦制度过程中，策楞与达赖喇嘛商议，请达赖喇嘛推荐噶伦人选，而达赖喇嘛认为喇嘛内有合适人选，试探能否设立喇嘛噶伦。乾隆十六年（1751 年）二月二十一日，策楞向清政府转述了达赖喇嘛的意见，并获得中央政府的初步认可。七世喇嘛举荐自己的徒弟卓呢尔呢吗坚参，并恳请策楞转奏。清政府最后谕令"赏给扎萨克喇嘛职衔，以便公同办理"。② 同月，策楞再次向清廷汇报其立法基本原则是"达赖喇嘛得以主持，钦差大臣有所操纵，噶隆不致擅权"，并将朝贡的领导权也完全集中于达赖喇嘛手中，噶伦等世俗贵族向清朝中央政府呈递丹书克须通过达赖喇嘛正副使进行。③ 同年三月，策楞等奏请清政府审批法律草案十三条，奏折内再次说明立法过程，称这些立法条文系其抵藏后留心察访、博采舆情，与西藏僧俗贵族会同酌定而成。④

《酌定西藏善后章程十三条》虽然没有对西藏地方的宗教管理制度等重要的具体问题做出专门规定，但是其立法过程表明这部法律文件是中央主持下西藏地方僧俗贵族参与的结果。该章程藏文本序言也强调该法是钦差大臣策楞等会同达赖喇嘛，经充分协商，依照旧制，才制定出来的。⑤ 章程获得中央政府批准后，驻藏大臣随即向全藏颁布。驻藏大臣颁发给全藏的告示称"各条章程，乃系本大臣会同达赖喇嘛，查照旧例，与公班智达会商拟定"，"今特派各头目前去，立章定制，晓谕阖藏众百姓，遵照执行，不得有违"。⑥ 以内容而言，该章程主要规定达木番归驻藏大臣辖，视内地例，置佐领骁骑校各职，每年一察视；设噶伦四，以辅国公班第达、扎萨克台吉车稜旺札勒、色玉特色布腾、喇嘛尼玛嘉穆错任之；别设代本

① 中国藏学研究中心等：《元以来西藏地方与中央政府关系档案史料汇编》，中国藏学出版社，1994，第 532 页。

② 中国藏学研究中心等：《元以来西藏地方与中央政府关系档案史料汇编》，中国藏学出版社，1994，第 538 页。

③ 中国藏学研究中心等：《元以来西藏地方与中央政府关系档案史料汇编》，中国藏学出版社，1994，第 540 页。

④ 中国藏学研究中心等：《元以来西藏地方与中央政府关系档案史料汇编》，中国藏学出版社，1994，第 545 页。

⑤ 扎西旺都编《西藏历史档案公文选·水晶明鉴》，王玉平译，中国藏学出版社，2006，第 140～141 页。

⑥ 张羽新：《清朝治藏典章研究》，中国藏学出版社，2002，第 45 页。

五、第巴三、堪布一，分理藏务，隶驻藏大臣及达赖喇嘛辖，唐古特正副二使，均归达赖喇嘛，四噶伦附以达，勿私遣。① 这些内容在理顺西藏地方的内部政教关系方面具有重要的法律意义。

纵观此次立法过程，在清朝中央政府的授权之下、宗教组织参与下制定出来的《酌定西藏善后章程十三条》是清政府维护国家政治统一原则和因势利导原则灵活结合的产物。其基本立法程序为：中央政府下达立法指导原则——钦差大臣主持撰写立法草案——西藏僧俗贵族提出建议——中央政府审批——驻藏大臣颁布公示。在立法过程中，中央政府代表始终处于主导地位。该法律虽然在西藏确立了政教合一的政治体制，但这种体制是驻藏大臣直接监督和参与下的政教合一体制，不可与以往的政教合一体制同日而语。

（二） 第一次廓尔喀战争与对藏传佛教立法

1. 《酌定西藏善后章程十九条》 与对藏传佛教立法

乾隆四十五年（1780年），六世班禅入京朝觐，清廷以对待达赖喇嘛的规格予以隆重接待，赏给财物甚多，蒙藏王公、头人、百姓供养财物无数。次年，班禅在京出痘圆寂，遗骨被运回西藏，财物交给班禅胞兄仲巴呼图克图保管。仲巴将大部分财物占为己有。班禅之弟沙玛尔巴却珠嘉措因是噶玛巴红帽活佛而未得分沾，故投奔廓尔喀（尼泊尔），唆使廓尔喀于乾隆五十三年（1788年）和五十七年（1792年）两次侵掠后藏。② 第一次廓尔喀战争中，乾隆帝即向鄂辉等钦差大臣发布指导立法的谕旨，计划进行包括宗教管理在内的各种法制改革。乾隆五十四年二月二十七日，清帝谕令鄂辉等西藏嗣后当照补放回部伯克之例，专责驻藏大臣拣选藏地噶伦、代本、第巴；驻藏大臣内或有不肖者，每年达赖喇嘛、班禅额尔德尼遣使呈递丹书，顺便将驻藏大臣错谬之处据实陈奏，定重治其罪，并令驻藏大臣将中央政府谋西藏长治久安之策，详悉晓谕达赖喇嘛等僧俗贵族。③ 此后不久，

---

① （清）祁韵士等：《皇朝藩部要略》，续修四库全书史部地理类，第740册，上海古籍出版社，2002年影印版，第516页。
② 参见黄奋生《藏族史略》，民族出版社，1985，第254页。
③ 中国藏学研究中心等：《元以来西藏地方与中央政府关系档案史料汇编》，中国藏学出版社，1994，第638～639页；张其勤原稿、吴丰培增辑《清代藏事辑要》，西藏人民出版社，1983，第231页。

清朝中央政府改变了上述明晰的指示，指责舒濂、普福诸事专办，有失达赖喇嘛体面，并指出若达赖喇嘛言之有理，可照其主张实行，若所言无理，则不可曲意听从，应将其错误之处奏报朝廷；认为对噶伦等官员任免制度的改革也不能过快，小第巴等仍然应令噶伦等举荐充补。① 同年六月，经过钦差大臣和达赖喇嘛等僧俗贵族的讨论，钦差大臣巴忠等起草了《酌定西藏善后章程十九条》文本，又称《设站定界事宜十九条》，经过军机大臣议复，乾隆帝批准颁行。该法律文件共 19 条，其中涉及宗教事务者仅有 2 条，重申《酌定西藏善后章程十三条》授予达赖喇嘛的政教大权，与清政府的要求相差甚远。②

2. 《酌议藏中各事宜十条》与对藏传佛教立法

八世达赖喇嘛的兄弟和商卓特巴等人敛取银两，崇奉红教，侵夺商上财物，对来藏熬茶人等减半发放应给路费，导致藏政发生混乱。乾隆帝谕令将八世达赖喇嘛兄弟等七人解京。同时令鄂辉等针对西藏政、教两方面存在的弊端进行立法。乾隆五十四年（1789 年）九月，鄂辉等会商起草了《酌议藏中各事宜十条》，军机大臣会同理藩院议复后，由乾隆帝批准。该法律从宗教、政治事务两方面，对拣放寺庙堪布的程序、达赖喇嘛商上支出程序、达赖喇嘛发放免差印照和蒙古信众熬茶口粮、达赖喇嘛的随从数目等问题进行了较为详细的限定。③ 该法与《酌定西藏善后章程十九条》相比变化较大，其中宗教立法方面变化的主要表现是强调驻藏大臣对宗教的监督，规范达赖喇嘛教权的行使和各种宗教活动的程序。

（三）第二次廓尔喀战争与对藏传佛教立法

乾隆五十六年，廓尔喀以西藏地方不遵守乾隆五十四年的约定为由第二次侵掠后藏。清政府派遣鄂辉、福康安等先后率军入藏，收复失地，并令福康安等严定章程全面整顿藏政。此次所定章程计 29 条，称《钦定西藏善后章程二十九条》，对藏传佛教活佛转世、驻藏大臣权力行使、藏军

---

① 张其勤原稿、吴丰培增辑《清代藏事辑要》，西藏人民出版社，1983，第 232 页。
② 中国藏学研究中心等：《元以来西藏地方与中央政府关系档案史料汇编》，中国藏学出版社，1994，第 645～651 页。
③ 参见张其勤原稿、吴丰培增辑《清代藏事辑要》，西藏人民出版社，1983，第 245～246 页；《清高宗实录》卷一三六一"乾隆五十四年九月乙酉"。

管理和训练、西藏货币等方面进行了较为详细的规定，标志着"清朝治理西藏、统治西藏达到了全盛时期"。① 学界对《钦定西藏善后章程二十九条》的制定原因和内容等问题论述较多。笔者认为该章程的制定具有重要的立法学意义。

首先，清朝政府以第二次廓尔喀战争为契机，积极宣传立法的原因和目的。乾隆五十六年十月，清政府向驻京呼图克图和漠北、漠南蒙古等宣谕清军入藏和善后立法的目的是维持黄教、振兴佛法，从宗教信仰方面宣传中央政府立法行为的合法性和合理性。②

其次，及时做好与钦差大臣、达赖喇嘛之间的指导和沟通工作，明确此次立法的基本原则。乾隆五十六年十月二十六日，清政府令军机大臣传谕福康安等，为维持西藏长治久安，于战争结束之后另立章程，不可复循旧习，嗣后西藏事务由驻藏大臣和达赖喇嘛商同办理、噶伦与在藏章京会办。③ 次年二月，福康安到达西藏后主动拜访达赖喇嘛和班禅额尔德尼，向其传达清朝中央政府的善后立法原则，并再次阐明此次战争系中央政府保护达赖喇嘛、班禅额尔德尼及各僧俗番民人等，俾早得安禅复业，再三强调将来剿平贼匪后，一切善后事宜必须另立章程。④ 是年八月，乾隆帝再次向福康安等详细说明宗教立法中应当注意的三个重要问题，即以金瓶掣签监督护法妄指呼毕勒罕、驻藏大臣监督综核达赖喇嘛商上收支、防范红教喇嘛侵夺格鲁派权力。⑤ 十月，又令军机大臣传谕福康安等，在处理藏内善后事宜中"务须事事尽善，详定章程，以期经久无弊"。⑥

再次，在宗教立法进程中，努力与西藏地方僧俗贵族进行沟通。如清政府努力将《大清律例》相关条文适用于善后事务，以形成一种定例。其

---

① 廖祖桂等:《〈钦定藏内善后章程二十九条〉版本考略》，中国藏学出版社，2006，第138页。
② 张其勤原稿、吴丰培增辑《清代藏事辑要》，西藏人民出版社，1983，第261页。
③ 吴燕绍辑、吴丰培增订《廓尔喀纪略辑补》卷一四，中国社会科学院民族研究所历史室，1977年油印本，中央民族大学图书馆藏。
④ 吴燕绍辑、吴丰培增订《廓尔喀纪略辑补》卷二〇，中国社会科学院民族研究所历史室，1977年油印本，中央民族大学图书馆藏。
⑤ 吴燕绍辑、吴丰培增订《廓尔喀纪略辑补》卷四〇，中国社会科学院民族研究所历史室，1977年油印本，中央民族大学图书馆藏。
⑥ 吴燕绍辑、吴丰培增订《廓尔喀纪略辑补》卷四四，中国社会科学院民族研究所历史室，1977年油印本，中央民族大学图书馆藏。

代表性事件是对仲巴呼图克图等宗教人员违法行为的处理。为使西藏僧俗贵族支持与认可清朝中央政府的裁决，乾隆帝在谕旨中从教法与国法两方面做了详细的法理说明，指出仲巴呼图克图等人妄托神言、惑乱众心、开门揖盗、不作抵抗的行为非唯王法所不宥，实为佛法所不容，必须依国法处置。① 乾隆帝还设想西藏僧俗贵族坚决请求宽免仲巴呼图克图等人的情形，并做了进一步准备工作，拟以撤回驻藏大臣和防守官兵、不再过问西藏地方事务，向西藏僧俗贵族施加更大的压力，达到惩儆败类、扶植黄教，维护西藏稳定的目的。② 经过这样一番认真准备，最后的结果是西藏僧俗"众心无不感服"。③

最后，清朝中央政府非常重视立法结果的宣传。立法结果的宣传是广义的颁布法律的行为，在清代中国更具立法的重要意义，是整个立法不可或缺的重要一环。乾隆五十八年三月十九日《钦定西藏善后章程二十九条》制定出来后，福康安等将其译为藏文，亲至布达拉，传集各呼图克图、大喇嘛等，及噶伦以下僧俗贵族，再次晓谕清政府振兴黄教、保护卫藏、总期边境无事、使得达赖喇嘛等能够奉教安禅的立法目的，并将章程条款一一训示。④ 双方的沟通效果较为显著，达赖喇嘛认为该章程"筹画如此周到，所议各条皆系怜爱僧俗，体恤番情，实可垂之永久，我统辖卫藏不能自行办理，烦大皇帝天心，又劳各位中堂大人代为筹议，我与僧俗人等顶感难名，从此谨守章程，事事与驻藏大人会商办理"。⑤ 福康安等大臣不仅在西藏僧俗贵族上层进行立法成果的宣传，而且将立法成果译为藏文于前后藏各处进行颁示。和琳等奏称，清政府审批立法呈过后，驻藏大臣衙门即"翻写番字，刊刻出示，在前后藏各处张挂，晓谕穷乡僻壤，咸

---

① 吴燕绍辑、吴丰培增订《廓尔喀纪略辑补》卷七，中国社会科学院民族研究所历史室，1977 年油印本，中央民族大学图书馆藏。

② 吴燕绍辑、吴丰培增订《廓尔喀纪略辑补》卷四四，中国社会科学院民族研究所历史室，1977 年油印本，中央民族大学图书馆藏。

③ 吴燕绍辑、吴丰培增订《廓尔喀纪略辑补》卷一四，中国社会科学院民族研究所历史室，1977 年油印本，中央民族大学图书馆藏。

④ 吴燕绍辑、吴丰培增订《廓尔喀纪略辑补》卷五一，中国社会科学院民族研究所历史室，1977 年油印本，中央民族大学图书馆藏。

⑤ 吴燕绍辑、吴丰培增订《廓尔喀纪略辑补》卷四四，中国社会科学院民族研究所历史室，1977 年油印本，中央民族大学图书馆藏。

使周知，仰副圣主卫法定制、爱育番黎至意"。① 福康安等还曾多次给西藏格鲁派咨送《钦定西藏善后章程二十九条》的藏文译本，并告诫不要将其遗失。如乾隆五十八年二月，福康安等给西藏僧俗贵族的咨文称，所有噶伦、代本、宗（本）、谿（堆）等应"永远遵行。如有轻慢悖逆者，定严惩不贷。专此奉达。并送上新订章程二十九条"。②

清朝中央政府不仅在西藏颁示、宣传立法成果，而且在内地和蒙古等地区也展开广泛的宣传工作。在北京，乾隆帝将其《御制喇嘛说》刻于石碑之上，立于雍和宫这个藏传佛教最高的行政中心；同时，乾隆帝还通过塘报等形式向直省督抚等大臣寄送《西藏善后事宜诗》和《御制喇嘛说》等法律文件，具体送达高级官员的状况详见表 3、表 4：

表 3　有关《西藏善后事宜诗》奏折统计

职官名称	上奏人姓名	文件种类	中国第一历史档案馆档号
南河总督	兰第锡	朱批奏折	04 - 01 - 13 - 0093 - 017
福建巡抚	浦霖	朱批奏折	04 - 01 - 12 - 0245 - 085
四川总督	惠龄	朱批奏折	04 - 01 - 16 - 0087 - 086
湖南巡抚	姜晟	朱批奏折	04 - 01 - 38 - 0021 - 018
江苏巡抚	胡高望	朱批奏折	04 - 01 - 38 - 0021 - 023
两江总督	书麟	朱批奏折	04 - 01 - 38 - 0021 - 024
安徽巡抚	朱珪	朱批奏折	04 - 01 - 38 - 0021 - 016
江苏巡抚	奇丰额	朱批奏折	04 - 01 - 38 - 0021 - 021
山西巡抚	冯光熊	朱批奏折	04 - 01 - 12 - 0245 - 012
不详	巴宁阿	朱批奏折	04 - 01 - 12 - 0087 - 067
江西学政	沈初	朱批奏折	04 - 01 - 38 - 0021 - 020
湖广总督	毕沅	朱批奏折	04 - 01 - 38 - 0021 - 025
陕甘总督	勒保	朱批奏折	04 - 01 - 38 - 0021 - 017
东河总督	李奉翰	朱批奏折	04 - 01 - 12 - 0244 - 114
热河都统	毓秀	朱批奏折	04 - 01 - 01 - 0545 - 066
前户部尚书	曹文植	朱批奏折	04 - 01 - 38 - 0021 - 019

① 吴燕绍辑、吴丰培增订《廓尔喀纪略辑补》卷四四，中国社会科学院民族研究所历史室，1977 年油印本，中央民族大学图书馆藏。
② 扎西旺都编《西藏历史档案公文选·水晶明鉴》，王玉平译，中国藏学出版社，2006，第197 页，译注一。

表 4　有关《御制喇嘛说》奏折统计

职官名称	上奏人姓名	文件种类	中国第一历史档案馆档号
山东巡抚	吉庆	朱批奏折	04－01－12－0242－028
四川总督	惠龄	朱批奏折	04－01－09－0001－002
漕运总督	管斡珍	朱批奏折	04－01－12－0242－056
安徽巡抚	朱珪	朱批奏折	04－01－12－0242－062
东河总督	李奉翰	朱批奏折	04－01－12－0242－007
原任大学士	蔡新	朱批奏折	04－01－12－0242－005
陕甘总督	勒保	朱批奏折	04－01－38－0201－014
山西巡抚	蒋兆奎	朱批奏折	04－01－30－0206－042
湖南巡抚	姜晟	朱批奏折	04－01－38－0020－027
广西巡抚	陈用敷	朱批奏折	04－01－38－0020－035
两江总督	书麟	朱批奏折	04－01－38－0021－017
直隶总督	梁肯堂	朱批奏折	04－01－38－0020－001
江西巡抚	陈淮	朱批奏折	04－01－38－0020－015
江南河道总督	兰第锡	朱批奏折	04－01－38－0020－024
湖广总督	毕沅	朱批奏折	04－01－38－0020－031
陕西巡抚	秦承恩	朱批奏折	04－01－38－0020－029
广东巡抚	郭世勋	朱批奏折	04－01－38－0020－019
福建巡抚	浦霖	朱批奏折	04－01－38－0020－018
贵州巡抚	冯光熊	朱批奏折	04－01－38－0020－013
江苏巡抚	奇丰额	朱批奏折	04－01－38－0020－009
东河总督	李奉翰	朱批奏折	04－01－12－0242－007

　　由表 3、表 4 统计的情况可知，收到相关法律文件的官员的范围较为广泛，表明了清政府对藏传佛教立法的高度重视。在古代经济落后、交通极不发达和战争刚刚结束的情况下，中央政府在全国范围内向国家高级官员寄送自己亲自撰写的相关文件，无疑是藏传佛教和西藏善后立法活动的重要组成部分。

　　综上所述，第二次廓尔喀入侵后，清朝对藏传佛教的立法严格遵照立法的基本规律予以展开，即立法准备或计划—立法目的宣传—撰写草案—中央审批—立法成果宣传。从立法进程看，参与立法的主体以清朝中央政府及其派出官员为主。中央政府及其派出官员做了大量而又细致的因势利导工作，保证了不同利益主体之间较有成效的沟通，并与西藏僧俗贵族达成一致意见。从立法内容上看，《钦定西藏善后章程二十九条》创立了确认转世灵童的金瓶掣签制度，明确和强化了驻藏大臣对格鲁派的财政、行政、人事等方面的监督；同时在寺院管理制度等方面，发展了乾隆五十七年之前对西藏地方的立法内容，而具有一些新的特色。[1]

（四）《蒙古律例》、《钦定理藩院则例》与对藏传佛教立法

清政府在对藏传佛教事务的宗教立法过程中，一方面制定大量的章程，另一方面也逐渐将其纳入专门的法典之中，其中最重要的就是《蒙古律例》和《钦定理藩院则例》。

1. 《蒙古律例》与对藏传佛教立法

《蒙古律例》在乾隆朝至少修订过四次，已经脱离康熙时期《蒙古律书》那种编纂没有固定体例的模式，基本上固定为 12 卷，依事件性质不同进行编纂，其中第十一卷为《喇嘛例》。据达力扎布教授研究，现存四种版本的内容变化如表 5 所示：

表 5　不同版本《蒙古律例》条目对照

卷数	各卷名称	故宫博物院图书馆藏汉文刻本	中央民族大学图书馆藏汉文刻本	中央民族大学图书馆藏蒙古文刻本	乌兰巴托中央档案馆藏蒙古文刻本	成文出版社影印汉文手抄本	中央民族大学图书馆藏嘉庆汉文刻本
		乾隆三十一年	乾隆三十一年	最晚条乾隆四十六年	乾隆五十五年	乾隆五十四年	乾隆五十四年本加嘉庆新增则例
一	官衔	17	17	18	24	24	24
二	户口差徭	22	22	23	23	23	23
三	朝贡	9	9	9	9	9	9
四	会盟行军	12	12	12	13	13	13
五	边境卡哨	17	17	17	17	17	17
六	盗贼	29	29	31	35	35	35
七	人命	10	10	10	10	10	10

[1]　刘广安：《清代民族立法研究》，博士学位论文，中国政法大学法学院，1989，第 65 页。

续表

各卷条文版本数卷数名称	各卷名称	故宫博物院图书馆藏汉文刻本	中央民族大学图书馆藏汉文刻本	中央民族大学图书馆藏蒙古文刻本	乌兰巴托中央档案馆藏蒙古文刻本	成文出版社影印汉文手抄本	中央民族大学图书馆藏嘉庆汉文刻本
卷数	各卷名称	乾隆三十一年	乾隆三十一年	最晚条乾隆四十六年	乾隆五十五年	乾隆五十四年	乾隆五十四年本加嘉庆新增则例
八	首告	6	6	5	5	5	5
九	捕亡	18	18	18	20	20	20
十	杂犯	18	18	18	18	18	18
十一	喇嘛例	6	6	6	6	6	6
十二	断狱	25	25	27	29（25）	29	29
条例	总数	189	189	194	209（205）	209	209

资料来源：达力扎布：《〈蒙古律例〉及其与〈理藩院则例〉的关系》，《清史研究》2003 年第 4 期。

由表 5 可见，乾隆朝《蒙古律例》的一个重要成就在于从法典编纂体例方面开始将藏传佛教事务与其他国家事务进行区分。其中关于宗教立法的《喇嘛例》从乾隆三十一年（1766 年）到《钦定理藩院则例》颁布之前稳定地保持为 6 条律文。根据乾隆时期最晚的一个版本的规定，有关藏传佛教立法的条文共有 11 条。其中包括卷二《户口差徭》中的"禁止私当喇嘛班第"条、"披甲壮丁不许私为乌巴什"条、"禁止私为齐巴汗察"条，卷三《朝贡》中的"岁贡九白"条，卷十一《喇嘛例》中的"喇嘛格隆等准其穿用黄色、金黄色、红色衣服"条、"后黄寺每年聚四百喇嘛念经"条、"禁止喇嘛班第等私行"条、"喇嘛所在住庙内禁止容留妇人"条、"喇嘛等犯罪令先革退喇嘛"条、"喇嘛等容留贼盗"条，卷十二《断狱》中的"抄没贼人产畜不给喇嘛"条。① 这些条文在乾隆时期虽然变化较小，但是将其中 6 条单独变为"喇嘛例"为《钦定理藩院则例》中"喇嘛事例"卷目的形成提供了经验，促进了清代西部宗教立法编纂体例的成熟与完善。

---

① 《蒙古律例》，成文出版社，1968 年影印本，第 37、38、65、209 页。

2. 《钦定理藩院则例》的制定与对藏传佛教立法

嘉庆时期，在乾隆朝《蒙古律例》和《钦定西藏善后章程二十九条》等相关法律的基础上，清政府开始编纂《钦定理藩院则例》。该法典始修于嘉庆十六年（1811 年）四月，二十年（1815 年）十二月，汉文本告成，将旧例 209 条删除 20 条，余 189 条内修改 178 条、修并 2 条，并将理藩院自顺治年以来有拘束力的成案，译成汉文，增纂 526 条，计 713 条；二十二年（1817 年）汉字版片告成，满文、蒙古文翻译完毕；二十三年（1818 年）满洲字、蒙古字二体版片告成。① 其体例分通例上、通例下、旗分等 63 门，将《钦定西藏善后章程二十九条》等大部分内容收入进去，增添了蒙古地区行政区划、蒙古驻防官员权限等内容。② 至此，有关藏传佛教的立法进一步体系化，其主要标志是《喇嘛事例一》、《喇嘛事例二》、《喇嘛事例三》、《喇嘛事例四》、《喇嘛事例五》、《西藏通制上》、《西藏通制下》、《留养》、《廪饩下》等专门的和相关的卷目的形成。③ 其中《喇嘛事例一》至《喇嘛事例五》的形成标志着清代对藏传佛教立法编纂体例的成熟。《钦定理藩院则例》卷五十六《喇嘛事例一》主要对漠南、甘肃等地区喇嘛僧官的设立进行了较为系统的规定；④ 卷五十七《喇嘛事例二》主要对喇嘛朝贡、喇嘛年班、呈递丹书克等制度进行了详细规定；⑤ 卷五十八《喇嘛事例三》对指认呼毕勒罕、漠南地区喇嘛僧官的升迁等制度进行了规定；⑥ 卷五十九《喇嘛事例四》主要规定了喇嘛度牒制度、喇嘛服色制度、喇嘛宗教行为规范等问题；⑦ 卷六十《喇嘛事例五》主要对喇嘛僧官待遇、驻京喇嘛钱粮、驻京呼图克图本游牧处所徒众管理、堪布换班等进行了较为系统的规定。⑧ 从法典的体例和内容可知，理藩院在编纂《钦定理藩院则例》时将宗教问题和政治问题作了初步的区分，如在《西藏通

① 《理藩院则例·原奏》，杨选第等校注，内蒙古文化出版社，1998。
② 徐晓光等：《清朝对"蒙古例"、〈理藩院则例〉的制定与修订》，《内蒙古社会科学》1994 年第 3 期。
③ 参见刘广安《清代民族立法研究》，中国政法大学出版社，1993，第 28～32 页。
④ 《理藩院则例》，杨选第等校注，内蒙古文化出版社，1998，第 376～388 页。
⑤ 《理藩院则例》，杨选第等校注，内蒙古文化出版社，1998，第 389～402 页。
⑥ 《理藩院则例》，杨选第等校注，内蒙古文化出版社，1998，第 403～410 页。
⑦ 《理藩院则例》，杨选第等校注，内蒙古文化出版社，1998，第 411～416 页。
⑧ 《理藩院则例》，杨选第等校注，内蒙古文化出版社，1998，第 417～430 页。

制》中没有规定达赖喇嘛、班禅额尔德尼等藏地活佛的呼毕勒罕的确认问题，而是将其作为一类问题统一规定于卷五十八《喇嘛事例三》中。总之，《钦定理藩院则例》中《喇嘛事例》的编纂标志着清代藏传佛教立法核心规范体系的形成。

（五）会典及会典事例的修改与对藏传佛教立法

乾嘉两朝在不断制定和修改章程、则例等较为规范的法律文件的同时也较为重视修订《钦定大清会典》和《钦定大清会典事例》。① 乾隆十二年（1747 年）开始续修《钦定大清会典》，二十七年（1762 年）同时修成会典 100 卷、会典则例 180 卷，使会典和会典则例分开编纂成为固定的体例。② 乾隆朝《钦定大清会典》卷八十、《钦定大清会典事例》卷一百四十至一百四十四对雍正五年以后至乾隆前期的宗教立法成就进行了整理。③ 嘉庆六年（1801 年）开始续修会典，二十三（1818 年）年完成《会典》80 卷、《会典事例》920 卷的修订。其中《会典》卷四十九至五十三、《会典事例》卷七百二十六至七百五十三对藏传佛教进行了系统立法，将乾隆后期宗教立法的成果进行了清理，吸收了康、雍、乾三朝及嘉庆朝初期的立法成果。④ 这些法典中的藏传佛教立法内容虽然如记事本一样，缺乏理论的抽象和总结，而且陈陈相因，与《钦定理藩院则例》等其他法律形式多有重复；但是从法律的稳定性上看，会典显然强于《钦定理藩院则例》。

（六）其他形式的藏传佛教立法

谕旨等法律形式在乾嘉时期也起着较为重要的法律作用。清政府对谕

---

① （乾隆朝）《钦定大清会典·御制序》，四库全书史部政书类，第 619 册，台湾商务印书馆，1986 年影印版，第 2 页。

② 张晋藩：《中华法制文明的演进》，法律出版社，2010，第 770 页。

③ 参见（乾隆朝）《钦定大清会典》，文渊阁四库全书史部政书类，第 337 册，台湾商务印书馆，1986 年影印版，第 744～746 页；《钦定大清会典则例》，文渊阁四库全书史部政书类，第 624 册，台湾商务印书馆，1986 年影印版，第 397～589 页。

④ 参见（嘉庆朝）《钦定大清会典》，近代中国史料丛刊第 64 辑，文海出版有限公司，1991 年影印版，第 2329～2483 页；《钦定大清会典事例·理藩院》，近代中国史料丛刊第 70 辑，文海出版有限公司，1991 年影印版，第 5920 页。

旨等法律形式的运用取得了较多的成就。其中最为重要的成果是通过发布谕旨对漠北藏传佛教管理形成了一定的制度。①

四 完善期：道光至宣统时期（1821～1911 年）

道光时期，清政府政治上逐渐腐败，经济上日渐拮据。但蒙藏地区经过康、雍、乾、嘉四朝的经营，政治相对较为稳定。清朝统治者在总结前朝法制经验的基础上对藏传佛教继续立法，主要立法成就是修订《钦定理藩院则例》、《钦定大清会典》和《钦定大清会典事例》。

（一）《钦定理藩院则例》 的修订与对藏传佛教立法

《钦定理藩院则例》 至道光初期已 10 余年未作修改，"蒙古案件较前实属增繁"，"往往无例可遵"②。道光三年（1823 年）理藩院奏准修改，七年《钦定理藩院则例》 满洲、蒙古、汉字三体版样告成，共有条例 1454 条，共分 65 门。③ 二十一年最后一次修订，二十三年刻成板片，计 63 门，63 卷，满洲、蒙古、汉字三体总计 207 卷。④ 光绪十六年（1890 年），理藩院重修《钦定理藩院则例》 111 条，三十二年更名为《钦定理藩部则例》，增加 "捐输" 一门，共有 64 门。至清末，该法律律条共 971 条，条例共 1605 条，其中有关藏传佛教的立法总数达 160 余条。⑤

（二）《酌拟裁禁商上积弊章程二十八条》 的制定与对藏传佛教立法

道光时期，西藏政局已出现较多的弊端，摄政尾大不掉，专权乱政。⑥

---

① 参见中国社会科学院中国边疆史地研究中心《清代蒙古高僧传译辑》，全国图书馆文献缩微复制中心，1990，第 406～408 页；张其勤辑、吴丰培增补《清代藏事辑要》，西藏人民出版社，1983，第 351～353 页；蒙文原版《蒙古逸史》，陈仁先译，广文书局有限责任公司，1976，第 231～239 页。

② 《理藩院则例》，杨选第等校注，内蒙古文化出版社，1998，第 33 页。

③ 《理藩院则例》，杨选第等校注，内蒙古文化出版社，1998，第 36～37 页。

④ 《理藩院则例》，杨选第等校注，内蒙古文化出版社，1998，第 43 页。

⑤ 张荣铮：《关于〈理藩部则例〉》，载《钦定理藩部则例》，上海大学法学院等点校，天津古籍出版社，1998，第 2、16 页。

⑥ 中国藏学研究中心等：《元代以来西藏地方与中央政府关系档案史料汇编》，中国藏学出版社，1994，第 928～929 页。

道光二十四年为改革西藏弊政，琦善等奏准《酌拟裁禁商上积弊章程二十八条》。该章程再次强调驻藏大臣统辖藏务的权力，进一步完善了西藏僧俗官员的选任程序、等第额数和寺院管理制度，体现出僧官品级与内地官员品级统一，僧官各司其事、不得逾权理事的原则。"这些原则不仅对整理藏地任用僧官方面的紊乱状态，革除僧官滥用权力的弊端，维护西藏地方的宗教秩序有积极的意义，而且对深化清政府对西藏的行政管辖有重要的意义。"①

（三）《新治藏政策大纲十九条》与对藏传佛教立法

19 世纪末，清政府已认识到西藏治理不好，"苟有挫失，蒙古、新疆、青海、川、滇必不能一日安枕"。② 在此情况下由张荫棠等人起草的《新治藏政策大纲十九条》获得批准，主要内容包括改革西藏政教关系体制、举办新政等问题。③ 从张荫棠的立法计划和设想来看，西藏政治改革的首要问题是废除政教合一的政治体制。光绪三十三年张荫棠入藏后向西藏僧俗贵族提出了二十四个问题，涉及财政、宗教、文化、军事等多方面，要求西藏僧俗贵族认真答复。其中第十二个问题是："西藏黄教、红教虽分两派，实同一家，应如何互相联络，释前嫌而共谋御外侮？"④ 第二十四个问题是建议西藏喇嘛娶妻生子、增加人口。这两个问题都遭到了西藏僧俗贵族的反驳。⑤ 由此可见，张荫棠对西藏宗教状况并不熟悉。以此为基础所草拟的《新治藏政策大纲十九条》的被批准，说明清末中央对西藏地区传统宗教立法的因势利导、循序渐进基本原则的放弃和现实宗教立法原则的冒进。

（四）《钦定大清会典》和《钦定大清会典事例》的修订与对藏传佛教立法

光绪十二年（1886 年）清朝开始修订《钦定大清会典》和《钦定大

---

① 刘广安：《清代民族立法研究》，中国政法大学出版社，1993，第 64 页。
② 中国藏学研究中心等：《元代以来西藏地方与中央政府关系档案史料汇编》，中国藏学出版社，1994，第 1556 页。
③ 刘廷赞：《驻藏大臣沿革考》下册，民族文化宫图书馆，1961 年油印本，第 14~16 页。
④ 中国藏学研究中心等：《元代以来西藏地方与中央政府关系档案史料汇编》，中国藏学出版社，1994，第 1533 页。
⑤ 中国藏学研究中心等：《元代以来西藏地方与中央政府关系档案史料汇编》，中国藏学出版社，1994，第 1536 页。

清会典事例》，二十五年修订完毕，其中会典 100 卷、会典事例 1200 卷，三十二年石印《钦定大清会典》500 部。① 光绪朝《会典》和《会典事例》收录了嘉庆十八年以后大量与藏传佛教事务相关的奏折及皇帝谕旨。②

结　论

有清统治的二百多年时间里，清政府使用谕旨、会典、则例等多种法律形式，对藏传佛教进行了系统而又持久的立法活动。就立法进程而言，清代对藏传佛教立法经过了一个漫长的过程，具有因势利导、循序渐进和开放性的特征，注意保护西藏地方的合法权益，同时也体现出清政府长期以来政教有别和分立的思想与政策。从编纂体例来看，乾隆朝时期《蒙古律例》的体例不断完善，"喇嘛例"卷目形成，嘉庆年间《钦定理藩院则例》将"喇嘛例"篇目进行扩充，形成"喇嘛事例"五卷的规模，标志着清代对藏传佛教立法编纂体例的成熟。从立法内容看，天命至顺治时期清政府逐渐确立起对藏传佛教立法的基本思路和框架，达赖喇嘛敕封制度形成；康雍时期，喇嘛僧官、喇嘛朝贡等制度形成；乾嘉时期，《钦定西藏善后章程二十九条》的制定标志着对藏传佛教立法内容的成熟，《钦定理藩院则例》在编纂过程中开始注意区分宗教问题和世俗政治问题，其制定则标志着对藏传佛教立法的进一步发展，也标志着清代西部宗教立法核心规范体系的形成。而且，清朝国家宗教立法与蒙藏民族立法同时进行，使藏传佛教立法自成体系而又融合于民族立法之中，注意衡平世俗利益和宗教利益、世俗权力与宗教权力的关系，呈现出均衡性的特征。

---

① （光绪朝）《钦定大清会典事例·影印版说明》，中华书局，1990 年影印版。
② （光绪朝）《钦定大清会典事例·奏折》，中华书局，1990 年影印版。

论南京国民政府时期的行政解释制度[*]

李相森[**]

摘　要： 南京国民政府时期，行政解释权依据"谁制定谁解释"、"谁主管谁解释"的原则在各行政机关间配置。有权解释机关以发布命令的形式解答下级机关所提出的法律疑问，行政解释程序遵循"请示—指示"的模式运行，并与立法解释程序、统一解释法令程序对接。理论上，行政解释仅具有相对、有限的效力，不能对抗立法、司法解释。但随着行政权力的扩张，行政解释有时也会变更司法解释，甚至获得法律效力。以史为鉴，完善我国当前行政解释制度应规范行政解释的方式及程序，严格限定行政解释效力范围，建立行政解释司法审查机制。

关键词： 行政解释　法律解释　行政院　南京国民政府

清末变法改制过程中所形成的由中央主管机关解答下级机关法令疑问的法律解释制度，成为中国近代行政解释制度的源头。此种行政解释制度在民国时期得以延续，并在实践中进一步发展完善，成为民国法律解释体制的重要组成部分。本文以南京国民政府时期已经较为成熟的行政解释制度为样本，着重探讨民国行政解释权的配置、行政解释的做出程序以及行政解释的效力等问题。在此基础上，以民国行政解释制度为参照，为我国当前行政解释制度的完善提供历史借鉴。

一　民国行政解释的特定意涵

在民国法律解释理论中，行政解释是法律解释之一种，具有两个层面

---

[*]　基金项目：中国法学会 2016 年度部级法学研究课题"民国法律解释制度研究"［CLS（2016）D22］的阶段性研究成果。

[**]　李相森，南京审计大学法学院讲师，法学博士，主要研究方向为民国法。

的含义。第一，行政解释是行政行为的当然产物，任何行政人员在执法过程中都有权解释法令。所谓"行政的解释者，行政官因为行政处分或行政裁决所下之解释也"；① "行政解释者，行政官当执行法令时所为之解释也"；② "行政的解释者，行政官为行政处分或行政决定引用法律，所为之解释"。③ 第二，特指上级行政机关就法令的执行而对下级机关所发布的训令或指令。"行政解释者，行政官署对于法令因下级机关之呈请而加以解释也"；④ "行政解释者，行政机关因执行法律而为有权解释也。通常多以'训令'及'指令'出之"；⑤ "上级行政机关于法律之执行对于下级机关所下之训令或指令称为行政解释"；⑥ "行政解释者，行政官署关于法律施行事项对下级机关所为之解释也"。⑦

第一个层面意义上的行政解释附属于行政权，是行政机关及其人员依据法令做出行政行为时对法令的理解与解释，并没有独立的解释创制程序以及解释文本。这种未与具体行政行为分离、并非一项单独权力活动的法律解释尚不能称为独立的行政解释制度。本文不拟对此一意义上的行政解释探讨。第二个层面意义上的行政解释则不同，它有独立的解释创制程序，而且行政机关做出法令解释的权力已经与行政权相分离，即行政解释权。⑧ 此一意义上的行政解释具有以下基本内容。

---

① 潘大道、李庭恺：《法学通论》，右文社，1914，第 202 页。

② 夏勤、郁嶷编《法学通论》，朝阳大学出版部，1919，第 50 页。

③ 马子羽编《法学通论》，中国第二历史档案馆藏，全宗号：五，案卷号：1733。

④ 丘汉平：《法学通论》，商务印书馆，1937，第 57 页。

⑤ 胡庆育：《法学通论》，上海太平洋书店，1933，第 103 页。

⑥ 中央执行委员会训练委员会编印《法律要义》，中国第二历史档案馆藏，档案号：七一一（4），案卷号：657。

⑦ 何任清：《法学通论》，商务印书馆，1946，第 83 页。

⑧ 有学者认为第二层面意义上的行政解释与第一层面意义上的行政解释并无分别。"下级行政官署以法律上之疑义请于上级行政官署时，上级行政官署虽可直接对其请求于指令中解释之，而一般亦以行政的解释称之。然此种解释仍以上级机关对于该疑义认为无疑义为前提，乃可如此为之。易词以言，在指令中之解释，亦不过与适用法律之解释同其性质，如真有疑义时，亦惟有请求统一解释法令之机关为之焉。"参见中国国民党中央执行委员会训练委员会编印《立法要旨》，中国第二历史档案馆藏，全宗号：七一一（4），案卷号：656。但判断是否有法律疑义之权仍操于上级行政机关之手，是否将相关法律疑义转请司法院解释亦由行政机关自行决定。因而，实际上，行政机关完全可以自行其是，自为解释。

第一，行政解释的对象仅限于本机关公布的或其职权涉及的法令。[①]"行政官署原无解释法律之权，惟关于本级机关公布之法令章程有疑义时，行政官署亦有权解释之。然若因其公布之法令有与法规或根本法冲突而较疑问者，行政官署仍不得自己解释，应由上级机关或转由法院解释，所以杜行政官吏之专断也。我国现行官制，凡法律有质疑时，统由司法院召集之统一解释法令会议解释。行政官署仅得于其命令范围之内，操有解释权而已。"[②] 据此，行政机关解释权的范围仅限于自身发布的法令。[③] 若本机关法令与其他机关的行政法令、法律、根本法冲突而产生疑问，该行政机关应无权做出解释。

第二，行政解释权以发布命令的方式行使，但并非行政机关发布的所有训令或指令都是行政解释。上级行政机关有权领导下级行政机关，对下级行政机关的工作进行指示、安排、监督。上级行政机关所发布的命令内容庞杂，只有其中涉及法令如何应用、执行的部分才可称为行政解释。行政解释在文件形式上表现为命令，在内容上主要是对相关法令疑义的说明、阐释。

第三，行政解释权的行使既可以是有权机关主动做出解释，也可以是应下级机关请求而被动做出解释。所谓主动解释，是指行政机关针对某项法令制定施行细则或者主动发布命令对相关法令的适用问题进行解释。例如，国民政府时期，内政部曾针对中央政治会议议决的地方自治原则主动

[①] 法令即法律与命令。国民政府时期，所谓法律包括三类：（1）1928 年 3 月 1 日《立法程序法》公布前，经大元帅府（1923 年 2 月 21 日起）或国民政府公布涉及国家各机关之组织或人民权利义务关系者；（2）1928 年 3 月 1 日《立法程序法》颁布后至 1928 年 12 月 5 日立法院成立止，经中央政治会议决议，由国民政府以法之名义公布者；（3）立法院成立后，由立法院以法之名义公布者。至于命令，或径由国民政府发布，或由各级行政官署发布，主要有国民政府令、行政院令、各部会令、省令、县令、市令、首都警察厅令、省会公安局令等。参见范扬《行政法总论》，商务印书馆，1948，第 16 页。

[②] 丘汉平：《法学通论》，商务印书馆，1933，第 57～58 页。何任清所著《法学通论》中亦表达了同样的观点："行政官署原无解释法律之权。惟关于本级机关公布之法令章程有疑义时，行政官署亦有权解释之。然若因其公布之法令有与法规或根本法冲突者，行政官署仍不得自己解释，应由上级行政机关或转由法院解释，所以杜行政官吏之专断也。我国现行官制，凡法律有质疑时，统由司法院召集之统一解释法令会议解释。行政官署仅得于其命令范围之内，操有解释权而已。"参见何任清《法学通论》，商务印书馆，1946，第 83 页。

[③] 但在解释实践中，行政机关解释法令的范围并非仅限于自身所发布的法令，对与其职权相关而非由其发布的法令也进行解释。

做出解释，即《修正改进地方自治原则之解释》。① 但更多的行政解释是针对下级机关的解释请求而被动做出的，即有权解释机关以解答下级机关法令疑问的方式解释法令。

军政、训政时期的国民政府为党治政府，党政关系极为密切。国民党组织与国民政府组织两套治理系统并存。训政时期，由国民政府具体地行使行政、立法、司法、考试、监察等治权。国民党各级党组织亦负有相关职责，有权发布命令，并解释之。下级党组织在遇有法令疑问时，亦提请上级党组织进行解释。国民党党务机关系统的法令解释体制及运行规则与行政机关法令解释类似。因而，国民党组织机关的法令解释也可以归于行政解释之列。

另外，有学者主张在五权分立的政治体制下，法律解释的种类除立法解释、司法解释与行政解释之外，还应包括监察解释与考试解释。"此两种解释，其解释之形式及效力，就法理而言，应与行政解释完全相同。析言之，即监察机关可为解释法令起见而发布训令及指令，考试机关亦可为解释法令起见而发布训令及指令。"② 监察院与考试院本质上仍是行政机关，当然有权分别就监察、考试事务指令下级机关，做出行政解释。考试机关及监察机关的法令解释也是国民政府行政解释体制的一部分。

二　南京国民政府时期行政解释权的配置

（一）行政解释权配置的基本原则

国民政府时期，行政解释权依据"谁制定谁解释"、"谁主管谁解释"的原则进行配置。1931 年 1 月 6 日，国民政府第 1 号训令转达了中央训练部所拟定的解释法令办法。中央训练部因各地党部及人民团体对于国民党中央及国民政府颁行的法令呈请解释时，往往将同一法令疑问一面呈请中央训练部解释，另一面又呈请主管官署解释。为避免党政双方解释不一而产生误会，拟定了三项解释法令办法。该办法的具体内容是：

---

① 《行政院咨送修正改进地方自治原则要点之解释请查照参考由（二十三年五月十一日）》，《立法院公报》1934 年第 65 期。

② 胡庆育：《法学通论》，上海太平洋书店，1933，第 104 页。

一、凡呈请本部解释国民政府及所属各院部会颁行与训练有关之法令，由本部核转国民政府交司法院或主管官署解释之；

二、凡呈请本部解释中央颁行与训练有关之法令，得由本部解释或呈请中央执行委员会解释之；

三、凡呈请本部解释关于本部颁行之法令，由本部解释之。①

中央训练部是负责党员训练、党务人员养成以及党义教育推行工作的国民党中央机关，有权就其主管事务拟定法令。依据该解释法令办法可以推知当时行政法律解释权的配置状况。由第一、三项办法可知，国民政府及所属各院（立法院、司法院除外）、部、委员会等行政机关有权解释自身颁行的法令。这是行政解释权配置的"谁制定谁解释"原则。根据第二项办法，中央训练部可以解释国民党中央颁行的与训练有关的法令。由此可推知，行政机关对于非自身颁行而与自身主管事务有关的法令，也可以进行解释。这是所谓的"谁主管谁解释"原则。

（二）行政解释权的具体配置

国民政府初期（特指 1927 年 3 月至 1928 年 10 月间）的行政体制与训政时期国民政府的五院体制有所不同。国民政府初期，"国民政府可谓总汇各权之一权政府"。② 国民政府之下设有行政各部、委员会及其他机关负责具体的行政事务。各部委机关主要有外交部、财政部、交通部、司法部、内政部、工商部、农矿部、大学院、军事委员会、建设委员会、侨务委员会、蒙藏委员会、禁烟委员会、劳工局等。各部、委员会有权对自身主管事务发布法令，并进行解释。例如，1928 年 3 月公布的《司法部办事规则》第 11 条明确规定，"凡法令之解释，主管长官须与参事协议后，呈请部长核定"。③ 可见当时的司法部有权解释法令。

训政时期，国民政府总揽中华民国之治权，有发布命令权。国民政府以行政院行使行政权。行政院于 1928 年 10 月 25 日成立，为国民政府最高

---

① 《训令：国民政府训令第一号》，《国民政府公报》1931 年第 666 期。
② 钱端升等：《民国政制史》（上册），上海世纪出版集团，2008，第 173 页。
③ 《司法部办事规则》，载国民政府法制局编《国民政府现行法规》，国民政府法制局，1928，第 21 页。

行政机关，有权依据法律发布命令。行政院之下设立各部署、委员会及其他机关。根据 1928 年 10 月 20 日公布的《行政院组织法》，行政院设内政部、外交部、军政部、财政部、农矿部、工商部、教育部、交通部、铁道部、卫生部等 10 部及建设委员会、蒙藏委员会、侨务委员会、劳工委员会、禁烟委员会等 5 个委员会。此后，各部、委员会屡有裁并增设。① 行政院及其所署各部、委员会都有权在各自权限范围内对有关法令进行解释。例如，1934 年 4 月 10 日，行政院内政部曾咨复铁道部关于运输雀牌是否违法的问题，对《刑法》、《违警罚法》的规定做出了解释。② 再如，1935 年 7 月 1 日施行的新刑法规定，"未满十四岁人之行为不罚"。而《违警罚法》仍然从旧刑法之规定"未满十三岁人之行为不罚"。1935 年 8 月，内政部接受河北省政府提起的解释请求就《违警罚法》与新刑法规定的责任年龄的冲突做出解释："关于责任年龄，《违警罚法》第三条之规定原系根据旧刑法之标准，新刑法责任年龄既经变更，《违警罚法》自亦连带修正，以昭一律。现在《违警罚法》正在本部着手修正中，惟在未经立法程

---

① 1930 年 6 月 10 日《修正行政院组织法》对行政院各部委员会做出调整，增设海军部，裁撤侨务委员会。1932 年 8 月 3 日《修正行政院组织法》，又将农矿部、工商部合并为实业部，增设司法行政部，恢复侨务委员会，裁撤卫生部及建设委员会。1936 年 5 月 12 日公布的《修正行政院组织法》删去司法行政部、禁烟委员会、劳动委员会，列入卫生署。1938 年 1 月 14 日再次修正《行政院组织法》，行政院设内政部、外交部、军政部、财政部、经济部、教育部、交通部等 7 部及蒙藏委员会、侨务委员会 2 个委员会。1940 年 5 月 17 日公布的《行政院组织法》规定，行政院各部委员会分别为：内政部、外交部、财政部、军政部、海军部、司法行政部、工商部、农矿部、交通部、铁道部、社会部、宣传部、警政部、赈务委员会、边疆委员会、侨务委员会、水利委员会。根据 1943 年《行政院组织法》的规定，行政院设内政部、外交部、军政部、财政部、经济部、教育部、交通部、农林部、社会部、粮食部、司法行政共 11 部，蒙藏委员会、侨务委员会、赈济委员会等 3 个委员会及卫生署、地政署 2 署。1947 年 4 月 22 日《行政院组织法》规定，行政院设内政部、外交部、国防部、财政部、经济部、教育部、交通部、邮电部、农林部、社会部、粮食部、水利部、司法行政部、地政部、卫生部等 15 部及资源委员会、蒙藏委员会、侨务委员会 3 个委员会。

② "运输赌具，本部并无禁止明文。惟查《刑法》第二百七十八条第二项，限于当场赌博之器具，始得没收。是虽属赌具，若非用之当场赌博，自不在没收之列。又《违警罚法》第十六条第一项，没收之物，以供违警所用之物及因违警所得之物为限。所谓供违警所用之物当然非能供违警所用之物。换言之，纵其物足供违警之用，若非现用以违警，则不得没收之。是麻雀牌本身，并无违法性，若非现用以赌博，迨无没收禁止之理由。准是而论，不能禁止雀牌之运输，自属显然。"《内政部解释：（四）民国二十三年四月十日咨铁道部解释雀牌运输案》，《警高月刊》1934 年第 1 期。

序修正以前，仍应按照旧有之规定办理。"① 内政部负责管理全国的内务行政，主要包括地方行政及土地、人口、水利、警政、选举、国籍、卫生、宗教等事务。警政事务属于内政部的主管范围，因而内政部对《违警罚法》的相关规定进行了解释。

1947 年《中华民国宪法》施行以后，中央及地方各级行政机关皆可依其职权对相关法令进行解释。1948 年 9 月 16 日施行的《大法官会议规则》第 5 条规定："声请解释机关有上级机关者，其声请应经由上级机关层转，声请解释不合规定者，上级机关不得为之转请，上级机关应依职权予以解决者亦同。" 所谓"上级机关应依职权予以解决"是指上级机关可以对下级机关的解释请求在自身职权范围内进行解释，而无须转请司法院解释。这无疑是承认了各级行政机关的法令解释权。1949 年 1 月 6 日，司法院大法官会议做出的释字第 2 号解释称，"至适用法律或命令发生其他疑义时，则有适用职权之中央或地方机关，皆应自行研究，以确定其意义，而为适用，殊无许其声请司法院解释之理由"，② 进一步确认各级行政机关在自身权限范围内解释法令的权力。《大法官会议规则》及大法官会议释字第 2 号解释为行政机关解释法令提供了法定的规范依据。

三 国民政府行政解释制度的运行

（一）行政解释请求的提起

行政解释程序的启动首先需要有相关主体解释请求的提起。提请行政解释的主体资格并无法律限制，任何国家机关及其公职人员都可以提起解释请求。各省、市政府及其所属的各行政部门都有权提起解释请求。例如，1946 年 11 月 1 日，湖南省政府向内政部请求解释《违警罚法》第 58 条第 7 款之疑义。③ 除此之外，司法机关可以向司法行政机关提请解释有关司法行政的法令。例如，1935 年，汉口地方法院对《民事诉讼法》关于

---

① 《解释违警罚法与新刑法责任年龄之疑义——咨各省市政府》，《内政公报》1935 年第 18 期。
② 《大法官会议解释汇编》，三民书局，1996，第 1 页。
③ 《内政部解释〈违警罚法〉第五十八条第七款疑义》，《警政导报》1947 年第 4 期。

民事调解程序有 5 点疑义，呈请湖北高等法院指示。湖北高等法院逐点作了解答，但因事关法律疑义，究应如何办理，未敢擅断，而是陈述意见，请求司法行政部指示。司法行政部肯定了湖北高等法院的前 4 点意见，并对第五点做出了自己的指示。① 另外，普通社会团体亦可提请解释。如1933 年 4 月 18 日，内政部发咨文于各省市政府，解释《监督寺庙条例》相关条文。该法令疑义解释的提请主体为江苏省江都县佛教会主席法权等人。② 又如 1934 年 10 月 16 日，交通部对《民营公用事业监督条例》第 17条的解释，即由全国民营电业联合会代广东新会玲新电话公司所提起的声请。③

但并不是所有的机关及其人员都可以"直接"向主管行政机关请求解释，而应提交有关机关代为转请。具体而言，县政府、市政府所属各机关、地方法院应请求上一级主管机关代为呈请解释，不能越级提请解释。例如，向国民政府行政院内政部提请解释的可以是与内政部同级的教育部、铁道部等，也可以是各省政府及其民政厅，以及特别市（1930 年以前为直接隶属于国民政府的市；1930 年后，为直隶于行政院的市）政府。下级机关的解释请求经过层层转请才最终到达有权解释机关那里。下级机关在提请解释时，也会明确提出请求上级机关代为转请。例如，1947 年国立贵阳师范学校以升降国旗奏"青天白日满地红"一谱，应否仍奏国歌，以及"青天白日满地红"谱应在升降国旗前或升降国旗后，抑或正在升降国旗时奏放，请教育部转交相关主管机关核示。升降国旗时奏"青天白日满地红"谱是行政院所发布的命令，④ 有权解释的主管机关应是行政院。后经行政院做出解释："'青天白日满地红'一谱，系为国旗正在升降时所奏之歌谱，至升降国旗前应唱国歌，为升降旗仪式中所明定。"⑤ 在此例中，

---

① 《司法行政部指令解释民诉法施行疑义》，《法令周刊》1935 年第 32 期。
② 《内政部解释〈监督寺庙条例〉》，《法令周刊》1933 年第 167 期。
③ 《交通部批示》，《电业季刊》1934 年第 1 期。
④ 1947 年 3 月 2 日，行政院训令第 8185 号规定："凡各地军政机关学校及人民团体举行升旗时，在中央未制定其他升降旗乐前，应奏青天白日满地红谱，以示尊崇。"《行政院训令：发文从一字第八一八五号（中华民国三十六年三月二日发）：令外交部：划一规定升降国旗所奏乐谱由》，《外交部周报》1947 年第 18 期。
⑤ 《行政院解释升降国旗歌奏办法，教部通饬各省市知照》，《国民教育辅导月刊》1947 年第 8~9 期。

贵阳师范学校并未直接向行政院请求解释，而是提请其上级主管机关（教育部）转请有权解释机关（行政院）进行解释。

行政机关接到呈请后，首先会对相关解释请求进行审查。对那些属于自身解释权限范围的法令疑问径行解答。行政机关若认为相关法令疑问不属自身权限范围，或者没有能力进行解释，则不予解答或者转请其他有权机关进行解释。如 1947 年 7 月 21 日，司法行政部批复刘建州所呈请的有关出典回赎以银两折合法币的三点疑义。其中第一点疑义为，财政部规定民间旧日契约以银两订立者，一概折合为法币收付，折合比率为以所含纯银量 23.493448 公分折合法币 1 元，所谓的纯银量 23.493448 公分究竟合市称多少。对此，司法行政部称："查原请示第一点系属财政部主管，而不属解释之范围，所请应毋庸议。"① 但大部分情况下，行政机关会将不属于自身解释权限范围的解释请求转请有权机关进行解释。接受转请的有权机关则启动解释程序。例如，1934 年甘肃省民政厅请求内政部解释学术机关之疑义，内政部转请教育部解释。② 该例中，甘肃省民政厅将法令疑问提请自己的上级主管机关——内政部解释。内政部审查后认为，有关学术机关事务属于教育部的主管范围，遂转请教育部解释。

如果所请解释事项由两个及以上不同行政部门主管，且多个主管部门属于同级，则由该数个部门会商解释。例如，1928 年 5 月，上海特别市政府呈请解释地方警察与铁路警察职权界限划分。地方警察事务属于内政部所主管的事务，而铁路警察与交通部主管事务相关。因而，最终由内政部与交通部共同会商，做出解释。③

（二）行政解释的具体创制程序

在相关解释请求到达有权解释机关后，有权解释机关启动解答案创制程序。一般而言，解答案的做出需要经过"拟稿"、"核定"等步骤。解答案的拟稿工作通常由相关法令疑问所涉及事务的主管部门以及本机构专门职掌法令事务的部门负责。解答案的核定则由本机构的最高负责人进行或

---

① 《解释出典回赎以银两折合法币疑义三点》，《法令周刊》1947 年第 33 期。
② 《内政部解释：（五）民国二十三年五月一日指令甘肃民政厅解释学术机关之意义案》，《警高月刊》1934 年第 1 期。
③ 《国民政府内政部咨第二一七号》，《内政公报》1928 年第 2 期。

者由本机构的最高会议以议决方式进行。以下以国民政府初期国民政府以及训政时期内政部、实业部、行政院法令解释的做出为例，具体说明当时行政解释的创制程序。

1928 年 10 月，国民政府对《土地征收法》（国民政府 1928 年 7 月 28 日公布）的有关疑义做出解释。浙江省民政厅呈请解释有关《土地征收法》的法律疑义。该呈请先发至内政部，由内政部转呈国民政府解释。国民政府秘书处收文后，奉饬交法制局解释。法制局为直辖于国民政府的法制机关，掌理草拟、审查法律条例案等职权。① 法制局拟具解释各项疑义清单后，函复秘书处。秘书处将解答案转呈国民政府主席核定。国民政府主席核定后，再由秘书处将解答稿转达内政部。最后，由内政部训令浙江省民政厅及各省民政厅一体知照遵行。② 经过提请主体的声请、转呈至有权解释机关，具体承办者拟稿，国民政府主席核定，以训令形式发文等过程，一项法律解释即告完成。

训政时期内政部法令解释的做出须经"拟稿"、"核定"两个步骤。1929 年 7 月 17 日公布的《内政部处务规程》第 15 条规定："关于解释法令事项，由参事协议，签请部、次长核定之。"③ 根据《内政部组织法》的规定，内政部设参事，负责撰拟、审核关于内政部之法案命令。④ 参事是内政部专设的法令拟订、审核人员。有关解释法令事项先由参事协商拟订解答案，然后交由内政部部长或次长最终审核确定。

1936 年 8 月，陕西农业合作事务局在施行《合作社法》时，遇有疑问，遂致函陕西农业合作事业委员会。陕西农业合作事业委员会于 8 月 13 日将陕西农业合作事务局的函文及所附 8 项法律疑问发文至实业部，请求解释。8 月 17 日，实业部收到陕西农业合作事业委员会的咨文。实业部部长决定"交合作司"办理。实业部合作司主管与合作事业有关之事务。关

---

① 法制局于 1927 年 6 月复设，掌理草拟并修订法律条例案、保存法律条例之正本及整理、刊行现行法规等职权。1928 年 5 月 21 日《法制局组织法》曾经修正，其职权改为：(1) 草拟法律条例案，(2) 审查法律条例案，(3) 刊行现行法律。1928 年 10 月实行五院制设立立法院，法制局即裁撤。参见钱端升等《民国政制史》（上册），上海世纪出版集团，2008，第 183 ~ 184 页。

② 《国民政府内政部训令》，《内政公报》1928 年第 7 期。

③ 《内政部处务规程》，《内政公报》1929 年第 7 期。

④ 《内政部组织法》，《内政公报》1929 年第 9 期。

于《合作社法》的法律疑问与合作司主管事务相关，故由其办理。8 月 18 日 11 时 20 分，文件送达合作司。9 月 9 日，合作司针对各项法律疑问拟就解答意见，并请参事厅核示意见。参事厅对于合作司所拟的（二）（三）（四）（五）（七）各点之解释深表同意，对于第（一）及第（六）项进行了修正。其中合作司的第一项解释原为"特别法之规定与民法之规定不同时，依特别法之规定"，参事厅认为："（一）似应附加数语为'惟法律上所称善意第三人指不知情者而言，至于知情者之行为自有其法定之责任，故本规定于促进登记之效用并无影响'。"9 月 16 日，参事厅将审核后的意见发往合作司。合作司结合参事厅的核示意见对解答稿进行了修改。9 月 23 日，实业部将合作司的解答案以咨文形式发给陕西农业合作事业委员会。① 至此，一项行政法令解释的创制遂告完成。

国民政府行政院行政解释的做出通过行政院会议议决的方式进行。所谓行政院会议②，由行政院院长、副院长、各部部长、各委员会委员长组成，有权议决行政院各部会署间不能解决之事项及其他依法律或行政院院长认为应付行政院会议议决之事项。在召开行政院会议议决法令解释事项之前，行政院会将法令疑问交付相关事务的主管部门进行审查，提出解释意见。如 1931 年《工厂法》、《工厂法施行条例》颁布施行后，因现实中多有窒碍难行之处，上海市各工厂纷纷请求解释。上海市社会局派员指导执行，并将难以解决的 17 项法律疑问，陈述意见，呈由上海市政府逐条诠注后转呈行政院进行解释。行政院将相关问题及意见发交实业部审查。实业部出具审查意见后，行政院将相关意见提交国务会议议决。除部分条款呈国民政府核示外，其他均照实业部意见办理。③ 议决之后，行政院将相关意见以命令形式颁行。

（三）行政解释与立法解释、统一解释法令程序的对接

在行政解释程序进行中，如果相关事务主管部门提出的审查意见认为

---

① 以上参见《实业部解释法令疑问案》，中国第二历史档案馆藏，全宗号：十一，案卷号：484。

② 1928 年 10 月行政院改组成立时即称行政会议，1930 年 11 月改称国务会议，1931 年 12 月，仍改称行政院会议。参见钱端升等《民国政制史》（上册），上海世纪出版集团，2008，第 222 页。

③ 《行政院解释本市对〈工厂法〉意见》，《纺织时报》1931 年第 848 期。

通过行政解释无法解决，或者超越自身解释权限，则可能将相关问题转请交付立法机关或统一解释法令机关解释。如 1929 年，南京特别市市长刘纪文因《渔业法》、《渔会法》未对特别市的渔业行政主管官署及渔会设置做出规定，提请行政院解释。行政院认为渔业、渔会系属农矿部主管范围，即令农矿部核议答复。农矿部则回复称："渔业、渔会两法系由职部拟具草案，经立法院改订呈请公布。南京特别市呈请解释一节，似未便由职部径行议复。拟请转咨立法院核复。"① 结果，该问题转由立法院做出解释。又如，1930 年，上海特别市政府呈请行政院解释《工会法》疑点 21 项及组织总工会应依据何法。行政院令工商部核议。工商部逐点进行了解释，并将自身对《工会法》不甚明了之处一并请行政院转咨立法院审议。行政院遂咨请立法院解释。② 最终，由立法院做出了解释。

由行政院及其所署部门转请司法院进行解释的情形在南京国民政府时期的行政解释实践中更是屡见不鲜。如 1940 年 12 月 4 日，湖南省政府接新化县政府呈文，请求解释承典人捐赠给学校的学产可否准予原业主赎回。1941 年 3 月 20 日，湖南省政府咨请教育部进行解释。教育部接到解释请求后，发交参事处核示，并令国民教育司会同办理。参事处提出处理意见后，认为"事属法律解释（解释本部法令例外），似宜呈行政院转请司法院解释"。③ 之后，由参事处负责起草请求解释稿。5 月 12 日，教育部呈文请求行政院转请司法院解释。6 月 3 日，行政院咨请司法院进行解释。8 月 2 日，司法院做出统字第 2220 号解释对相关问题进行了解答。④ 在此一解释程序中，解释请求层层上递，在到达司法院之前，先后经过了新化县政府、湖南省政府、教育部、行政院。除行政院仅作为转请机关直接将教育部呈文转咨司法院外，其他行政机关在将解释请求上呈的同时对相关问题提出了自己的看法，也即做出了自己的解释。而且这些解释不尽相同，教育部参事处的解释意见认为出典人可以将相应校产回赎，而湖南省

---

① 《渔业法渔会法未有规定特别市区主管官署关于渔业渔会之管理取缔事项应如何办理解释文》，载立法院秘书处编《立法专刊》（第三辑），民智书局，1930，第 184 页。

② 《行政院咨请解释〈工会法〉疑义由》，《立法院公报》1930 年第 16 期。

③ 《司法法规及有关文件》，中国第二历史档案馆藏，全宗号：五，案卷号：62（1）。

④ 《统字第二二二〇号〈民国三十年八月二日司法院咨行政院〉》，载郭卫编《司法院解释例全文》（第三册），上海法学编译社，1946，第 1757～1758 页。

政府则认为不应受普通典权回赎的民法规定的拘束。最终，这些不同的解释意见提交司法院，由其做出最终的统一解释。

四 南京国民政府时期行政解释的效力

（一）行政解释的相对效力

理论上，行政解释是有权解释，具有一定的强制力，但其效力是相对的、有限的。"此种解释（指行政解释——笔者注），下级机关对于执行事项，有绝对遵守之义务。其执行以外之事项，则不受拘束。"[①] 行政解释的效力仅及于行政解释创制主体有权指挥的下级机关，而且仅限于特定之事项，对其他机关及事项并无强制效力。尤其是基于司法独立理论，行政权不得干涉司法权，行政解释对司法机关没有拘束力。行政解释与司法解释冲突时，应以司法解释为准。司法机关可以拒绝适用行政解释，也可以确认其为有效。司法机关审理行政诉讼案件时，有权审查具体行政行为的合法性，对行政机关执法中对法律的错误理解予以纠正。实践中，行政机关一般会遵从最高司法机关的统一解释。

行政院实业部曾应浙江省建设厅之呈请，发布商字第 10328 号批示对《会计师条例》第 16 条"会计师非加入其所在地或最近地会计师公会不得执业"的规定做出解释："《会计师条例》第十六条条文系指会计师在已有公会之地方行使职务，必须先行加入公会。所在地无公会者，得以加入最近地之公会为条件。"[②] 该项解释的做出时间是在司法院相应解释之前。1932 年 12 月 30 日，司法院院字第 835 号解释则称："《会计师条例》第十六条所谓之所在地与同条例第八条所谓之所在地均指该会计师执行职务之所在地而言。至第十六条所谓之最近地公会乃指与该会计师执行职务地比较最近之地现已成立之会计师公会而言。"[③] 在司法院做出解释之后，实业部即放弃了自身对《会计师条例》第 16 条的解释而一律遵照司法院解释

---

① 欧阳谿：《法学通论》，陈颐勘校，中国方正出版社，2004，第 115 页。
② 郭卫编《司法院解释例全文》（第二册），上海法学编译社，1946，第 1005 页。
③ 《院字第八三五号〈民国二十一年十二月三十日司法院咨行政院〉》，载郭卫编《司法院解释例全文》（第一册），上海法学编译社，1946，第 678 页。

办理相关事务。

（二）行政解释效力的扩张

行政机关有时扩张自身解释的效力，试图约束司法机关的司法行为。在行政解释与司法解释出现冲突时，并不必然以司法解释为当然正确，以行政解释变更司法解释者，亦不鲜见。国民政府时期，司法机关做出的与行政解释互异的解释，行政机关有时并不予遵行，最终"倒逼"司法机关变更自身解释。在特定情形下，行政解释甚至可以宣布司法解释的无效。

例如，司法院院字第 2057 号解释对司法行政部转呈贵州高等法院的解释请求——"直辖于中国国民党中央执行委员会宣传部负有宣传三民主义任务之日报，其对外所立关于报费或广告费之收据，虽含有营业性质，但核与普通商事凭证似属有异，应否比照普通商事凭证一律贴用印花，如不贴用者，应否处罚"，做出解释："直辖于中国国民党中央执行委员会宣传部负有宣传三民主义任务之日报，对外所立关于报费或广告费之收据，其应纳税免税之种类可比照《印花税法》第四条关于国营事业或地方公营事业所用之凭证（指广告费收据）及所发之货票（指报费收据）分别办理。"① 但财政部对于报费收据"历经解释，应依银钱收据例，贴用印花"。② 司法院之解释与财政部之解释互异。湖南直接税局邵阳分局发现问题后，转呈财政部核示。财政部遂呈文司法院请求核示。司法院遂以院字第 2281 号解释对院字第 2057 号解释进行了变更，转而承认了财政部的相关解释："报费收据，既系向依银钱收据例贴用印花，核与《印花税法》第十六条税率表第二目所定性质尚无不合。则中央日报所出立之报费收据自亦未便独异。本院院字第二○五七号解释关于报费收据部分应予变更。"③

再如，关于收养的家庭独子服何种兵役的问题，司法院 1941 年 2 月

---

① 《院字第二○五七号〈民国二十九年九月四日司法院指令司法行政部〉》，载郭卫编《司法院解释例全文》（第三册），上海法学编译社，1946，第 1618 页。
② 郭卫编《司法院解释例全文》（第三册），上海法学编译社，1946，第 1808 页。
③ 《院字第二二八一号〈民国三十一年一月二十一日司法院致财政部函〉》，载郭卫编《司法院解释例全文》（第三册），上海法学编译社，1946，第 1808 页。

13 日院字第 2244 号解释称："现役适龄之甲如确已依民法之规定被收为养子，于其养父母之家庭为独子者，依《修正兵役法施行暂行条例》第二九条第一项第二款及第二项之规定，仅服国民兵役。即在战时，亦无须受动员召集入营服役。"① 而军政部 1942 年 8 月 24 日发布的训令则称："凡父母亲生之独子依照《修正兵役法施行暂行条例》第二九条第二项之规定，仅服国民兵役。其他宗祧、继承、收养或招赘种种原因构成之独子，无论在任何时期发生，均仍应依法征服常备兵役。其以前关于宗祧继承及收养等项解条，均予废止。"对于同一问题，一则认为收养的家庭独子仅服国民兵役，一则认为应服常备兵役。司法院解释与军政部解释相互抵触。军政部解释甚至宣布了司法院解释的无效。至 1943 年 12 月 3 日，司法院院字第 2617 号解释将第 2244 号解释废止。② 军政部关于何种独子不必服兵役的解释获得承认和遵行。

（三）行政解释形同"法律"的效力

训政时期，国民政府总览训政时期之治权，其所发布之命令具有形同法律的效力。司法机关作为国民政府之下具体行使司法权的机构，对于国民政府的命令不得不遵从。国民政府命令亦涉及法律的解释和适用问题。司法院即在自身解释中援用国民政府有关法令解释的命令，指挥下级司法机关的法律适用。国民政府此种行政解释命令无疑具有了"法律"效力。

如 1929 年，江苏高等法院请求司法院解释撕毁国父孙中山遗像应如何处理。对此，司法院院字第 126 号解释称："人民对于国民党孙总理遗像应表示敬意，有意图侮辱、公然撕毁总理遗像者，应依照《刑法》第一百六十七条之规定论罪（参照本年六月二十七日国民政府命令）。"③ 该号解释援用了国民政府 1928 年 6 月 27 日所公布的命令："全国国民对于中国国

---

① 《院字第二二四四号〈民国三十年十月二十三日司法院指令湖北高等法院首席检察官〉》，载郭卫编《司法院解释例全文》（第三册），上海法学编译社，1946，第 1781 页。
② 《院字第二六一七号〈民国三十二年十二月三日司法院复安徽高等法院〉》，载郭卫编《司法院解释例全文》（第三册），上海法学编译社，1946，第 2080 页。
③ 《院字第一二八号〈十八年八月七日司法院训令江苏高等法院〉》，载司法院参事处编纂《司法院解释汇编》（第一册），司法院参事处，1931，第 121 页。

民党总理孙先生遗像与党旗均应表示敬意，如有意图侮辱、公然加以损坏、除去或侮辱之行为者，应依照《刑法》第一百六十七之规定论罪。"①《刑法》第 167 条规定："意图侮辱民国，公然损坏、除去或侮辱民国之国旗、国章者，处一年以下有期徒刑、拘役或三百元以下罚金。"② 国民政府发布的命令将故意公然损坏、除去或侮辱孙中山遗像的行为比附"意图侮辱民国，公然损坏、除去或侮辱民国之国旗、国章"之行为进行处罚。司法院的解释则确认了国民政府命令对刑法条文类比解释的效力。司法机关遇有此类案件，则依照国民政府命令审理。如此一来，国民政府命令的效力无异于法律。

不仅国民政府颁布的命令会成为司法机关必须援用的法律，其他行政部门对有关法令的指示事实上也会具有形同法律的效力。如 1930 年司法行政部第 3131 号指令湖南常德地方法院检察处呈送缓刑月报表："查贾德章开设馆舍，供人吸食鸦片，值此厉行禁烟时期，原判减处有期徒刑六月，已嫌宽纵，尤复漫予宣告缓刑，殊属不合，仰转行知照，嗣后关于烟案，务宜切实办理，毋得借词减缓。"③ 司法行政部认为在厉行禁烟时期，对违犯烟禁者的科刑不宜减缓。但按照《刑法》的规定，违犯烟禁者的处罚并未被排除在加减刑和缓刑规定之外。而司法行政部的指令超离法律，依据刑事政策，对全国各级司法机关的烟案审理进行指挥。各级法院以后遇有违犯烟禁者，势必不能轻予减缓。因为司法行政部有权对各级法院的审判工作进行考核监督。当时即有论者认为，司法行政部是以部令干涉司法。司法行政部若认为法律有欠缺之点，应当建议国民政府令主管官署修正法令，或呈请司法院进行解释，以解释例暂补法文之缺陷。但是，实际上司法行政部却以自己的命令修正了法律，代替了立法。

五 评价与反思

南京国民政府时期的行政解释制度既有其合理性，也存在种种问题。

---

① 《国民政府令》，《工商公报》1929 年第 14 期。
② 商务印书馆编《中华民国现行法规大全》，商务印书馆，1933，第 131 页。
③ 淦腴：《法部指令与审判独立》，《法律评论》1930 年第 30 期。

由制定法令或主管相关事务的各级行政机关解释相应的法令疑问，具有其现实必要性及合理性。行政法令往往数量众多，内容庞杂，适用之时多有疑问。而主管行政机关一般是相关法令的直接制定者，或者是某项特定事务的管理者，对于法令的本旨、意义了解较多，对相关行政事务较为熟悉，由其解释自然比"外行"的其他机构更能阐释清楚准确。同时，行政解释以命令方式做出，并依靠行政强制力保障施行，有利于行政法令解释的有效贯彻。从法律解释体制的整体运行来看，行政系统内部对法令疑义的解决，既可以保证行政法令解释的统一、准确，也避免了大量琐碎的法令疑问涌向统一解释法令机关。

当然，南京国民政府时期行政解释制度的局限性及存在的问题也是显而易见的。虽然在学理上，行政解释与立法解释、司法解释"三足鼎立"，但在具体的规范依据上，并没有明确的法律对行政解释权的配置做出规定，行政解释的程序仅在各行政机关的办事规则、处务规程等部门规章中有只言片语的规定，整个行政解释制度缺少必要的规范支撑。因而，所谓的行政解释更多的是行政机关一种自发的事实行为。而且对于行政解释缺少必要的监督约束机制。这就为行政机关越权解释、以令代法提供了空间。理论上行政机关法令解释的效力有限，只在行政系统内部对下级行政机关有效，不能约束司法机关的法律适用活动。但当行政权强大时，行政解释效力扩张，试图约束司法机关，导致行政解释与司法解释间的冲突，甚至司法机关有时也不得不依从行政命令。

行政解释是我国法律解释体制的重要组成部分。与南京国民政府时期的行政解释制度相较，当前我国行政解释制度在规范依据上更为完备。1981 年全国人民代表大会常务委员会《关于加强法律解释工作的决议》赋予了国务院及其主管部门以法律解释权。[①] 1993 年国务院办公厅发布的《关于行政法规解释权限和程序问题的通知》则对行政法规的立法性解释

---

① 1981 年全国人民代表大会常务委员会《关于加强法律解释工作的决议》第 4 项规定："凡属于地方性法规如何具体应用的问题，由省、自治区、直辖市人民政府主管部门进行解释。"

及应用解释的主体及程序做出规定。① 但不管是在理论层面上，还是在具体实践中，现行行政解释制度都存在一些问题。以南京国民政府行政解释制度及实践为鉴，发展和完善现行行政解释制度应注意以下问题。

第一，规范行政解释方式及程序。与我国行政解释普遍采用的"实施细则—实施细则的解释"这种事先的抽象解释不同，南京国民政府时期的行政解释遵循"提问—解答"、"请示—指示"的运行模式，针对法令实施过程中发生的疑问所进行的解释与一定的事实相结合，属于事后的具体解释。此种具体解释一定程度上避免了陷入"解释—解释的解释"的死循环，更符合法律解释的本旨意图。同时，此种程序的启动是被动的，一定程度上也防止了解释权的随意动用。

第二，严格限定行政解释的效力范围。行政机关及其人员在行政过程中可以进行法律实施方法意义上的法律解释活动，这是行政权有效运行的必然要求。行政机关在执法过程中遇有法律疑问不能自决，当然也可以请求上级主管行政机关进行指示，这也不违背行政制度的运行规则。但此种意义上的行政解释应仅在行政系统内部对特定事项有效，不能溢出而约束司法机关。在行政解释与司法解释出现冲突时，应当确立司法解释效力的优先性，以司法解释为准。这是司法独立法治原则的当然之义，也是依法行政的基本要求。

第三，建立行政解释司法审查机制。由行政机关解释相关法令，有其合理性与必要性，故不能完全否定行政机关的法律解释权，但为了避免形成行政机关内部自立法、自解释、自执行的闭环系统，出现行政主管机关法律割据的局面，应建立行政解释监督制约机制。具体而言，行政机关的

---

① 1993 年国务院发布的《关于行政法规解释权限和程序问题的通知》所确立的解释办法为："一、凡属于行政法规条文本身需要进一步明确界限或者作补充规定的问题，由国务院作出解释。这类立法性的解释，由国务院法制局按照法规草案审查程序提出意见，报国务院同意后，根据不同情况，由国务院发布或者由国务院授权有关行政主管部门发布。二、凡属于行政工作中具体应用行政法规的问题，按照现行做法，仍由有关行政主管部门负责解释；有关行政主管部门感到解释有困难或者其他有关部门对其作出的解释有不同意见，提请国务院解释的，由国务院法制局提出答复意见，报国务院同意后，直接答复有关行政主管部门，同时抄送其他有关部门。三、凡属于国务院、国务院办公厅文件的解释问题，仍按现行做法，由国务院办公厅承办。涉及行政法规的问题，国务院办公厅可征求法制局的意见；涉及法律解释的，按照《全国人民代表大会常务委员会关于加强法律解释工作的决议》办理。"

法令解释应当接受司法审查。司法机关在个案审判过程中有权对行政机关的解释进行审查，判断其是否正当合理。如果行政机关试图以解释的方式变更既定法律规范或者明显不公，司法机关有权宣告此种解释无效。否则，强势的行政权力将无所制约，引发权力滥用，侵害行政相对人的利益。

法治中国与法治文化

媒体、司法与政治的博弈：以"李公朴、闻一多案"为视角

牛锦红[*]

摘　要： 中国法治化进程贯穿了国人对近代司法和媒体关系进行反思的主题，对民国时期"李公朴、闻一多案"进行研究正是基于对法治进程的一种历史认知和反思。各类媒体对"李、闻案"发生、经过、原因及真相分别从不同角度进行跟踪报道和评论，表明不同舆论导向。民国时期媒体舆论发展符合司法需求，但司法与媒体的互动缺少民主的根基与法治的引导，导致媒体、司法与政治间出现博弈。为走出媒体与司法异化的漩涡，必须建立民主、平等的宪法体制，维护自由、开放的舆论空间，并坚持司法权独立以实现媒体与司法关系的正常化。

关键词： 李公朴　闻一多　媒体　司法　政治　异化

"李公朴、闻一多案"（以下简称"李、闻案"）是民国时期发生的重要案件，引起国内外巨大震动。在"李、闻案"发生之际，经民盟梁漱溟等人调查，认定案件事实另有隐情，并且将案件调查结果公布于报刊，从而引起各大媒体对"李、闻案"的关注。《申报》和《新华日报》等媒体于1946年报道"李、闻案"的新闻有几百条。从案件发生到结束，司法的整个程序为众人所知，关于"李、闻案"的舆论较之前案件也更为复杂，①

＊　牛锦红，淮阴师范学院法政学院副教授，历史学博士，法学博士后，研究方向为民国法制史、中国法律思想史。

① 近代影响重大的主要案件有清末的"杨月楼案"、"杨乃武案"、"苏报案"；北洋政府时期的"姚荣泽案"、"宋汉章案"；国民政府时期的"陈独秀案"、"牛兰案"、"李公朴、闻一多案"等。相比之下，"李、闻案"处于更加特殊的时期，媒体与司法的关系也最为复杂。

国民党机关报《中央日报》、官商合办的《申报》、民间报刊《大公报》、共产党报刊《新华日报》等媒体均从各自立场出发，对"李、闻案"态度迥异，政府与司法在公共舆论中举步维艰。1947 年 1 月 1 日，《申报》对全国新闻进行总结，"李、闻案"名列全国十大新闻之一，同时，《申报》对案件发生、审判过程与结果进行了重新梳理。① 由此可见，"李、闻案"曾掀起了全国性的舆论狂潮。同时，这一事件表明，南京国民政府后期的司法恰逢社会领域与公共领域的双重转型，② 舆论与司法的关系面临更复杂的状况。

一 "李、闻案"的媒体舆论导向

（一）官方媒体舆论：定性"私人仇杀"

《中央日报》是中国国民党机关报，于 1928 年 2 月 1 日由中国国民党中央创刊于上海，一年后迁至南京。如果说"李、闻案"是国民党当局主使的阴谋事件，那么作为国民党的机关报，它对事件不宜做太多评论。从《中央日报》对"李、闻案"的报道来看，只有为数不多的几篇文章，没有深入评论，只是极力表明案件与政治无关。如 1946 年 7 月 18 日《中央日报》称："我们决不能凭主观的臆测予以武断，贸贸然定其责任于这人或是那人，关于政治意味，我们更不能任意推测。民主同盟的主要分子不是李、闻这些人，李、闻在民主同盟中的地位并不重要。因此，他们没有因为政治的原因而遇刺的道理。"③

在各大报纸对案件进行报道后，国民党表面上对事件进行理性分析，呼吁民众不要胡乱猜测，实质是想用各种借口来掩盖事实。《中央日报》对"李、闻案"向来报道不多，于公审后的 8 月 16 日，却长篇发表了《闻一多案昨日公审》一文，描述汤时亮、李文山对案件供认不讳，一庭审讯终结，即将定期判决。报道似乎在表明案件与国民党政府无任何干

---

① 《国内十大要闻》，《申报》1946 年 1 月 1 日。
② 美国社会学家哈贝马斯认为公共领域发生了两次转型，第二次是自 19 世纪的最后 20 年以来，国家干预主义的增强以及公共领域的重叠破坏了公共领域的基础。本文所讲的舆论公共领域，基本处于这一阶段。
③ 《社论：昆明不幸事件》，《中央日报》1946 年 7 月 18 日。

系，终于可以放心了。

《申报》紧跟《中央日报》，代表官方态度与舆论。1946年5月，国民政府强迫《申报》出让51%股份给政府，实行官商合办。由于受政治裹挟，《申报》对"李、闻案"的报道舆论倾向于国民党政府和司法部门。如7月15日刊登《李公朴被狙击案凶犯滇警备部追缉中》，文章申明："乃日来，有少数人对本部妄加诋毁。意图嫁祸唯恐天下不乱，言之殊堪痛惜。"报道意图为滇警备部进行申辩，洗脱罪责，并积极反对将案件上升为"政治暗杀"性质。为此，《申报》专门著文为政府解脱嫌疑："我们一方面主张昆明接二连三的暗杀案，必须缉凶严办，但一方面我们不愿附和时下论客，起哄叫嚣，真相未明，遽加论断，以为此乃'政治暗杀'。……故我们以为大家只应在截止暗杀这本题上面去努力想法，不必牵扯到政治问题上硬作扩大宣传。"① 针对其他报刊对案件真相的猜测，7月20日，《申报》积极表明中央政府对案件的态度："民盟的中执委李公朴、闻一多二氏，昆明遇害的真相未透之前，记者们不可即作为是政治性暗杀的报道，政府对此事件必须澈查。"② 7月30日，《申报》发表《关于李闻被刺案——龙院长发表谈话》一文，希望各报勿做不正确之报道："关于李闻被刺一案，政府甚为重视，在案情未明以前，各方宜以极客观态度，静待政府报告，以明真相，对此案勿再轻言发表不负责任之报道。"之后，《申报》赞同官方审判的结果，并连续评判案件的审判是公正的。如8月22日，《申报》发表《闻一多被杀案公审》一文，赞同全权处理闻案的顾祝同的说法，认为"闻一多案"只是单纯的一件主观行凶案；8月27日，又发表一篇对案件真相进行评论的长文，代表官方立场，③ 旨在说明闻一多遭到暗杀，因其辱骂政府和军人，本身就有错误，军人无论如何都是值得我们尊重的，着重说明"李、闻案"并不是政治暗杀案件，并强调国人应该相信政府和法律，支持司法公正审判。

可见，以《申报》为代表的报刊媒体，对案件真相和审判的结果深信不疑，并且其舆论态度是倾向于国民政府的，既然政府不能为自己辩白，

---

① 《暗杀之风不可长》，《申报》1946年7月19日。
② 《中委潘公展接见记者发表对现局意见》，《申报》1946年7月20日。
③ 《闻案的宣判》，《申报》1946年8月27日。

就由其他报刊舆论为政府代言，可谓政府利用舆论歪曲事实之用心。另有上海国统区的小报，跟随《中央日报》制造舆论，抹黑李公朴，诬蔑中国共产党是行凶人，如上海《中立》周报同一期发表文章《共产党大骂李公朴》和《中共自认有"无声手枪"》，①故意离间中共与民盟的关系，并将暗杀的行为推到中国共产党的身上，其言辞明显为国民党政局服务。②同时《中立》亦赞同国民党将案件定性为普通"凶杀案"。虽《中立》和《申报》都号称"中立"，但明显跟随《中央日报》的舆论导向，为国民党司法服务。

（二）民主媒体舆论：反对"政治暗杀"

《文萃》和《民主》等民主性期刊，③对"李、闻案"不仅关注，还有激烈的批判与反抗意识，对国民政府造成了较大的舆论压力。李公朴被暗杀后，《文萃》连日报道章伯钧、张申府、周建人、田汉、吴晗等人的控诉文章，均认为"李公朴案"是政治暗杀的开始。7月13日，即李公朴遇难的第二天，《民主》发表了《抗议！抗议！抗议！》的社论。7月15日，闻一多倒在国民党特务的枪声中，《民主》相继报道了大量血案的真相和人民的愤怒、控诉、申斥和哀思，并连续发表了社论，主要有：7月17日《杀的教育》、7月18日《血债！》、7月19日《最严重的关头》和7月28日《国殇》等大量相关文章。《民主》的舆论导向与《文萃》相同，积极发表悼念李公朴与闻一多的文章，并强烈抗议统治者的暗杀行为。民主性报刊的强烈舆论导向，给国民党的反动统治造成了较大的冲击。

在所有民主性报刊中，对"李、闻案"反应最为强烈的是《新华日报》。④ 1946年前后，《新华日报》为发展抗日民族统一战线和爱国民主统

---

① 《中共自认有"无声手枪"》，《中立》（上海）1946 年第 5 期。
② 《中共自认有"无声手枪"》，《中立》（上海）1946 年第 5 期。
③ 《文萃》于 1945 年 10 月 9 日创刊，郭沫若、茅盾、田汉、许广平、马叙伦、周建人、费孝通等名家经常为该刊撰稿，积极从事和平民主宣传。1947 年 3 月，《文萃》出至第 37 期，因遭国民党当局封杀而停刊。《民主》报是中国民主同盟机关报，1946 年 2 月创刊于重庆，1947 年 2 月被迫停刊，存在仅一年，夭折在国民党反动派的镇压、摧残之下。
④ 《新华日报》是中国共产党 1938 年 1 月创刊的大型机关报，它是由周恩来等老一辈无产阶级革命家在河北涉县亲自创办的，是中国共产党第一个在全国公开发行的报纸，并一直持续至 1947 年 2 月 28 日。

一战线，用大量版面，为民主党派和各界知名人士提供了一个比较自由的讲坛。李公朴、闻一多作为民主同盟的成员，公然遭到暗杀，引起国内外各界人士的高度重视，促使民主人士郭沫若、茅盾、柳亚子、沈钧儒、黄炎培、邓初民、陶行知等学者和社会活动家连续在《新华日报》上撰稿，民主舆论对国民政府的压力与打击是可想而知的。自 1946 年 7 月 11 日李公朴被刺起，之后一年左右时间，《新华日报》基本上每天都有"李、闻案"的相关报道，篇幅较多，版面较大。据不完全统计，各种唁电、悼念、批判与评论案情的文章，共有 300 篇左右，① 从报道数量上，足以看出中国共产党机关报《新华日报》对案件的重视程度。对于案件真相，《新华日报》揭露这是一起政治阴谋事件，是国民党特务的暗杀行径。7 月14 日，《新华日报》刊载文章《李公朴被刺逝世发表谈话》，指出李氏被刺是一件政治阴谋的暴露，是反动派加强反对民主、镇压人民的进一步表现。同日社论《悼李公朴先生》说道："公仆先生的被枪杀，并不是偶然的事，这里边藏着暗害的阴谋。"同日，另发表题为《化悲痛为力量：李公朴先生的死是光荣的！恐怖手段统治不了人民，全国人民会拿出力量来制止这种阴谋》的文章。7 月 15 日，《梁漱溟先生亦悲愤控诉》一文说道："在国民党当局也不能不口头承认的'民主'时代，而竟尚用此卑劣手段，排除异己，实中华民族之耻辱。"7 月 17 日，又发表文章《抗议闻一多教授的被刺杀》和《李公朴惨遭杀害是政治暗杀手段，这证明老百姓生命身体的安全已无丝毫保障》。7 月 24 日，《新华记者评论——昆明血案的社会反响》一文深刻披露："国民党当局照例来一手猫哭老鼠的假戏，表示辑凶，表示悬赏，其目的绝不仅是推诿责任，而是在掩护其下一步更卑鄙的阴谋。根据《中央日报》的选辑，这事'并不重要'，……并不是政治的暗杀。既然不是政治暗杀，就自然与国民党当局及其蓄养的特务无关。这里面，透露出了国民党特务血淋淋的面目。"针对案件审理过程，8 月 23日，刊登了《陪都李闻惨案后援会——对闻案审讯事发表意见》一文，指出"闻一多案"疑点甚多，大力主张在京公审，揭露当局企图借闻案冲淡李案阴谋。文章言称："凶手已捕获，并已经受审。这不过是当局欺骗人民的另一花样，疑点甚多。……对李案只字不提，对当场捕获的李案嫌疑

---

① 报道数目由《新华日报索引》粗略统计得出。

犯只字不提，竟无下文。"8 月 27 日，刊登《梁漱溟氏报告指出：闻案"审判"骗局，推测被处刑的不是真正凶手》一文，文章推测将来受刑的不会是真正凶手，梁漱溟并预言道："（1）李案一定无下文；（2）闻案也不会再审；（3）凶手临刑时一定有替死鬼。"《新华日报》所载梁漱溟的言论在以后一一应验。

从以上报道可以看出，中共和民盟方面一致认为案件真相就是，这是一起国民党主使特务对李公朴、闻一多进行的暗杀事件，并对司法审判的结果不抱有希望。

（三）"中立"媒体舆论：批判政治强权

《大公报》在历次政治事件中都有明显的观点和态度。作为一种民间报纸，《大公报》对李闻惨案的报道及相关社评都相对客观一些，报道的侧重点也有所不同，既评论共产党或民盟方面对案件的激烈言论，也评论政府在案件上的处理态度。7 月 19 日，《社评——李公朴闻一多案感言》称："假使是政治性的暗杀，那可就太可怕了。当前国事，极度阴暗。我们希望当局赶快缉凶破案，务期水落石出，还可以使我们对国事前途不太失望。外传民主同盟潘光旦等八人请求昆明美领事馆保护，果如所传，这局面也太不成话了。"

《大公报》主要侧重对案件动向的客观报道与评论。如 7 月 23 日，《大公报》发表《李闻被刺案民盟请求彻查》一文，指出，民盟向政府提要求并召开记者会，其中一项是"立即选派公正人员与民盟所推派之人员同赴昆明，进行调查该案真相，并负责保障调查人之安全"。7 月 26 日，《大公报》刊载文章《李闻案之波澜——罗隆基驳霍揆章谈话》称："民盟要求政府派人同赴昆明公开并共同调查案件事宜，已遭政府决绝，政府只允民盟单独派人前往。"8 月 27 日，《社评——闻一多案的判决》称："说在政治上的影响。因为出于气愤杀人，对中国民主前途，威胁致大。"同时，《大公报》对案件的结果并无过多疑虑，社评认为："当李公朴、闻一多相继被刺时，许多人以为是政治暗杀。这次判决，案情虽意外简单，但总算水落石出了。"《大公报》对案件的审判结果表示出一种肯定的态度。从中我们可以看出，作为民间报纸，《大公报》对事件以旁观者身份进行较为客观的报道和评论，既没有《申报》明显的政治倾向，也没有

《民主》报的激烈情绪。

另外，《再生》杂志与《大公报》一样，①虽身处国统区北平，但并不盲从国民党的舆论导向，在"李、闻案"上，不偏不倚，基本上依事实说话，仗义执言，是非分明，不畏强权，并对国民党报刊的司法舆论提出批评："我们愿这件案子水落石出，证明只是私仇而已，不然，在政治上所造成的一种不安状态，我们简直不敢推想下去。……某大报于李先生死后，标题为'李公朴死，共产党可大做文章'，但是我们并非共产党，甚至在若干理论和方法方面，我们反对共产党，但对于李先生的死，我们不能不表示一些悲悼的心情，并不'大做文章'地写这篇小文章。"②

不仅是国人舆论纷杂，就是国际舆论对此案也极为关注，并强烈反对国民政府的极端做法。1946 年 7 月，苏联、英国、美国等媒体先后就"李、闻案"做出反应，并积极督促国民政府重视案件的审理。在《新华日报》相关报道中可以看出外国人的一些态度，如"莫斯科广播评论中国政局，指出国民党反动派吓不退民主力量"；③"英泰晤士报评论李闻事件，引起外人忧虑中国时局"；④"美加两国基督教徒电慰李闻二氏家属，对中国政府排斥民主深表厌恶"。⑤李闻惨案发生后，美国许多团体要求停止对华援助，1946 年 7 月 20 日，《纽约邮报》在社论中建议马歇尔正告蒋介石，要其"立即停止用暗杀为政治武器，并决心解除内战威胁"，否则"美国将断绝租借援华"。⑥ 21 日，合众社纽约电中，报道了哈佛、哥伦比亚等大学的 53 位教授，为"李、闻案"联名致电杜鲁门总统、代理国务卿艾奇逊及美国国会表示抗议，他们要求美国政府必须立刻撤退其驻华军队，在中国尚未成立民主之联合政府之前，美国必须停止对其一切军事及财政援助。美国媒体的舆论令扶持国民党的美国政府感到难堪，由此对蒋介石产生了不满，而担负"调处"国共纷争之重任的马歇尔也因"李、闻

---

① 《再生》杂志，于 1932 年 5 月创刊于北平，该刊起初为月刊，接着改出旬刊，后又改周刊对外出版发行。该刊在当时是一本较有影响力的杂志，读者熟知的一些知名学者像梁实秋、许地山、张君劢、张东荪、费孝通、吴贯因等，均是该刊主要撰稿人。
② 《悼李公朴先生》，《再生》（北平）1946 年第 122 期。
③ 《民主战士李公朴被暗杀是反动派进攻总信号》，《新华日报》1946 年 7 月 22 日。
④ 《新华日报》1946 年 7 月 22 日。
⑤ 《暗杀暴行震怒中外》，《新华日报》1946 年 7 月 27 日。
⑥ 《纽约邮报提出警告》，《文萃》1946 年第 40 期。

案"压力倍增。7 月 17 日，在见过周恩来后，马歇尔与司徒雷登即刻从南京飞赴庐山去找蒋介石。马歇尔对蒋介石说，这次暗杀针对了闻一多这样的留美知识分子，所以美国舆论肯定对蒋不利。而司徒雷登坦率相告，蒋介石应采取三项措施：一是公开声明中央政府不赞成谋杀；二是解除新闻管制；三是建立宪政政府。① 由此，国内外舆论力量共同推动了"李、闻案"的审判进程，并推动了舆论自由的进程。

从以上几类报纸对"李、闻案"的系列追踪报道看，各报刊具有各自不同立场，对案件审判的态度有较大差异。从总的舆论导向来看，民间已形成了一种对国民政府司法审判不利的舆论环境，不论国民政府是以"政治暗杀"或"个人凶杀"来定案，国民党政府已失信于民，失信于国际社会。

二　近代司法与媒体深陷政治漩涡

在"李、闻案"中，媒体与司法关系并不融洽，主要原因在于政治的考量与干涉，尤其是政治对媒体与司法的双重干涉造成了严重的后果，最终导致"李、闻案"中司法的虚伪和舆论的无力。

（一）政治控制司法

作为国民政府首脑的蒋介石被"李、闻案"震动，深为苦恼，昆明之案无论对内对外都增加了政府与他个人的地位艰难。7 月 17 日当天，蒋介石匆匆责令行政院发出一纸保障公民安全的命令，命令声称："该管各级机关人员防范不周，遂致有此惨案，实为我政府莫大之耻辱……尤应在此时期，对于政治党派人士特加保护。"② 在发出这项命令的同时，蒋介石下令让刚刚上任全国警察署署长的唐纵前往昆明办案。之后，国防部首任陆军总司令顾祝同等国民党大员一拨拨地到昆明调查，可见政府对此案的重视程度非比寻常。但政治插手，司法缺席，真相不明，这让密切关注闻一

---

① 据 1946 年 7 月 21 日《司徒雷登致贝尔纳斯的报告》，郭曦晓译。马歇尔的助手比尔在《马歇尔在中国》一书中也提到司徒雷登在庐山向蒋介石提出的这三项要求。

② 《李闻在昆被刺案主席严令缉凶，政院派唐纵赴昆督办，并通令保障人民安全》，《中央日报》1946 年 7 月 18 日。

多案的民盟方面非常不安，不断催促南京国民政府同意民盟的"调查团"成行，但是一直"拖到8月初，只同意由民盟自己派人去调查，政府给予交通的便利和调查时的便利，并由国民党中央党部派一名秘书'协调工作'"。可见，国民政府不是真正面对舆论的呼声，并不想查出事实真相，而是意图独自把持案件的调查和审判。最终审判"闻一多案"的是军事法庭，依照当局制定的军法审判规则，受讯人不得委托律师出庭辩护并禁止旁听，这自然有利于顾祝同等人把事先的"安排"在法庭上表演出来，但对梁漱溟等人而言，这根本算不上"法庭"。8月15日，国民党陆军总司令部军法处、云南省保安司令部、驻昆明宪兵十三团合组军事会议审判法庭，对刺杀闻一多的特务汤时亮、李文山进行"公审"。这次审判只有清华大学校长梅贻琦、各大学教授、省县参议员、市商会理事长代表等二十多人参加，记者中只允许中央社两人采访。梁漱溟要求闻立鹤出庭辨认凶手，被陆军参谋次长冷欣以"伤势未好"为由拒绝。审理中只有法官与被告之间的一问一答，问答完了即算审理完了。闻案就这样审理了一番，草草了事，结束时也未说明是否审理完毕。而李公朴一案，则因为凶手根本不曾"捉拿归案"，更是不了了之。梁漱溟对这种安排出来的军法审判很不满意。这种"管制式"的审判，使司法程序完全是一场"审判秀"，等这场"审判秀"结束，中央社当天便发出电讯，表示可以结案之意。但是，民盟方面坚持将凶手"移京公开审判，由各方参加"，反对"草率在云南解决"。梁漱溟、周新民等认为，出现在审判席上的不过是假凶手。

在舆论质疑中，闻案第二次审判于8月25日在云南省警备司令部举行，最终判决汤、李二人死刑。当日，梁漱溟等在上海举办了新闻发布会，报告"李、闻案"调查经过与结果，用"吞吞吐吐"四字说明当局态度。民盟认为案件未了，坚决主张把凶手移至南京审判，但当局对此无动于衷。同一日，顾祝同也在昆明金碧别墅招待记者，称霍揆彰之云南警备司令职已被革除。第二次审判后，中央社立刻发出《顾祝同在昆发表闻案审判经过》和《陆军总部昨发表闻一多案判决书》的专电。8月30日，民盟政协代表为"李、闻案"致函政府代表，称民盟对审判结果不能完全接受。9月28日，民盟政协代表再次致函政府代表和蒋介石，要求对闻案逃犯限期缉获，到南京公审。这些，都没能得到南京国民政府的回应。

国民党当局在"李、闻案"善后问题上费了不少心思，最终放过了暗杀李公朴、闻一多的主谋云南省警备总司令霍揆彰，且把"李公朴案"高高挂起，"闻一多案"只枪决了两个无名小卒，表面上对行凶人严惩不贷，极力推卸了政府的责任，但政府的行为很大程度上是做给舆论和国际社会看的，尤其是给美国政府看的。所以国民党政府并没有在真正意义上尊重舆论、尊重司法；恰恰相反，政府的意图是应付舆论指责，并多方压制舆论对案件的关注。

（二）政治打压媒体

《民主》与《新华日报》在案件审判前后表达了极为不满的舆论导向。如在案件审判前，1946 年 8 月 5 日的《新华日报》刊载了《民盟反对单独审讯血案凶手》一文；8 月 6 日发表了《谁是凶手》一文。之后，舆论就"李、闻案"对政府的质疑并没有随着两次"公审"而止息。8 月 20 日的《新华日报》刊载了《李闻案审判，疑窦很多》一文；8 月 21 日刊载文章《真相问答》；8 月 29 日，上海《文汇报》发表社论《闻案感言》，认为此案并未了结；8 月 31 日，《新华日报》刊载文章《梁漱溟在京谈话：对昆案审判表遗憾，公审的一切已预先布置》。不管当局怎样掩饰真相，舆论都无法平息对司法的质疑。虽然表面上，政府与司法部门对媒体的舆论是有所吸取的，并且也在舆论的压力下对案件极为重视，但国民政府和司法部门对媒体的态度却是两面性的。一方面，政府与司法部门表面上接受了媒体的质疑与批评，积极派人查案，并及时督促审判和结案；另一方面，政府在司法审判过程中排斥媒体的参与，尤其是在"李、闻案"后，媒体舆论自由更是受到有史以来最为严厉的压制和打击。8 月 15 日，国民党军事会议审判法庭对刺杀闻一多的特务汤时亮、李文山进行"公审"时，除各界代表二十多人外，记者只允许中央社两人采访，其他报社均被排斥在外。案件审理结束后，国民党机关报《中央日报》当天便发出电讯，表示可以结案之意。这样的审判，代表公正的司法无力，代表民主的舆论缺席，因此媒体舆论监督司法审判的权利没有任何的保障。

之后的几年，政治、司法与媒体的异化关系主要体现在政府对民主性报刊的打击上。据《新华日报》记载，仅 1946 年到 1947 年，各地所发生的报刊案件急遽上升，其中"新华日报案"和"民主报案"都是当时较为突出的案件。这也反映了政府对媒体舆论的反感上升到法律报复，最终用政治压迫与司法工具联手打压媒体。这种异化关系必须要经过社会革命及法律变革才能得到改变。

三　迈向媒体与司法互动的和谐时代

南京国民政府时期，由于政治局面动荡，各种社会矛盾与冲突激烈，身处社会转型期的媒体与司法关系也远比其他时期复杂得多。但这种状况恰恰对构建新时期的媒体与司法关系有重要的历史借鉴和现实启示。

（一）建立民主、平等的宪法保障

南京国民政府时期媒体与司法的异化程度到了无以复加的地步，根本原因在于南京国民政府的政治权力过于强大，保护民主与平等的宪法体制虚置。正如当时《再生》杂志因"李、闻案"发出的疾呼那样："爱国何罪？发动和平运动何罪？说起来，真令人愤慨万分！说他是因私仇而死罢，请问国家的法律什么地方去了？社会还能有秩序么？说他因为公仇而死罢，请问我国政治是否还想上轨道？是否还想走上民主政治的途径？"①不论是"政治暗杀"还是"个人仇杀"，根本原因都在于国民政府的独裁统治，缺乏民主、平等的宪法保障。宪法最重要的原则是主权在民，国家权力来源于人民，政治权力应服务于民主权利，但在南京国民政府时期，政治权力独大，造成宪法虚设、民主虚置。没有最基本的宪法保障，公民的生命权、自由权、平等权与民主权等最基本的人权就无从谈起，以"李、闻案"为代表的因舆论自由而受害的案件也就屡见不鲜了。

（二）维护自由、开放的舆论空间

"司法独立与表达自由两者虽然都是民主社会的重要价值，但当两者进行平衡时，新闻自由应当是放在第一位的。"② 一种文明的标志，在于言论。传媒能够把社会舆论和民众力量调动起来，使之转变成为一股能够改

---

① 《悼李公朴先生》，《再生》（北平）1946 年第 122 期。
② 高一飞：《国际准则视野下的媒体与司法关系基本范畴》，《东方法学》2010 年第 2 期。

变政府、改变社会的力量。① 从近代媒体与司法的关系来看，若采用"司法限制媒体"之方法，司法独立难以实现，而采用"媒体舆论自由"之模式，反而利于司法独立的进程。法治化进程中，在不限制媒体报道和评论权利的前提下，司法防止"媒体审判"的不良影响，是要加强司法程序的自律和其他机制的完善。另外，法律不对媒体的司法报道权进行强制约束，并不代表给予媒体完全的自由，媒体应通过自律对司法进行慎重报道和评论。同时媒体应当遵守法律底线，舆论监督不能侵犯法官和当事人的个人权益，若媒体言论过界，触犯法律，应严格追究其法律责任。中国媒体也应该是"一个自由而负责的新闻界"，"一个可问责的新闻界与负责任的共同体"。②

（三）坚持公正、独立的司法原则

言论自由是法治国家的基本人权，司法独立是法治国家的基本原则，但二者都必须立足于一个良好的司法制度。③ 南京国民政府时期的媒体与司法关系，从立法层面看，司法允许媒体报道案件，司法一定程度上尊重媒体舆论，并积极给予回应，媒体与司法关系在形式上有一定进步性；但另一方面，南京国民政府用政治暗杀手段实行思想专制，政治控制司法实质上更为强化，"李、闻案"真实地表明政治的贪婪彻底左右了司法，司法时刻受政治的摆布，民国时期的司法毫无独立而言。司法权独立是国民政府时期五权分立的一个重要内容，但从历史事实来看，司法权是最弱小的，是为政治权力服务的，司法现实背离了孙中山先生当时设立五权分立的真实意图。因此，对政治、司法和媒体舆论三者的关系而言，首先应正确处理政治与司法的关系，坚守司法独立的原则，尽力从国家制度层面确立司法的权威性。其次，正确处理媒体与司法的关系，也要坚守司法独立的原则，舆论自由、自律地评判司法，司法审判一定程度上考虑民意又不屈从于舆论，司法"遭遇"媒体时如何参考和平衡舆论，是法官的权利和

---

① 赵晓耕、崔锐：《从申报看清末传媒对法制进步的影响》，《浙江学刊》2007 年第 1 期。

② 参见〔美〕新闻自由委员会《一个自由而负责的新闻界》，展江等译，中国人民大学出版社，2004，第 74 页。

③ 吴啟铮：《网络时代的舆论与司法——以哈贝马斯的公共领域理论为视角》，《环球法律评论》2011 年第 2 期。

义务。这也正是民主社会法治化进程中媒体与司法的一种正常关系。

四 结语

民国末年的司法与媒体关系异常紧张，但作为社会运行治理中的两支力量，司法与媒体对维护和促进民主法治发挥着不可替代的作用。司法过程所展现的内容，尤其是曲折离奇、震撼世人的内容是媒体需要的，而媒体舆论产生的放大效应亦是司法机关不能忽视的。不仅如此，司法与媒体之间始终存在着相互评价的制度性结构与普遍实践。可以说，司法与媒体相互关系的恰当构造是现代国家社会统治内部协调的重要标志。[①] 案件的裁判，从来都是社会中各种价值观冲突和平衡的结果，那种认为司法过程不受媒体舆论影响，不受事实和法律以外价值观念影响的想法是没有意义的，更是不现实的。代表社会公众利益的媒体应体现人民的心声，使各种力量以媒体为工具进行博弈，让各种声音去监督司法，促使司法尽可能达到公正；同时，司法也要坚守独立的司法原则，既考虑媒体表达的民意，又不屈从于舆论。总之，在对待媒体与司法的关系上，我们应从旧有的"政治化"控制思维向"法治化"管理思维转化。

---

① 顾培东：《论对司法的媒体监督》，《法学研究》1996 年第 6 期。

当代中国纠纷解决中的"新传统"和"旧传统"

——以解纷方式调解为例

张　勤[*]

摘　要：一方面，对从清代到当下的调解发展历程的梳理表明，作为"东方经验"的调解，其内涵其实已悄然发生着变化，这种变化最显著的表征就是，由清代时期的国家和社会共同参与并互动的"二元"结构逐渐蜕变为国家独大的"一元"结构。另一方面，对民初以来法院调解和调解委员会调解中自愿性原则确立过程的梳理显示，在法院调解中由于受到审判权强制性的挤压和蚕食，调解自愿性原则的确立较为曲折，也相对较晚；而在调解委员会调解中，该原则的确立则相对较为顺畅，呈一种线性的发展态势。随着西学东渐，西方调解文化对中国影响的加深，以及清末民初以来国家政权建设的不断推进，在近代以来的转型过程中，我国逐渐形成调解的"新传统"。调解主体权力配置中国家的"一元"独大和社会的式微，以及调解的自愿性无疑已成为这"新传统"的重要组成部分。然而，"新传统"的成型并不意味着"旧传统"被彻底埋葬。一方面，"旧传统"作为价值基础支撑着"新传统"的成型，并且其价值层面的合理性亦不断被"新传统"所吸纳；另一方面，"旧传统"以其固有的形式继续统治着我们，其中最典型的形式就是混合型纠纷解决中第三方角色的重叠。就此而言，"旧传统"依然统治着我们。

关键词：纠纷解决　调解　国家性　自愿性　传统

---

* 张勤，博士，天津财经大学法学院教授。

纠纷作为一种社会现象，古已有之。资源的有限性和人类需求的无穷性之间不可调和的矛盾决定了纠纷的不可避免性。这里的资源，主要是物质的，但有时也是精神的。无论是为了个体的生存还是为了群体的福祉，均要求对纠纷进行管理。纠纷管理既包括事前的预防，也包括纠纷发生后的解决。纠纷的解决者既可以是纠纷双方的当事人，也可以是纠纷当事双方以外的第三方。由此，区分出纠纷解决的种种方式，前者如谈判、和解，后者如调解、仲裁、诉讼等。

全球化步伐的加快，使得知识和制度的传播较之以往任何一个时代更为迅速，包括诉讼、仲裁、调解在内的各种纠纷解决方式，不仅形式而且其所蕴含的理念、程序、类型等在全球快速扩展开来，呈现出普世性和趋同性特征。尽管如此，纠纷解决还保持着显著的民族特征。民族心理、价值观念等使得某一族群对某一种或某几种解纷方式表现出特别的偏好，如普遍认同的东方人对调解的喜好。受本民族法律文化的熏陶，某一族群可能不仅关注纠纷解决的结果，而且对程序也关注入微，而另一族群可能只对结果抱有浓厚的兴趣。如此的差异，便有了对形式和实质偏好的不同，体现在价值层面，于是有了实质正义和形式正义的区分。因此，纠纷解决方式的民族特性不容低估。

在重视纠纷解决方式民族特性的同时，值得我们追问的问题是，这里的民族特性是静态的还是动态的？如是动态的话，哪些如化石一样沉淀下来，又有哪些昂首阔步走向未来？格伦教授曾在其比较法律传统的专著中对于传统的不变和可变进行过精辟的分析：“从传统自身的内部角度来看，人们因而有理由断定所有的传统都是不确定的或者是非完整的。当然，在任何情况下，它们未来的发展也可能是直线的和不变的，以致我们现在看到的传统在十年、百年或千年之后仍将保持不变。在一些针对传统的批评中，传统被描绘成了根本上说是不可改变的。然而，传统在某特定时期的结构并不能保证这种说法的成立。”① 如果我们假设将民族特性等于传统的话，显然如同传统一样，特定的结构决定了民族特性也不是直线和不变的。

---

① 〔加拿大〕帕特里克·格伦：《世界法律传统》（第 3 版），李立红、黄英亮、姚玲译，北京大学出版社，2009，第 16 页。

围绕上述所追问的问题，本文将从众多纠纷解决方式中选择调解作为分析对象，探讨调解这一具有浓厚东方文化色彩的解纷方式，在清末民初以来国家权力形态和社会转型背景下所呈现的特征，并从传统这一分析视角剖析其中的静态和动态因素。

笔者曾分别以东北的辽宁和广东的潮汕两个区域为研究对象，对清代以来调解的演变进行过实证分析，本文的讨论将主要以上述实证研究成果为基础，同时吸收了其他学者的一些重要研究成果。期待通过本文的讨论，能从历史和传统的角度揭示出目前调解的生态特征。

一 调解"新传统"中的国家性

（一）清代调解的二元结构

笔者在其他著述中曾对清代调解的结构特征进行过总结和归纳，认为在清代国家政权的有效管理只到县一级的情况下，国家政权对民间调解事务的介入程度是非常有限的。活跃于基层社会的主要调解主体和乡村社会有着密切关系，他们在不同的场合和不同类型的纠纷中扮演着调解人的角色。在清代的潮汕地区，乡约、保正、士绅、族长成为乡村社会的主要调解主体，对于乡村社会秩序的维护起着重要的作用。① 韩秀桃对明清时期徽州法律文书的研究表明，在民间纠纷解决过程中，当事各方更愿意在更高的权威人士的参与和更多的中见人等见证下来处理彼此的纠纷，而且身份关系越近，中见人等一般较多。这里韩秀桃所称的权威人士在明代包括基层乡里社会的老人、里长、保长、甲长以及族老和辈分较高的亲眷、亲属等。② 春杨对清代徽州地区民间纠纷调解的研究表明，清代调解的参与主体与明代相比略有差别，依据参与调解主体的不同，她将民间调解析分为家族宗族调解、邻里乡亲调解、中人调解、乡绅调解四类。③ 吴佩林通

---

① 张勤：《当代中国基层调解研究：以潮汕地区为例》，中国政法大学出版社，2012，第14、54 页。

② 韩秀桃：《明清民间纠纷的解决及其现代意义：以徽州法律文书为中心》，载何兵主编《和谐社会与纠纷解决机制》，北京大学出版社，2007，第109 页。

③ 春杨：《清代民间纠纷调解的规则与秩序：以徽州私约为中心的解读》，《山东大学学报》（哲学社会科学版）2008 年第 2 期。

过对清代四川南部县司法档案的梳理后发现，民间纠纷的调解主体包括五个大的类别，分别是邻佑、宗族人等、乡里组织人等（保正、甲长、牌头、乡约、团首、客总）、绅首、中人等。① 归纳不同学者的研究，我们发现，参与或主持民间纠纷的调解主体呈现多样化态势。如将这些主体加以细分，我们发现，乡约、保正、甲长一类的角色因与官府关系密切，更多地具有半官半民的色彩，与之相比，族长、邻里乡亲等一类的角色则具有更纯粹的民间色彩，其身上的社会性特征明显。

与参与主体多样的民间调解平行的则是由官府主持的官府调解。学界以往通常将清代由官府主持的调解等同于纠纷解决活动的全部，换言之，县官更像一个调停人而非法官，纠纷的处理更多地秉承滋贺秀三所说的"教谕的调停"。② 虽然随着司法档案资料的挖掘和利用，上述观点受到了质疑，裁判在纠纷解决中的地位逐渐获得承认，但调解在纠纷解决中的重要性并没有得到否认。笔者曾对清末奉天省宽甸县知县受理的光绪二十八年至三十二年间的民间纠纷案件进行过统计分析，在总数 114 件案件中，以判决结案的有 39 件，占了 34%，以和息方式结案的有 35 件，占总数的 31%。这说明调解和判决在纠纷处理方式中同等重要。③ 在具体调解方式上，官府调解除知县亲自主持外，知县也会视纠纷双方的争讼程度委托给书吏进行调解。当然在由官府主持的调解过程中，乡保等民间力量也会或主动或被动地（受知县委托）参与到纠纷的解决中，形成黄宗智教授所称的官方和民间交集的第三领域。④

由上可知，清代的民间纠纷调解，大体可以用二元结构进行概括，即由宗族、邻里、中人、乡保等主体主持的民间调解以及由知县和书吏主持的官府调解。民间调解和官府调解并非泾渭分明，而是呈现出一种互动关系。族长、乡保等民间人士常常会受知县的委托参与纠纷，有时这些人士出于自身利益或社区利益的考虑也会主动参与纠纷的调解。

---

① 吴佩林：《清代县域民事纠纷与法律秩序考察》，中华书局，2013，第 102～114 页。
② 黄宗智：《清代的法律、社会与文化：民法的表达与实践》，上海书店出版社，2001，第 12 页。
③ 张勤：《中国近代民事司法变革研究：以奉天省为例》，商务印书馆，2012，第 99 页。
④ 黄宗智：《清代的法律、社会与文化：民法的表达与实践》，上海书店出版社，2001，第 227 页。

（二）二元结构在民国的式微

笔者在对民国初期奉天省的基层调解进行考察后发现，调解的制度化、组织化和官僚化趋势明显，也就是说，基层调解的发展呈现出一种"非民间化"的趋势。代表这种趋势的最显著的例证就是区级组织的进一步政权化以及区长参与民间纠纷的调解。[①] 这种趋势在国民党统治的三四十年代延续下来。据罗金寿、余洋的考证，国民党政府建立政权初期，全国各地设立了息讼会、息争会，其中以阎锡山在山西推行的息讼会最为浩大。1930 年河南镇平建立息讼会，该县息讼会分为镇息讼会、区息讼会、总息讼会三级。1932 年建立的广西荔浦县息讼会分为县区两级。县息讼会附设于县民团参议会内，区息讼分会，设在当地的区民团内。这两位学者同时认为，息讼会并非完全的自治组织，而是被官吏变相把持。广西荔浦县、河南镇平县、江西临川的息讼会的会长、委员、公断员，由县、区、乡等地方政府，机关团体的负责人和公职人员担任，公选产生的公断员为少数。[②]

1931 年 4 月 3 日南京国民政府颁布了《区乡镇坊调解委员会权限规程》，1940 年后又将其进一步修正完善为《乡镇调解委员会组织规程》。国民党统治时期的大部分调解委员会在国家的严密监督之下运作，其存在和运作与区公所和乡镇公所有着密切的联系。例如，广东东部的澄海县，在 40 年代中期的坝头、龙头、东溪三个乡分别成立了调解委员会。考察这一时期调解委员会的人员组成，我们发现，相当比例的调解委员曾经或正在区、乡两级组织中任职。[③] 自 20 世纪 30 年代开始，随着区、乡镇两级组织的建立，国家政权逐步向县以下渗透，并在区、乡镇两级开始官僚化过程。伴随着这一过程，基层调解开始走向组织化、制度化，最明显的例证就是区、乡两级调解委员会的建立以及调解委员会成员所拥有的官僚身份。

---

① 张勤：《民初的乡村组织与基层调解：以奉天省为中心》，《太平洋学报》2008 年第 9 期。
② 罗金寿、余洋：《民国时期的调解体系及运作》，《江西师范大学学报》（哲学社会科学版）2016 年第 2 期。
③ 张勤：《当代中国基层调解研究：以潮汕地区为例》，中国政法大学出版社，2012，第 68~70 页。

民国时期自 20 年代末国民党取得全国政权以后，国家政权建设的步伐加快，纠纷解决的国家性日益凸显。这种国家性的加强，在两个领域同时展开：一个领域便是上述在基层成立的区乡镇坊调解委员会，以具有科层和官僚特征的调解委员会取代散布于基层社会，由族长、邻佑、中人等参与的民间调解；另一个领域便是加强司法制度建设，强调司法的党化和党国意志，以更高程度的科层制来构建司法和管理司法。法院调解作为其中的一个环节，同样得到了重视和强化。1929 年 12 月，立法院拟具《民事调解条例草案原则》，确定 7 项原则。1929 年 12 月 14 日，《民事调解法》修正通过，共计 16 条，于 1931 年 1 月 1 日开始实施。同时实施的有《民事调解法施行规则》。1934 年，将《民事调解法》的主要内容纳入《民事诉讼法》，1935 年 7 月 1 日废止《民事调解法》，同时实施新的《民事诉讼法》。在法院调解的具体实施方面，在第一审法院设立调解主任，由法院推事担任。如法院推事不止一人，由法院长官于法院推事中遴选担任。如果民事调解处事务较多，派两名推事担任调解主任，二人独立行使其职务。[①]

由国民党政府发动的开始于 20 年代末的国家政权建设，由于 1937 年日本人的全面侵华，不得不戛然停止。尽管在西南地区以及未被日本人完全占领的国统区，零星的国家政权建设仍在推进，但此时的国家战事和救亡图存已压倒了一切。1945 年后虽有短暂的政权建设的恢复以及调解委员会的再度推行，但对于风雨飘摇中的政权来说，如此努力均已成为强弩之末了。

法院调解的加强，以及息讼会、调解委员会的先后成立，意味着纠纷解决中国家性的加强，也是对社会性的民间调解的挤压和取代，调解中由国家和社会共同构建的二元结构开始向国家一侧倾斜，二元结构开始式微。当然，民国时期由于其处在特殊的历史时期，战乱频繁，政局不稳，这种式微的趋势并没有在实践中充分地展现出来。

（三）一元结构在 1949 年后的勃兴

在民国时期开始式微的二元结构，到了 1949 年以后，随着新政权建设

---

① 罗金寿、余洋：《民国时期的调解体系及运作》，《江西师范大学学报》（哲学社会科学版）2016 年第 2 期。

力度的加大，调解的国家性进一步加强，其展现的领域既有与国民党政府一脉相承的调解委员会，也有不断加强的行政调解，以及混合型纠纷解决中调解和诉讼相结合、调解和仲裁相结合等解纷方式。与之相对应的，则是民间调解的进一步萎缩。尽管在 21 世纪以后，具有民间调解属性的行业调解、商事调解有破土萌芽、日益壮大的趋势，但总的来说，与人民调解、行政调解、诉讼调解、仲裁调解相比，仍处于非常弱小的地位。以商事调解为例，没有独立的商事调解中心，发展主要依靠仲裁机构，受案范围限于高端争议，调解规则发展不完善等因素都制约着商事调解的发展。①接下来笔者主要对人民调解、法院调解和行政调解展开简要分析。

1949 年共产党建立新的政权后，于 1954 年颁布《人民调解委员会暂行组织通则》，规定人民调解委员会的任务是调解民事纠纷和轻微的刑事案件，宣传和教育国家的法律和政策，人民调解委员会接受当地政府和基层人民法庭的监督和领导。同时强调调解必须和国家的政策和法律相一致。与此同时，随着新政权建立，国家通过开展地权均化的土地改革运动，以强制的方式改变了农村的土地关系，进而改变了传统乡村社会存在的基础。在此基础上实现了对乡村社会的权力重组，将国家政权直接延伸到村庄内部。②随着国家权力的全面延伸和渗透，族权和绅权走向衰微，并逐渐退出了历史舞台，活跃于清代的族长、乡绅等调解人也趋于消亡。

调解的国家性不仅体现在人民调解这一解纷方式上，同时还在法院调解（或称司法调解）中得以彰显。诉讼和调解作为两种不同的纠纷解决方式，其结合的正当性曾一度受到质疑，至少在 20 世纪 70 年代以前的美国是如此。如我们熟知的美国著名法学家富勒（Lon Fuller）就曾持坚决反对的态度。③不同于美国，在中国的国情下，其相结合的正当性并没有受到多大的质疑，相反还受到了国家的大力推动和鼓励。当然，在不同的时期其所受到的重视程度有所差别。笔者曾撰文对 1949 年后法院调解的政策变

---

① 李叶丹：《商事调解的域外发展及其借鉴意义》，载张勤、彭文浩主编《比较视野下的多元纠纷解决：理论与实践》，中国政法大学出版社，2013，第 351～352 页。

② 张勤：《当代中国基层调解研究：以潮汕地区为例》，中国政法大学出版社，2012，第 81 页。

③ Carrie Menkei-Meadow，"Mothers and Fathers of Invention：The Intellectual Founders of ADR"，*Ohio State Journal on Dispute Resolution*，16（2000）：19－21.

迁进行过梳理，认为我国法院调解的政策经历了"调解为主"到"着重调解"再到"根据自愿合法原则调解"，最后到"调解优先"的变化。[1] 总的来说，尽管有政策的调整，法院调解在法院纠纷解决中所扮演的和判决近乎平起平坐的主角角色从未动摇过。

21 世纪以来，行政调解的重要性日益受到重视。仅就调解范围而言，如史卫民教授所分析的那样，尽管现行法律、法规中有关行政调解范围的规定较为狭窄，但在实践中却呈现不断扩大的趋势，几乎涉及一切行政管理活动中所出现的民事争议和行政争议。[2] 行政调解扩张的动因，一方面来自社会转型时期纠纷数量"爆炸式增长"后对纠纷解决的强烈需求，另一方面来自行政权所具有的主动性、执行优选性、范围广泛性特征，以及中国社会中行政权一直以来所享有的强势地位。行政权的特有属性，以及在中国社会所具有的强势地位构成了行政调解的权威优势。[3] 可以说，行政调解正从"边缘"走向"主流"，和人民调解、法院调解一起成为当代中国纠纷解决体系中的主要组成部分。

调解常被人誉为"东方经验"，看作中国人在纠纷解决领域，如同"四大发明"一样，对人类文明做出的贡献。上述框架式的，对从清代到当下的调解发展历程的梳理表明，作为"东方经验"的调解，其内涵其实已悄然发生着变化，这种变化最显著的表征就是，由清代时期的国家和社会共同参与并互动的"二元"结构逐渐蜕变为国家独大的"一元"结构。

随着近代民族国家建设的推进，纠纷解决的国家性的加强，既表现在司法权对纠纷解决垄断的趋势上（在具体方式上，自然包含司法对调解的娴熟运用），还表现在，原本属于社会范畴的民间调解，正被具有行政权属性的行政调解，以及实质上具有浓厚公权力色彩的人民调解所挤压和取代。在调解领域，以司法权、行政权为代表的国家权力对社会权力的挤压

---

① 张勤：《我国法院调解制度研究综述》，载齐树洁主编《东南司法评论》2011 年卷，厦门大学出版社，2011，第 36 页。

② 史卫民：《论我国行政调解的范围与效力》，载张勤、彭文浩主编《比较视野下的多元纠纷解决：理论与实践》，中国政法大学出版社，2013，第 286 页。

③ 章志远、刘利鹏：《我国行政调解制度的运作现状与发展课题》，《求是学刊》2013 年第 5 期。

和取代，如果用"传统"话语进行表达的话，无疑是"新传统"的最显著的特征。这个"新传统"和国家紧密联系到了一起，国家权威而不是社会权威构成了调解的权威基础，此时的国家权威，因为有权力的背书，更多地具有了权力的意味。

二 调解"新传统"中的自愿性

在分析完调解"新传统"中最显著的特征之后，接下来的问题是，调解的"新传统"是否还有其他特征呢？答案是肯定的。如果我们对民初以来调解的制度文本进行梳理的话，就会发现调解自愿性原则的确立无疑是调解"新传统"的另一重要特征。

当下的调解理论一般均将自愿性作为调解的核心特征之一，这可从学者们撰写的论著中得到很好的印证。在由范愉、史长青、邱星美撰写的《调解制度与调解人行为规范》一书中，三位学者将调解的特点归纳为下列七个方面：非对抗性，自愿性，保密性或非公开性，中立第三方的非决定性，程序的便利性、高效性与灵活性，成本低廉，纠纷解决的彻底性和有利于自动履行。[①] 在排序上，自愿性仅次于非对抗性而被排列在了第二的位置。在宋朝武等人撰写的调解研究的专著中，也将自愿作为调解概念的核心内涵之一，"调解是权利义务发生争议的双方当事人，在纠纷当事之外的中立的第三方调和下，就相互之间的实体权利、义务的安排进行自愿协商，合意解决纠纷的行为和过程"。[②] 调解的本质是当事人自由处分权利的行为，因而自愿性是调解属性中不可或缺的组成要素。接下来我们便对调解"新传统"中自愿性原则的形成过程进行梳理，按照法院调解、调解委员会调解两种类型展开。

（一）法院调解

民国时期对法院调解自愿性原则的制度性规定，从有限的资料来看，

---

① 范愉、史长青、邱星美：《调解制度与调解人行为规范：比较与借鉴》，清华大学出版社，2010，第 13～15 页。
② 宋朝武等：《调解立法研究》，中国政法大学出版社，2008，第 1 页。

最早可追溯到 1917 年 10 月开始实施的《奉天省各厅县民事争议调停办法》。该办法是奉天省高等审判厅根据当时奉天省地区民事诉讼繁多的情况，参照日本在旅大租借地内施行的民事调停办法制定的。该办法第 11 条规定，"调停事件，厅县不得强制其成立，违反此规定者当事人得向高等审判声请指示"。①

此外，北洋政府时期对法院调解自愿性的强调还可以在 1921 年北洋政府司法部给各地审判厅的训令（第 587 号）中找到证据。该训令在要求各地审判厅"民事诉讼受诉审判衙门不问诉讼程度如何本得以职权试行和解"的同时，强调"和解以当事人自相合意为成立要件，如有叠经劝告仍不自愿和息者应即仍予依法裁判，尤不得稍涉强迫转滋讼端"。②

颁布于 1921 年 7 月 22 日的《民事诉讼条例》在第二编第一审程序第一章地方审判厅诉讼程序中将和解单列一节（第四节），共 5 条（446～450），其中规定调解在诉讼的任何阶段均可展开，调解时当事人应该到场，但对自愿性原则的规定则付阙如。

接下来将考察的时间点延伸到国民党政府时期。前文所述，那时和法院调解相关的立法先后有《民事调解条例草案原则》、《民事调解法》、《民事调解法施行规则》、《民事诉讼法》。那么，在这些立法中调解的自愿性原则是否有所体现呢？据赵建蕊的研究，国民党政府时期的法院调解制度以《民事调解法》为核心阶段，"正是它完成了对南京国民政府成立前的民事调解制度的改革，而改革的成果也同样为二十四年的《民事诉讼法》所吸收"，③ 因此对《民事调解法》的考察具有代表性意义。在《民事调解法》的制定中，关键人物是胡汉民。时任中央政治会议委员兼立法院院长的他，于 1929 年 12 月中央政治会议第 208 次会议召开之际，提出了《民事调解条例草案原则》六项，提请政治会议表决。后经法律组加以

---

① 张勤：《中国近代民事司法变革研究：以奉天省为例》，商务印书馆，2012，第 207～209 页。

② 司法部：《民事案件有毋庸兴讼等情者应以职权试行和解令》，载司法部编印《修订司法例规》（上），民国十一年九月，第 998 页。

③ 赵建蕊：《民国时期的民事调解制度：以〈民事调解法〉为中心》，硕士学位论文，中国政法大学法学院，2007，第 20 页。

修改，增加一项形成七项原则，立法院依据该七项原则制定了《民事调解
法》。其中第 3、4 项原则规定，"初级及人事诉讼案件，非经调解不和息
后，不得起诉，其他诉讼事件，经当事人请求调解者亦同"，"调解由一造
请求者，经调解处通知相对人，相对人无正当理由不到场者，酌科罚锾"。
由此可以看出，《民事调解法》采取的是强制调解和任意调解相结合的体
制，初级及人事诉讼案件，必须经过调解这一前置程序，其他案件是否请
求调解由当事人自由决定。根据第 4 项原则，如一方当事人提出调解申请，
另一方当事人无正当理由必须到场，因此在任意调解的程序启动上，也有
强制的意味，同时另一方当事人如无正当理由，必须配合参加调解。从
《民事调解法》的立法原则看，调解的自愿性的规定是缺少的，尽管实践
中调解过程的自愿性原则可能仍会被遵守，但规制上的缺少反映出当时的
立法者对调解工具性属性的偏爱（表现在将初级及人事诉讼案件设定为调
解前置），以及对调解内在程序性属性（如自愿性原则）的忽视。较之北
洋政府，就此而言，国民党政府并无多少进步可言。

于 1982 年 10 月 1 日开始实施的《民事诉讼法（试行）》是 1949 年新
中国成立后的第一部民事诉讼法。该法第 6 条着重强调了调解原则，并在
第 14 条对人民调解的自愿原则进行了规定，"人民调解委员会根据自愿原
则，用说服教育的方法进行调解工作"。但遗憾的是，该法并没有对法院
调解的自愿原则进行明确规定。1982 年《民事诉讼法》试行近十年后，被
于 1991 年 4 月 9 日公布并于同日实施的新《民事诉讼法》所取代。该法
第 9 条规定，"人民法院审理民事案件，应当根据自愿和合法的原则进行
调解，调解不成的，应当及时判决"。至此，自愿性作为调解的一项重要
原则在民事诉讼基本法律中确立下来，并被 2007 年的第一次修正和 2012
年的第二次修正所保留。

法院调解体现了当事人的处分权和法院审判权的结合。自愿性是
当事人处分权的应有之义，但由于审判权具有强制性的属性，两者的
结合很容易导致强制性对自愿性的挤压和蚕食。通过对民初以来法院
调解自愿性原则确立的考察，我们发现，这一原则的确立并非一帆风
顺。从民初的碎片式规定，到国民党政府时期规定的缺失，再到 1991
年《民事诉讼法》最终在基本法律层面的确立，这一过程，反映出非
制度化的传统调解向近现代调解制度转型的艰难，"新传统"的形成并

非一蹴而就。

（二）调解委员会调解

和法院调解向近现代调解转型的艰难相比，调解委员会调解中自愿性原则的确立要顺畅些。1931～1935 年先后制定和修订的《区乡镇坊调解委员会权限规程》规定，民事调解须得当事人同意，不能阻止告诉和强迫调解。①

受国民党统治区调解委员会制度的影响，在共产党统治的根据地，调解委员会制度也得到了有力的推行，为此，不少根据地制定了相应的条例。于 1941 年 4 月 18 日公布实施的《山东省调解委员会暂行组织条例》规定在县乡两级成立调解委员会，该条例第 11 条规定，"调解案件应以和婉公正态度耐心调解与说服，不得威迫利诱及一切不正当方法处理之"。如果说该条例第 11 条中的"不得威迫利诱"从消极的角度在一定程度上体现了调解自愿性的话，那么公布于 1942 年 4 月 1 日的《晋察冀边区行政村调解工作条例》第 2 条则以积极的更加明确的方式对调解的自愿性进行了规制，"调解以调解当事人的双方自愿为限，不得对于双方或一方强迫调解"。②

1954 年 3 月 22 日由政务院公布的《人民调解委员会暂行组织通则》继承和总结了各根据地的调解经验，成为新政权指导人民调解工作的重要规范。关于人民调解的性质，该通则第 2 条规定，"调解委员会是群众性的调解组织，在基层人民政府与基层人民法院指导下进行工作"。通则确立了包括自愿性在内的人民调解的三大原则，该通则第 6 条规定，"调解工作必须遵守的原则：（1）必须遵照人民政府的政策、法令进行调解；（2）必须取得双方当事人同意，不得强迫调解；（3）必须了解调解不是起诉必经的程序，不得因未经调解或调解不成而阻止当事人向人民法院起诉"。自愿性作为原则之一被明确地规定在了第 2 项中。

基本法律对调解委员会调解自愿性原则的规定，除上文提及的 1982

① 龚汝富：《浅议民国时期的民事调解制度及其得失》，《光明日报》2009 年 5 月 26 日。
② 中国社会科学院法学研究所图书资料室编《人民调解资料选编》，1980，第 218、229 页。

年《民事诉讼法（试行）》中第 14 条的规定外（该条被 1991 年《民事诉讼法》所继承，但在 2007 年第一次修正时被删除），还有 2011 年 1 月 1 日开始实施的《人民调解法》。该法第 3 条规定："人民调解委员会调解民间纠纷，应当遵循下列原则：（1）在当事人自愿、平等的基础上进行调解；（2）不违背法律、法规和国家政策；（3）尊重当事人的权利，不得因调解而阻止当事人依法通过仲裁、行政、司法等途径维护自己的权利。"此三大原则基本沿袭了 1954 年政务院公布的《人民调解委员会暂行组织通则》所确立的原则。就自愿性原则而言，《人民调解法》的表述更加完整，且在三大原则的排序上由第二项排列到了第一项，以更凸显其重要性。

自愿性原则作为近现代调解的核心属性之一，体现了对当事双方独立人格和意思自治的充分尊重，也是纠纷解决中当事双方处分权的充分体现。以上从类型角度展开的对民初以来法院调解和调解委员会调解中自愿性原则确立过程的梳理显示，在法院调解中由于受到审判权强制性的挤压和蚕食，调解自愿性原则的确立较为曲折，也相对较晚。而在调解委员会调解中，该原则的确立则相对较为顺畅，成一种线性的发展态势。总的来说，随着西学东渐，西方调解文化对中国影响的加深（包括 20 世纪 70 年代兴起于美国的 ADR 运动对中国的影响），中国固有的非制度化的调解逐渐制度化，在近代以来的转型过程中，逐渐形成调解的"新传统"，调解的自愿性无疑已成为这"新传统"的重要组成部分。

三　调解中的"新传统"和"旧传统"

本文对民初以来逐渐形成的调解"新传统"的两个方面即调解的国家性和调解的自愿性的讨论，显然无法涵括一个多世纪以来东西交汇过程中形成的新的调解传统，调解的成文化、规范化显然是这个"新传统"的另一重要特征。此外，与自愿性原则平行的，调解的合法性原则、调解的非排他性原则（或称尊重其他救济权利原则）、保密原则亦已经成为或正在成为调解"新传统"的组成部分，限于篇幅这里不对此展开论证。

英国法律史学家梅特兰在论及令状制度对英国程序法发展的影响时曾言，"我们已经埋葬了程式令状，但它们仍然在坟墓中统治着我们"。和程式令状相比，作为中国古代纠纷解决文化重要组成部分的调解（调处），其命运显然远远胜过程式令状。它不仅没有被埋葬而且在改造和转型中发展壮大，在华丽转身中继续统治着我们。

"新传统"的形成来自对"旧传统"的改造和转型，改革和转型的动力一方面归之于固有调解文化中"和为贵"思想的强大生命力。有子曰，"礼之用，和为贵"，在儒家看来，要实现礼，和是最重要的，只有和谐才是实现礼的手段。① 另一方面则归之于"和为贵"思想和普世性的纠纷解决思想的暗合，尤其是与 20 世纪在美国兴起并扩散到全球的替代性纠纷解决运动的契合。随着替代性纠纷解决（ADR）运动或称"非正式正义（司法）"运动（informal justice movement）的兴起，② 单一正义论受到挑战，多元正义论为多种纠纷解决方式并存和竞争提供了有力的支持。多元正义论认为，诉讼不是实现正义的唯一途径，应将正义与司法（法院）区分开来，通过调解、仲裁等方式，同样能到达正义的彼岸。1976 年在主题为民众为何对司法不满的庞德会议上（Roscoe Pound Conference on the Causes of Popular Dissatisfaction with the Administration of Justice），哈佛大学法学院教授 Frank Sander 做了题为"纠纷解决多样性"的发言，在他看来，纠纷解决的方式不只有诉讼一条门径（doorway），而是依据案件性质的不同存在着"多门径"（"multidoor"），如调解、仲裁，等等。"多门径"理论的提出，隐含着正义实现方式的多元化，因此常被学界认为具有里程碑意义。③ 多元正义论的提出，使和谐有可能至少作为正义的一个侧面被纳入多元正义的话语体系中，由此，强化了调解的正当性。

"新传统"的成型并不意味"旧传统"被彻底埋葬。一方面，"旧传统"作为价值基础支撑着"新传统"的成型，并且其价值层面的合理性亦不断被"新传统"所吸纳；另一方面，"旧传统"以其固有的形式继续统治着我们，其中最典型的形式就是混合型纠纷解决中（诉讼和调解相结

①　〔日〕大木雅夫：《东西方的法观念比较》，华夏、战宪斌译，北京大学出版社，2004，第 80 页。

②　Richard L. Abel, ed. , *The Politics of Informal Justice*（New York：Academic Press, 1982）.

③　Carrie Menkel-Meadow, "Roots and Inspiration：A Brief History of the Foundations of Dispute Resolution", in Michael L. Moffitt and Robert C. Bordone, eds. , *The Handbook of Dispute Resolution*（San Francisco：Jossey-Bass, 2005）, p. 19.

合、仲裁和调解相结合、复议和调解相结合等）第三方角色的重叠。在混合型纠纷解决中，我们依稀看到清代官府调解中知县既充当调解者（调处者）又充当裁判者的忙碌身影。混合型纠纷解决中第三方角色的重叠，体现了固有解纷文化中实质正义优先于自然正义传统的延续。① 就此而言，"旧传统"依然统治着我们。

---

① 参见张勤《仲调合一抑或分离？国际商事仲裁中的调解》，厦门"国际经济法和纠纷解决程序：问题与改革"国际研讨会，2013 年 4 月 26 日~27 日。

比较法学

"秘密法"并不秘密

——对梅因秘密法观点的一种中国考察

程令政[*]

摘　要： 英国法学家梅因在其名著《古代法》中，提出人类法律在早期曾存在过"秘密法"阶段的学说。由于这一学说与中国春秋时期，郑国执政子产铸刑书于鼎这一事件所透露出的相关信息是如此契合无间，以致梅因的这一说法甫一传入中国即被中国法学界无条件地接受，视为不刊之论。本文将对"中国之秘密法阶段"这一几成中国法学常识性表述的观点予以重新检讨。本文从铸刑鼎前成文法之存在、人类早期法律多为习惯法及法的一般原理等方面系统论证，子产铸刑书于鼎前，中国不但存在成文法且有公布法律的传统与制度，并且进一步说明，将梅因的所谓秘密法观点适用于中国实在是一场误会：至少有史以来，中国法就不是秘密的，所谓在子产铸刑书于鼎前之中国法为秘密法的说法根本就无从谈起；同时，晋国叔向所反对的，不过是子产公布了一种罪刑相应的新型法律罢了。

关键词： 铸刑鼎　秘密法　子产　叔向

英国法学家梅因在其名著《古代法》中，通过对人类早期法律的考察研究，提出人类法律在早期曾存在过"秘密法"阶段的学说。尽管梅因本人并未对这一学说进行详细的论证分析，但就中国而言，其影响力在法理、法史领域却是意外地强大，以致这一说法几成基本的法学常识，并被中国法学界想当然地接受。但是，随着中国学术研究水平的进步，中国史学、法理学及法史学等诸学科领域已有了足够的积累与研究成果，以致我们可以根据法学

---

* 程令政，天津财经大学法学院教师，吉林大学法学院法律史专业博士研究生。

的一般原理，并通过对中国法律史早期情况的考察，质疑并挑战梅因这一说法在中国的适用性。由于学界通常认为春秋时期"子产铸刑书于鼎"一事标志着中国秘密法时代的结束，因此本文将主要围绕对这一事件的分析展开论述。当然，从发生学的意义上，以及照顾到论文体系完整性的需要，似乎有必要首先对梅因的秘密法观点或命题做一番学术史意义上的详尽考察。但由于本文的特殊视角——对所谓中国"秘密法阶段"的质疑与否定，梅因命题或观点的提出与流变等情况竟变得意外的"微不足道"①，大可以存而不论了。站在本文的立场上，这一秘密法的问题，虽由梅因发端，但已完全是一个中国问题：关键是中国学者对这一观点的认同与接受，已使之成为中国法学的常识性表述。因此本文将暂时避开复杂而繁难的关于梅因秘密法观点的西方考察，而仅就其中国情形予以论说。下面的论述将遵照这一原则进行。

春秋时期，郑国执政子产铸刑书于鼎。此事招致晋国大夫叔向的激烈反对。在致子产的信中，叔向表达了这样的看法：（1）昔先王议事以制，不为刑辟，惧民之有争心也；（2）民知有辟，则不忌于上，并有争心，以征于书；民知争端矣，将弃礼而征于书。锥刀之末，将尽争之。② 很明显，这里有一个叔向未必意识到而显然至关重要的问题，即依叔向的信，我们是否可以说，子产铸刑书于鼎是中国首次公布成文法之行为；换句话说，在此之前，中国法是否处于所谓的"秘密法"时期？

这一问题，在 20 世纪 80 年代就已有学者做出了比较切近事实的论述③，但不知为何，时间过了近 20 年，流行的法律史教科书④关于这一问题的表述依然如故，诸多的专著、文章⑤仍沿袭陈说，这就很让人费解了。看来，对这一问题仍有详加讨论的必要。

---

① 当然，这一问题并非不重要，只是这种学术史意义上的考察极其复杂，最好另文处理。
② 此信全文参见《左传·昭公六年》。关于此信的释读，或有不同意见，但大致不影响本文持论，故在此不予评论。一般的解释，参见杨伯峻《春秋左传注》，中华书局，1981，第 1174～1177 页。
③ 孔庆明：《"铸刑鼎"辨正》，《法学研究》1985 年第 3 期；栗劲、王占通：《略论奴隶社会的礼与法》，《中国社会科学》1985 年第 5 期。
④ 如曾宪义主编《中国法制史》，北京大学出版社，2000，第 4～5、64～65 页；朱勇主编《中国法制史》，法律出版社，1999，第 57～58 页；蒲坚主编《中国法制史》，光明日报出版社，2000，第 53～56 页。
⑤ 文章较多，不具列。专著如张晋藩总主编、蒲坚主编《中国法制通史·第一卷·夏商周》，法律出版社，1999，第 410～411 页。

本文将在前人研究及所掌握材料的基础上对围绕"郑执政子产铸刑书于鼎"这一事件所产生的诸多疑团展开讨论,主要解决两个问题。一是这一事件是否意味着在此之前中国并无公布法律的传统,亦即如梅因在其《古代法》中所描述的那样,① 中国亦存在一个"秘密法"时期,而"铸刑鼎"则标志着这一"秘密法"时期的终结,自此中国进入了公开法的时代。二是如对上述问题的回答是否定的,则又如何解释这一事件? 换句话说,叔向的信说得很清楚,"昔先王议事以制,不为刑辟,惧民之有争心也","民知争端矣,将弃礼而征于书",确是在此之前并不公布法律的意思;如果否认了这一点,即认为此前中国存在公布法律的传统,则如何理解叔向的信呢?

一

关于子产铸刑书于鼎前中国是否处于所谓的"秘密法"时期这一问题,学界说法很多。大致说来,有三种观点比较有影响力:一是认为这一事件标志着中国从秘密法向公开法的转变;二是认为这一事件标志着中国从判例法向成文法的转变;三是认为这一事件标志着中国从习惯法向成文法的转变。② 下面将分别对这三种观点作一大致考察。

第一种观点的持有者多半看到了子产铸刑书于鼎前中国存在成文法这一事实,但认为这种成文法是不公布的。同时,他们所指的成文法,亦多以西周"礼崩乐坏"后之春秋时期各诸侯国所制定者为限,基本上不扩展及于西周及西周以前之情形。比较典型的说法如,"……在春秋末期以前,是根据案情的轻重来判罪,虽然有成文的法律,但却是秘密的,并未公之于众。'铸刑鼎'公布法律,是一种崭新的激进的东西,……因此,叔向与孔子诅咒郑、晋快要亡国了"。③ 而武树臣等在其所著的《中国传统法律

---

① 梅因的表述是这样的:"'习惯法'以及它为一个特权阶级所秘藏的时代,是一个很值得注意的时代。这个时代的法律学处于怎样一个状态,其残留痕迹到现在仍旧可以在法律的和民间的用语中发现。这种专门为有特权的少数人所知道的法律,不论这少数人是一个等级,一个贵族团体,一个祭司团体,或者一个僧侣学院,是一种真正的不成文法。"参见梅因《古代法》,沈景一译,商务印书馆,1959,第8页。
② 此处概括,从郝铁川观点。参见郝铁川《从多元立法权和司法权到一元立法权和司法权的转折》,《法学论坛》2005年第5期。
③ 曾宪义主编《中国法制史》,中国人民大学出版社,2005,第51页;张晋藩主编《中国法制史》,群众出版社,1997,第21~22页。

文化》中提出，《左传》所载叔向"昔先王议事以制，不为刑辟"之语，是对西周"判例法时代"的高度概括，因此铸刑鼎前之中国法主要是判例法，并认为正是由于这种判例法所固有的特征，子产铸刑鼎前的中国法是秘密的。① 认为这一事件标志着中国从习惯法向成文法转变的学者大概是数量最多的，同时他们的这种认识亦是着眼于铸刑鼎前的整个中国法的特征而言的，并不为春秋时期此事件前若干诸侯国"可能"制定的成文法所动。比如郑秦认为，"西周以前的法基本上属于习惯法"，"成文法的兴起和公布是有一过程的。在此之前各诸侯国的贵族根据传统掌握着法律和礼制，由于是习惯法，当然带有神秘性，法如何实施全由贵族操作，一般百姓无从知晓"，"子产铸'刑书'是在当时影响很大的一件事，后世将其视为成文法公布的标志"。② 实际上，从逻辑的角度看，这三种观点并非处于同一层面。第一种观点是从法律公布与否的角度谈的，第二、三种观点是从法律形式的角度谈的。但三者的共同点是，皆以为"子产铸刑书于鼎"这一事件是中国首次公布成文法的行为，此前的中国法处于"秘密法"时期。

也许因为叔向的信是个太坚实的证据，以致不容许我们产生丝毫的怀疑。加以梅因在他享誉世界的《古代法》中有关秘密法的表述与中国情形是如此契合无间，更坚定了我们的信心。③ 但事实真是如此吗？

---

① 参见武树臣等《中国传统法律文化》，北京大学出版社，1996，第 216 页。

② 郑秦：《中国法制史纲要》，法律出版社，2001，第 34～35 页；杨鸿烈：《中国法律思想史》（下），商务印书馆，1998，第 146～154 页；曾宪义主编《中国法制史》，中国人民大学出版社，2005，第 51～52 页。

③ 苏力有篇很有意思的文章《"法"的故事》，大意是说许慎关于法的解释"平之如水"，亦即近现代中国学者所强调的法的"公平、正义"含义可能另有他解。但这篇文章的重点或意义并不在此处，或者说，不在于其关于法的这一古老含义的分析是否正确，更重要的是，它指出了一种多元解释的可能性，并向我们揭示了这种可能性之所以被忽略的原因。由于近代中国所面临的内交外困的国际形势，为富国强兵、摆脱困境，中国一再取法于西方而变法，而取法变法的前提即强调中西"法"的共同性。中国学者对法的这一古老含义之所以如此"青睐"，即缘于这种"一致性"追求，以为变法张目。但是，苏力没有谈到的是，中国学者的这种热情，可能有更为深刻的原因，那就是"一战"以前整个西方实证主义社会理论的乐观及自信，或者更准确地说，"西方中心论"的巨大影响，其典型代表就是社会达尔文主义。当时的西方学者亦是以为发现了社会发展的"普遍"规律，更毋论面临灭国亡种危机、急于变法的中国学人了。若从这个大的学术背景下看待梅因之"秘密法"观点对中国法律史研究的影响，或许更是意味深长。参见苏力《"法"的故事》，《读书》1998 年第 7 期；又载于苏力《制度是如何形成的》，中山大学出版社，1999，第 127～151 页。

我们可以换一个角度来思考这个问题。无论是认为这一事件标志着"判例法向成文法转变"还是"习惯法向成文法转变",这两种说法之间大概没有根本的差别。事实上,最狭义的,亦即严格意义上的判例法,或说判例法的老祖宗,即 11 世纪后在英国通过巡回法官的一系列判例而形成的"common law"(普通法,共同法或一致法),其最基本的来源是当时通行地方的各种习惯或习惯法。① 因此,有学者认为"common law"译为"普通法"莫如径称为"习惯法"更贴合实际。② 拿中国的情形来说,"铸刑鼎"以前中国的主要法律形式是判例法抑或习惯法,实质上可能并无差别。首先,所谓判例法的来源可能与英国早期的情况一样,亦是各地的习惯或习惯法。其次,虽然在严格的意义上"判例法"一词蕴含特殊的意义,但我们没必要过分夸大这种文化上的相对性而忽视"判例"或"判例法"作为一个一般名词所具有的文化上的普适意义。事实上,传统上不承认判例为法源的大陆法系国家亦有判例法,并在司法实践中具有重要作用。比如法国的行政法,其重要原则几乎全部由行政法院的判例产生。③ 并且,从历史上看,判例自古以来就是一个重要的立法手段或司法参照系。④ 其实,判例之所以被遵循,根本的原因不在于所谓的"先例遵循原则",而是出于维护法律稳定性、统一性的法理需要,这才是更高位阶的遵循先例的法则。⑤ 因此,对判例法的说法没有必要予以全盘否定。我们

---

① 英国的"普通法大多是以接受和一般化全国的或广泛流行的习惯为基础的;英国的普通的、一般的习惯变成了普通法",参见 David M. Walker, *Custom*, *The Oxford Companion to Law* (Clarendon Press, 1980), p. 327, 转引自苏力《当代中国立法中的习惯》, 载苏力《道路通向城市》, 法律出版社, 2004, 第 85 页。

② 潘维大、刘文琦编著《英美法导读》, 法律出版社, 2000, 第 4 页。

③ 王名扬:《法国行政法》, 中国政法大学出版社, 1989, 第 19~20 页。

④ 蔡枢衡:《中国刑法史》, 广西人民出版社, 1983, 第 122~127 页; 张伯元:《出土法律文献研究》, 商务印书馆, 2005, 第 156~170 页。

⑤ 比如我国即不承认判例的法源地位,但学界中人皆知最高院的指导案例对司法实践的巨大作用。事实上,每一个典型案例或判例在某种意义上都可看作是对法律本身的一种特殊解释,是对法律由抽象规定向具体现实转化的演绎。从这个意义上说,典型的判例几乎与法律本身一样,乃法的一个组成部分;法官对它的遵循是不可避免的。另外,判例还应该承担软化制定法的刚性、调和法的稳定性与社会生活的变动不居性之间矛盾的任务。实际上这个问题颇为复杂,涉及法学理论中的基本争论,应该是一篇论文或一本专著的题目。相关研究可参见徐国栋《民法基本原则研究》(增删本), 中国政法大学出版社, 2004, 尤其是第三章。

大可以把中国学者所谓的"判例法"做广义的理解。① 但是，如果这样广义地理解判例法，那我们需要知道，这里所说的判例法实际上几乎等同于我们现在所说的经典案例选。它既不系一致，又缺乏严格的标准；它不一定是由国家"钦定"，而极可能成于个别法官之手。如果再考虑到它内容上的来源，那这种意义上的判例法与习惯法就几无差别了。

其实，这里有一个更重要的问题被忽略了。因为无论是判例法还是习惯法，都可看成不成文法，那么我们不禁要问，"铸刑鼎"前，中国有无成文法呢？对于持判例法或习惯法向成文法转化说的学者而言，这当然不是一个问题；可若是否认此前中国成文法的存在，便必须对诸多分量十分沉重的传统文献持视而不见或全盘否定的态度，这可不是一件容易的事。这些文献包括《尚书》、《周礼》、《周易》、《左传》等，数量极其庞大。固然自 20 世纪初"古史辨"运动兴起之后，这些传统文献的价值曾大打折扣，可是经过近百年的学术洗礼，对此类古老文献可信性的认识，在学界又有了新的看法。到了今天，应该再不会有人认为这些传统文献都是"伪书"了。既然不是伪书，那自然就要正视其中的相关资料。② 因此，一些学者又认为，"铸刑鼎"前中国存在成文法，不过"存之官府"而已，是贵族垄断的知识，不为一般平民所知。③ 只是这种说法仍是拖泥带水，因为它同样解决不了与传统文献的抵触问题。传统文献不只记载了此前成

---

① 当然，这种广义理解的判例法可能与英国早期的判例法存在相当的差别。它可能只是一种成例，作为习惯上的一种指导的标准，而不受严格的"遵循先例法则"约束。其实一般来说，典型的判例皆具有这种指导作用。关于"判例法"广狭义的划分，可参见伯纳姆《英美法导论》，林利芝译，中国政法大学出版社，2003，第 37 ~ 38 页。

② 当然，对于一个国学门外汉来说，讨论"古史辨"运动之得失，甚或一般意义上的古书真伪问题，都将是一件极为冒险之事，笔者亦无意进行此种冒险。就笔者的阅读范围所及，关于这一问题，可参见李学勤《走出疑古时代》，辽宁大学出版社，1997，第 1 ~ 88 页；傅斯年《史学方法导论》，中国人民大学出版社，2004；徐旭生《中国古史的传说时代》，广西师范大学出版社，2003；余嘉锡《目录学发微古书通例》，中华书局，2004。特别是余嘉锡的《目录学发微古书通例》。

③ 如童书业认为："……古代自有刑法……但皆设于社会政治矛盾尖锐之时。惟春秋前制刑，盖藏之于官府，贵族守之，用以镇压人民。至此郑、晋始明布刑律，即'成文法'之公布也。"参见童书业《春秋左传研究》，上海人民出版社，1980，第 206 ~ 208、306 页。薛梅卿亦认为，早在春秋以前，已出现奴隶制的成文法，但直至春秋时郑、晋始有公布成文法之举动。参见薛梅卿主编《新编中国法制史教程》，中国政法大学出版社，1995，第 46 页。曾宪义等的说法也大致如是，参见曾宪义主编《中国法制史》，中国人民大学出版社，2005，第 51 ~ 52 页。凡此种种，皆表现出学者在此问题上的困惑与犹豫。

文法的名称，亦记载了国家或官府公布法律的行为。更重要的是，既然存在成文法，那叔向又为何说"昔先王议事以制，不为刑辟"呢？到了这里，我们似乎面临一个两难的选择：或者，弃传统文献于不顾；或者，对叔向的信进行全新诠释，并进而否认梅因"秘密法"说法在中国的适用性。舍此好像别无他途。可是，这似乎都是不可能完成的任务。那么，是不是还有其他的解释，既不违背传统文献，又照顾了叔向的信呢？

二

答案是肯定的。下面本文将从三个方面来说明这一问题。

首先，从现存资料来看，三代时期中国已有成文法。虽然有学者将中国出现成文法的时间上推至黄帝时期，[①] 但由于黄帝的性质及围绕他所引起的种种学术上的争论，[②] 我们实在没有必要卷入这一学术"漩涡"。但至少可以肯定，至西周时期，中国已存在大量的成文法。[③] 众所周知，西周一向以其"礼制"著称于世。而学界中人大多认为，西周之"礼"具有法律属性，即西周之成文法。王国维说："周之制度典礼，乃道德之器械，……此之谓民彝。其有不由此者，谓之非彝。《康诰》曰：'勿用非谋非彝。'《召诰》曰：'其惟王勿以小民淫用非彝。'非彝者，礼之所去，

---

① 蔡枢衡：《中国刑法史》，广西人民出版社，1983，第96页。另外，关于上古时期中国刑法典的一般情况，如虞、夏、商之刑法典，蔡先生亦别有所解而与大多数通说不同，可参见此书相关章节（第96页以下）。

② 战国秦汉以降，黄帝一直被认为吾华夏族之人王祖先。迄民国时期，顾颉刚领衔之"古史辨"运动兴，疑古风气大盛，黄帝之人王地位遂大受怀疑，学者多以其为上古天神之称。何新且以黄帝为上古时期中国太阳神之称号。关于以黄帝为人王祖先，传统文献若汗牛充栋，不具列；可以太史公之《史记·五帝本纪》为代表，较浅易的可参见陈穉常《中国上古史演义》，上海文化出版社，1955。以黄帝为天神，参见顾颉刚《中国上古史研究讲义》，中华书局，2002；童书业《春秋左传研究》，上海人民出版社，1980，第1~4、291~292页；齐思和《中国史探研》，河北教育出版社，2000，第385页。以黄帝为上古时期太阳神称号，参见何新《诸神的起源》，光明日报出版社，1996，第1~63页。

③ 如顾立雅认为，远在公元前536年的法典之前，周初期已知道并广泛地施行成文法典。参见 Greel，Herrlee G，*The Origins of Statecraft in China*，*Vol. 1*，*The Western Chou Empire*（Chicago and London：Univercity of Chicago Press，1970），pp. 161 – 168。不过，顾立雅的说法是建立在比较宽泛的对中国早期史料的印象式解读基础之上而提出的，缺乏充分的分析与论证。

刑之所加也。"① 又如梁治平说："……广义上的礼，实际是包罗万象的。……然而在当时，所有这些繁文缛节并不只是单纯的道德礼仪，它们同时具有确定的政治与社会含义。事实上，它们本身就构成了一种包含极广的秩序网络，生活于其中的人在各个方面都角色化了。换句话说，礼既是道德，又是法律。……《后汉书·舆服志》述及春秋战国之际的历史大变迁，不言政治秩序之变更，只讲诸侯如何僭天子之礼，大夫又如何僭诸侯之礼，亦是如此。此所谓礼，实即是法，违反了便是严重的犯罪，应该予以惩罚的。"② 侯外庐亦视礼为"周代氏族贵族为政的成文法"③，周密也明确肯定礼"实质上就是法"④。而现代的中国法制史著者在论及西周法制时，多专辟一节详论西周礼制，表明已视西周之礼为法。另外，我国台湾地区法史著作也大多明确表态，以周礼为周之成文法。⑤ 因此，周礼之法律属性，应是可以肯定的。

西周之礼主要保存于《周礼》、《仪礼》两书中，相传皆为周公所作，也有认为《仪礼》出自孔子者，这当然都不大可信；但这两书所记，泰半为西周制度，则无可怀疑。当然，《周礼》、《仪礼》的成书年代值得讨论。但《左传》已有多次提及周礼，而《仪礼》则是儒家传习最早的一部书。考虑到儒家以礼为守身之业，孔子本人亦是礼学大家这一事实，应该可以肯定这两书所载制度的大部真实性。并且，古书之成书年代与古书内容真假之间没有必然的关系。"古史辨"派的一大问题，即往往视两者为一事。⑥ 另外，有学者就西周册命之金文与《周礼》之内容做了详细的对比

---

① 王国维：《观堂集林》（二），中华书局，1959，第 461 页。
② 梁治平：《寻求自然秩序中的和谐》，中国政法大学出版社，2002，第 22 页。
③ 侯外庐：《中国思想通史》（第一卷），人民出版社，1980，第 15 页。
④ 周密：《中国刑法史》，群众出版社，1985，第 55 页。
⑤ 王洁卿：《中国法律与法治思想》，三民书局，1982，李序及正文第 5、9、12 页；李钟声：《中华法系》（下），华欣文化事业中心，1985，第 405、447~456 页。
⑥ 关于这一问题的详论，可参见余嘉锡《目录学发微古书通例》一书。关于儒家与礼关系的讨论，可参见阎步克《乐师与儒之文化起源》，《北京大学学报》1995 年第 5 期；此文亦载于阎步克《乐师与史官》，三联书店，2001。关于《周礼》、《仪礼》的一般讨论，参见文史知识编辑部编《经书浅谈》，中华书局，1984，金景芳、王文锦撰写部分；也可参见朱自清《经典常谈》，上海古籍出版社，1999，第 30~34 页。相反的意见，参见钱穆《周官著作时代考》，载钱穆《两汉经学今古文平议》，商务印书馆，2001，第 319~493 页。

研究，充分肯定了它的史料价值。① 因此，把这两书看作西周时代的文献记录，大致是可以成立的。《周礼》通过对西周三百多种职官职务的描述，实际上反映了西周的社会政治制度。举凡中国古代的田制、兵制、学制、刑法、祀典诸大端，在《周礼》中都可找到相关记载，价值极是宝贵。《仪礼》记载的是冠、婚、丧、祭、饮、射、燕、聘、觐等礼的具体仪式，反映了周代以及更远古时期我华夏族先民的礼仪活动，所记仪节制度，对后世的影响十分深远。如冠婚丧祭各种礼节一般都为后世承袭，仅细节有所损益，乡饮酒礼则一直到清朝道光年间方因经费问题而废止。

除礼外，西周尚有以"刑书"、"六典"、"九刑"等命名的诸多成文法。虽然由于文献无征，这些成文法的具体内容今天已不可得知，但其存在则不能否认。《左传》、《国语》里面保存诸多古书名目，诸如《夏书》、《夏令》、《周制》、《秩官》、《先王之令》、《祭典》、《象魏》、《大誓》、《誓命》、《禹刑》、《汤刑》、《九刑》等，多是当时君主及士大夫经常称引者，② 内中应有许多属于西周礼、法的内容。梁治平认为："……所谓三辟，虽然其时代、内容及形式可能不尽相同，却很可能与刑鼎一样是成文的。三代刑典早已亡佚，今人不得其详，然而考诸古代文献，关于古代的'成文法'却也不是无线索可寻。《周礼·秋官·布宪》：'布宪掌宪邦之刑禁，正月之吉，执旌节以宣布于四方。而宪邦之刑禁，以诘四方邦国，及其都鄙，达于四海。'注：'宪，表也，谓悬之也。刑禁者，国之五禁，所以左右刑罚者，司寇正月布刑于天下，正岁又悬其书于象魏，布宪于司寇。布刑则以旌节出，宣令之于司寇。悬书则亦悬之于门闾及都鄙邦国。'……足见古代之成文法至晚于周代便已颇具规模……"③ 阎步克先生也指出，西周之礼法大典，皆掌之于以"史"命名的西周诸史手中。阎先生并对西周诸史的"掌法"活动有极详尽的描述。④ 这些皆说明西周成文法存在之无可怀疑。

另外，夏商礼刑的一般情况，由于史料匮乏，难以考定。但论者多以

① 参见陈汉平《西周册命制度研究》，学林出版社，1986，第175~214页。
② 罗根泽曾广搜其名，参见罗根泽《战国前无私家著作说》，载《古史辨》第4册，上海古籍出版社，1981，第8~67页。
③ 梁治平：《寻求自然秩序中的和谐》，中国政法大学出版社，2002，第51页。
④ 阎步克：《史官主书主法之责与官僚政治之演生》、《乐师、史官文化传承之异同及意义》，载阎步克《乐师与史官》，三联书店，2001，第33~114页。

周礼乃损益夏商礼而成。据《论语·为政》："殷因于夏礼，所损益，可知也；周因于殷礼，所损益，可知也。" 如此则夏商皆有礼。《论语》中且不止一次提及夏商礼，如《八佾》篇中即有两次提及。据《论语·八佾》："夏礼吾能言之，杞不足征也。殷礼吾能言之，宋不足征也。文献不足故也。足，则吾能征之矣。"另有："周监于二代，郁郁乎文哉，吾从周。"① 殷商甲骨文中亦有"礼"字。② 如此皆是夏商有"礼"之明证。至于夏商之刑，则不能不提《左传·昭公六年》所载叔向信中的话："夏有乱政，而作《禹刑》。商有乱政，而作《汤刑》。"此处之《禹刑》、《汤刑》，可能分别是夏商两朝法律之名称。《左传·昭公十四年》所征引之"昏墨贼杀"，《史记·殷本记》、《孟子·万章上》所记载之"汤法"、"汤之典刑"，大概即与《禹刑》、《汤刑》有关。③《墨子·非乐上》、《韩非子·内储说上》也记有殷商之"汤之官刑"、"弃灰之法"。值得一提的是，古书《竹书纪年》中对夏商法律的情况亦有记载，如《今本竹书》，"（帝芬）三十六年，作圜土"，"（祖甲）二十四年，重作汤刑"。《古本竹书》："命咎陶作刑。"等等。④ 可据为商之信史之甲骨文的证据亦相当丰富。甲骨文中已有表示墨、劓、刖、宫、大辟之字。⑤ 胡厚宣先生对"刖"字的演变

---

① 这三句话详细的解说，参见钱穆《论语新解》，三联书店，2005，第 48 ~ 49、61 ~ 62、67 ~ 68 页。

② 李力：《发掘本土的法律观：古文字资料中"礼"及"刑"、"法"、"律"的法文化考察》，载韩延龙主编《法律史论集》（第 3 卷），法律出版社，2001，第 265 ~ 266 页。关于"礼"字古文字学上的详细讨论，参见李力上文所引专书、文章。

③ 或以为《尚书·吕刑》所载之"五刑之属三千"即所谓之"夏刑三千条"。若此说成立，则夏法或《禹刑》的内容会大大扩张。但此说反对者不少。出于严谨的考虑，本文对未定之论不予采纳。此问题一般的讨论，参见李力《夏商法律研究中的若干问题》，载韩延龙主编《法律史论集》（第 1 卷），法律出版社，1998，第 16 ~ 21 页。

④ 《竹书纪年》分为古本、今本，学界向以今本为伪作。但亦有为今本作翻案文章，以为今本价值高于古本者（以今本为晋墓本整理本之一，流传于今日者；如此，较之学者搜辑之古本，今本当然远胜之）。由于论说较有力，且"圜土之制"《周礼》有载，《汤刑》则与《左传》见合，似今本亦非无稽，故引于此。参见〔美〕夏含夷《古史异观》，上海古籍出版社，2005，第 362 ~ 482 页。又此处所引"咎陶"，即皋陶，传说为尧舜时士，受舜命作刑。此事沈家本《历代刑法考》不收，但皋陶作刑一事，古来文献即叙之已多，似不宜简单否定。若唐虞时已有刑制之立，则夏承虞后，刑制当更完善。参见（清）朱右曾辑（民国），王国维校补《古本竹书纪年辑校》及王国维《今本竹书纪年疏证》，辽宁教育出版社，1997。

⑤ 参见李力《夏商法律研究中的若干问题》，载韩延龙主编《法律史论集》（第 1 卷），法律出版社，1998，第 32 ~ 37 页。

有详细的考定。① 凡此种种，皆夏商刑制存在之证。

所以，如果我们摒弃种种学术上的"先见"或"偏见"，② 则子产铸刑鼎前中国之存在成文法，实是显而易见。不但如此，其时且有公布成文法之制。如《周礼·天官·冢宰》："正月之吉，始和。布治于邦国都鄙，乃悬治象之法于象魏，使万民观治象。挟日而敛之。"《周礼·夏官·司马》："正月之吉，始和。布政于邦国都鄙，乃悬政象之法于象魏，使万民观政象。挟日而敛之。"《周礼·秋官·司寇》："正月之吉，始和。布刑于邦国都鄙，乃悬刑象之法于象魏，使万民观刑象。挟日而敛之。"《周礼·地官·司徒》："正月之吉，始和。布教于邦国都鄙，乃悬教象之法于象魏，使万民观教象。挟日而敛之。"比《周礼》更古老的《尚书》中亦有布法之记载："……每岁孟春，遒人以木铎徇于路，官师相规，工执艺事以谏，其或不恭，邦有常刑。"由此可见这种传统的悠久。因此如果对先秦古书稍加涉猎，便知无论是关于成文法的存在，还是关于成文法的公布，相关资料实是触目即是。如《逸周书·尝麦解》："王命大正正刑书，……众臣咸兴，受大正书。太史策刑书九篇，以升授大正，乃左还自两柱之间。"《周礼·夏官》记"大史"曰："掌建邦之六典，以逆邦国之治，掌法以逆官府之治，掌则以逆都鄙之治。凡辨法者考焉，不信者刑之。"《国语·周语下》："若其先王之遗训，省其典图刑法，而观其兴废者，皆可知也。"《管子·立政》："正月之朔，百吏在朝，君乃出令，布宪于国。五乡之师，五属大夫，皆受宪于太史……"凡此种种，皆极多。这一点，应该是我们在思考这个问题时需要考虑的。

其次，即使从习惯法或判例法的角度，似乎也很难说铸刑鼎前之中国法是"秘密的"。习惯法，顾名思义，与习惯有不可分割的关系，或者，可视为习惯的一部分。而作为社会规范的习惯（custom）③，众所周知，乃

---

① 胡厚宣、胡振宇：《殷商史》，上海人民出版社，2003，第32～37页。

② 此处之"先见"或"偏见"，乃在哲学解释学的意义上使用。具体的解释，参见殷鼎《理解的命运》，三联书店，1988，第24～40页。

③ 习惯大致可分为两种，除此处所说"作为社会规范的习惯"外，还有"个人的习惯"（habit）。这两类习惯之间未尝不可以相互转化，从而有一种极为错综复杂的关系，但一般来说，两者的界限倒也是清晰的。因此本文不讨论"个人的习惯"。如果将"作为社会规范的习惯"视为法的话，则哈特关于法的界定或有助于理解这类习惯。哈特认为："法律在所有的时空中所具有之最为显著的一般性特征即是：其存在意味着，某些类型的人类举止不再是随意的（optional），而是在某种意义下是具有义务性的（obligatory）。"参见哈特《法律的概念》，许家馨、李冠宜译，商周文化事业股份有限公司，2000，第9页。

由众人、集体或共同体所创造。这种习惯或惯例，是很难具有什么秘密性的。事实上，习惯法既不可能"秘密"，也无必要对其"保密"，更无从对其"保密"。而且，不但习惯法如此，人类早期成文法亦如此。当然，这与早期成文法的来源有关，即其大部分是对既有习惯法的"认可"；事实上只是给习惯法套上了一个成文的外壳罢了，根本的内容则依然如故。如学者通常认为，人类早期的法律乃清一色的习惯法，后来才由习惯法发展为成文法。值得指出的是，人类最早的成文法大多是对原有习惯的"成文化"。因此，人类法律的发展序列是由习惯到习惯法，再由习惯法到成文法。这一点，翻翻任何一本外国法制史的教科书即可明白，无须多言。比如在论及中世纪欧洲所持的基本法律观念时，凯利说道："中世纪欧洲所持的基本法律观念之一就是习惯。恰如卡莱尔斯所说，法律主要是由立法者创设的这一观念'对中世纪的人们来说，是完全陌生的。在他们看来，就其主要方面而言，法律根本不是由立法者制定和创设的，而是作为民族和地方生活的一部分而存在的。法律主要是习惯，立法行为不是意志的体现，而是对已经约束人民的得以承认的习惯的记载和公布'。"① 甚至于到了中世纪晚期，"立法"已经开始登上历史舞台并逐渐显示出其在左右或型塑人类社会方面所具有的巨大能力之后，习惯或习惯法的这一重要地位仍未显出动摇的迹象。"被认为是最伟大的法国人文主义者的雅克·居雅斯"，凯利说道："写作于一代之后，陈述了相同的立场：'基于更好理性的习惯和共同利益，以及共同体之间在漫长岁月中形成的默示的、不成文的同意与司法判决的权威具有废止制定法的效力：或是这一法律存在的理由已经消失，或是它已不那么具有实质意义，或是它对国家的助益已经降低……对制定法的弃置导致只有习惯具有效力，因此习惯获得了与制定法相同的效力……而且，除非制定法得到了习惯的认可，否则它对我们不具约束力'。"② 因此我们可更进一步认为，人类的大多数成文法，可能都是（或应是）这样的"认可法"。否则我们就很难解释，为什么现代社会法律既多且杂（当然会公布），即使专家学者，对法律的认知亦多局限于某一方面，普通人就更加不及；而奇怪的是，即使对具体法律一无所知，也很

---

① 凯利：《西方法律思想简史》，王笑红译，法律出版社，2002，第 130～131 页。
② 凯利：《西方法律思想简史》，王笑红译，法律出版社，2002，第 176～177 页。

少有人会因为"不知法"而违法。一个可能的原因是，法律本身就是对人类既有生活状态或生活方式的一种肯认，具体到每一个人来说，他已天然生活在法律之中。如果法律本就是人类生活方式的一部分，则对大多数人来说，知不知法已是一个次要的问题。既然必须要"如此"生活，则事先已不存在违法的可能性。大概正由于此，现代法国学者"把法律的第一渊源的位置让给习惯法，因为法的这一渊源具有广泛性、概括性甚至现实性"，因为"习惯法……它是法律规则的生命力，它的应用范围是无限的。它并非是法律各种渊源中的一种，可以毫不夸张地说，它是法律的唯一渊源"。① 如果本文的这一判断大致成立，则所谓"秘密法之习惯法"这一观点，当然值得我们重新考虑。因为习惯法的自身属性即已决定它不可能是秘密的，这同时就意味着，所谓"秘密法之习惯法阶段"的说法某种意义上是一个悖论。因为，如果认为"铸刑鼎"前之中国法是习惯法，则很难认为这时期的中国法是"秘密"的；反之，如果认为"铸刑鼎"前之中国法是成文法，则已经改变了持论者的原有立场了。况且，我们前面已经再三说明，即使成文化的习惯法，也是很难"秘密"的。因此，从习惯法的角度，我们也必须承认，这种秘密法的说法难以成立。

最后，从历史上看，凡是被称为法律的人类规范，绝无在其被"认可"或"制定"之后由政府秘密收藏，不布之于民之先例。这与法律的性质有关。众所周知，法律具有规范性与指引性，人们可以据法而预知自己与他人的行为，且知晓国家对此种行为的态度。当然，这里的前提是法的公开性。设若真有那种神秘而"藏之官府"的"秘密法"，则这种法律已很难称得上是法律了；它几乎意味着一种"无法"的状态，因为在此情形下，人们真是会"无所措手足"了（事实上比"无法"更糟）。并且，从立法者的角度说，法律本为立法者规范社会，为一般之人类生活提供"范式"之举；制定法律并公布之乃顺理成章之事，没有任何理由将之"秘而不宣"，否则，就失去制定法律的作用和意义了。②

① 亨利·莱维·布律尔：《法律社会学》，许钧译，上海人民出版社，1987，第39页。
② 事实上，比法律的"秘密"状态为害尤烈的，应该是法律的不确定状态。本文以为，罗马平民之反对贵族垄断法律，要求制定并公布成文法，其根本的原因可能并不是法律的"秘密"，而是贵族对既有习惯法的任意曲解，以维护自身利益。如此的罪刑擅断，倒真有些"秘密法"的味道了。

因此，从法的公开性与规范性的角度来分析，就更显出前文所述三代公布法律之传统的合理性与必然性。其实这本是应然之理，古今中外皆然，本不必加以解释的。如先秦法家的一个基本认识即法律公布主义，韩非子曰："法者，编著之图籍，设之于官府，而布之于百姓者也。"其法律公布主义的主张非常明显。汉宣帝时有名郑昌者上疏曰："圣王立法明刑者，非以为治，救衰乱之起。今宜删定律令，律令一定，愚人知所避，奸吏无所弄。"① 明人丘濬则谓："三代未有律之名，而所谓禁者，制于未然，已具律之意矣。然非徇以木铎，书于门闾，则蚩蚩之民，何以知其为禁而不犯哉！"② 因此，徇以木铎，书于门闾，就是为使内有所闻，外有所见，从而使民众"知所禁忌而不犯刑法"，这正是古代立法者制定和颁布法律的出发点。从古人这个立场上说，我们很难相信会存在一种仅为"特权阶级所秘藏"（梅因语）的习惯法或成文法。

总之，由于上文所述的这一系列具有压倒性的证据所呈现出的态势，我们不得不认为，中国法学的一个常识性表述，子产铸刑书于鼎前之中国法处于所谓的"秘密法"时期，并不准确；进而，梅因所表述的那种人类法律发展过程中的"秘密法阶段"，并非一个关于法律发展基本规律的可靠论断，其即使存在，也与中国无涉。因此，就中国而言，综合以上所述，大致可以认为，我国三代时期，或至少西周时期，已存在成文法，且有公布成文法之制。但我们不禁要问，既然如此，那叔向究竟反对什么呢？

三

关于叔向究竟反对什么这一问题，虽然中国学者的研究不多，但也有若干研究已基本接近问题的底限，足以给人启发。如孔庆明认为，周代的礼制和五刑是公开的，但其定罪量刑却是不可预测的，秘密的。人们违反了礼法的某一条该受何种刑罚，是不清楚的。因此叔向、孔子反对铸刑鼎，并不是反对公布成文法，而是反对一种新的罪刑相应的新型法律。③

---

① 《通典》卷一百六十六。
② 丘濬：《大学衍义补辑要》卷九，引自法学教材编辑部《中国法律思想史》编写组编《中国法律思想史资料选编》，法律出版社，1983，第 621 页。
③ 孔庆明：《"铸刑鼎"辨正》，《法学研究》1985 年第 3 期。

孔庆明的这一认识，其实并非孤例。持"判例法转化说"的武树臣基本也有同样看法："'判例法'时代立法的最大特点是'单项立法'，即分别规定关于违法犯罪的概念特征、司法的一般原则和刑罚制度。前两种内容类似于后来封建法典中的《名例》，姑且称之为'名例项'；后一种内容类似现在刑法典中的'刑罚'部分，姑且称之为'刑罚项'。两项内容是分立的，没有合在一处。……'名例项'不涉及具体的刑法内容，而'刑罚项'也不涉及违法犯罪的内容。'名例项'变化较大，'刑罚项'又相对稳定，把两项合为一典，尚需长期法律实践。"① 武树臣的这一说法，若抛却其特殊部分（如判例法时代说法），实际上与孔庆明说法如出一辙。另外，周密亦认为："中国奴隶制时代的刑法，同刑罚是没有科学划分的。且多规定了刑，很少规定罪。……周朝刑制，《吕刑》中虽有具体规定，但更多的还要从《周礼》中去查考。"② 这一说法，也基本上与孔庆明、武树臣说法一致。而梁治平则特别强调中国古代法之"刑罚性质"："中国古时所谓法，实即是刑。当然这并不是说，古人观念中的法仅仅是刑罚。因为无论在什么时候，单纯的刑罚都是没有意义的，除非它们与某个意志相连，或是附着于某种规范之后。问题在于，作为法律的规范究竟具有怎样的性质，或者说，刑罚究竟与什么样的规范相配合，这一点取决于整个社会的基本价值选择，而与刑罚本身无关。单纯的刑罚是没有任何特点的……"③ 因此，就"郑子产铸刑书于鼎"这一事件中叔向的反对信来说，如果接受上述孔、武、周等人的说法，则我们就有了一个机会来统一一个看似极为矛盾的事实：既然西周已有成文法且公之于众，那叔向为何还要反对子产？答案自然顺理成章，叔向并非反对公布成文法，只是反对公布"这样"的成文法。因此，解决问题的关键就落在了搞清楚子产刑书的真面目上。

按现代法学理论，法律规范是法的主要且基本的组成要素，由行为模式与法律后果两部分构成。其中，行为模式具体指人的行为：可以这样

---

① 武树臣等：《中国传统法律文化》，北京大学出版社，1996，第212页。
② 周密：《中国刑法史》，群众出版社，1985，第78～79页。
③ 梁治平：《寻求自然秩序中的和谐》，中国政法大学出版社，2002，第291～292页。

行为、应当这样行为与必须这样行为。法律后果则指遵守或违反上述行为模式所招致的法律上的"态度"，分为肯定性法律后果与否定性法律后果两种。如果依此理论来解释古代中国法，则可以说，铸刑鼎前之中国法，行为模式与法律后果两部分并不相联缀，乃各自存在。① 其中行为模式部分由以礼为标志的习惯法来代表，由于其习惯法的属性，故无须国家颁布亦为人所尽知。法律后果部分则由以刑罚方式存在的刑（或刑书）来代表，由于这些刑罚为国家所创制，故需由国家公布。换言之，则生活于西周时代的一介中国人，虽然经由礼或习惯法知道自己行为的是非对错、违法与否，经由国家颁布之刑罚知道违法犯罪所带来的各种类型的惩罚（刑罚），但是，具体到某一种具体的犯罪应该受何种刑罚，则是不清楚的。此正是"出礼入于刑"这句话的本意所在。② 而也只有这样理解，才能明白所谓"刑不可知，则威不可测"的真实意思。

这里，我们应当说明，为什么国家颁布之法或刑仅是刑罚种类。首先从名称上看，古时之法皆以刑名之，如《禹刑》、《汤刑》、《九刑》等，而三代时期的这种"刑"乃专指死刑、肉刑，与后世以"死、流、徒、杖、笞"为代表的五刑并不完全相同。如《慎子》谓"斩人肢体，凿其肌肤，谓之刑"，意指《吕刑》中之墨、劓、刖、宫、大辟五种刑罚。《国语·鲁语》说："大刑用甲兵，其次用斧钺；中刑用刀锯，其次用钻笮；薄刑用鞭扑，以威民也。"这是从用刑的手段方面对"刑"所做的分类，其以刑为"斩人肢体，凿其肌肤"之刑罚则显而易见。因此，认为刑即"刑罚"之意，应是没有多大问题的。其次，比较直接的证据来自学者关于《吕刑》的研究。如周密说："《吕刑》本身，可以说是就刑论刑。至于说在什么情况下才合于用刑，它却没有更具体的记载或规定。恰恰相反，应

---

① 这一情况，人类社会早期可能曾普遍存在。如罗马之首部成文法《十二表法》，"它的绝大部分是固有的习惯法，其中不少规范没有法律制裁的规定……"参见周枏《罗马法原论》，商务印书馆，1994，第 37 页。
② 法史学界一直以"礼之所去，刑之所取，出礼入于刑"这句话来概括礼、刑之关系，殊不知若将此话落实于西周，则与"礼不下庶人，刑不上大夫"这一原则产生逻辑上的矛盾：一方面，礼之适用主体既为大夫，则庶人自无法"违礼"，唯大夫可以并能够"违礼"；另一方面，大夫既然"不刑"，则"违礼"之大夫又何得"出礼入于刑"呢？所以，起码从表面上看，这两句话是不能"兼容"的。当然，若站在本文的立场上，不从实处看待"礼不下庶人，刑不上大夫"这句话，则"出礼入于刑"亦可解。

当处刑的犯罪问题,在《周礼》中却规定得较为详细。"① 周的这一论断也为马小红所证实:"……西周的刑书当以刑为主。而罪名的规定则较为笼统。……《吕刑》与《九刑》不同,其主要言罚、言赎。其很可能是《九刑》中的'赎篇'的补充与修改。但作为刑书中的一部分,其体例却与《九刑》相一致,《吕刑》中没有出现具体的罪名,而着重于刑罚的原则及罚锾的数目。"② 考虑到《吕刑》乃穆王时刑书,传说穆王即位时周已有国百年,则《吕刑》前之《九刑》,其结构当与《吕刑》一致,至少也不能优于《吕刑》。有学者以《九刑》、《吕刑》的这种结构为"以刑统罪",以有别于后来法典之"以罪统刑",甚有道理。③ 比较有代表性的如梁治平言:"将《法经》篇目拿来与旧时的法律'体系'相对照,可以发现一个显著的差别。《周礼·司刑》注'夏刑大辟二百',这便是《唐律疏议》引《尚书大传》所说'夏刑三千条'。值得注意的是,此三千条之数分系于五个刑种之下,换句话说,这是以刑种为纲领的刑罚体系。这种情形在李悝的《法经》里面有了根本的改变。《法经》的头两篇'盗'和'贼'并非刑种的名称,而是概括性的罪名,刑罚的名称则放在'具法'里面。这里,按照刑名分类,以刑种为纲领的体系,转变成了依罪名分类,以罪名为纲领的体系。这在中国古代法的发展史上是一次重要的转变,它表明了古人在立法技术方面的一个突破性进步。"④ 早期刑书的结构既是如此,主要规定各种类型的"刑罚",则国家公布刑书,当亦以此为内容。

另外还有一个现象值得我们注意。我们知道,《周礼》有"悬法象魏,使万民观","悬刑象之法于象魏,使万民观刑象"之记载。此处所言"法",或可释为"伐",⑤ 亦即"罚"也,而"刑"字,其原始意义

① 周密:《中国刑法史》,群众出版社,1985,第81页。
② 马小红:《〈吕刑〉考释》,载韩延龙主编《法律史论集》(第1卷),法律出版社,1998,第396页。
③ 蔡枢衡:《中国刑法史》,广西人民出版社,1983,第105页;马小红:《〈吕刑〉考释》,载韩延龙主编《法律史论集》(第1卷),法律出版社,1998,第396页;武树臣等:《中国传统法律文化》,北京大学出版社,1996,第321~323页。
④ 梁治平:《寻求自然秩序中的和谐》,中国政法大学出版社,2002,,第44~45页。此处梁治平虽然是就《法经》立说,但本文以为,这种法典编纂体例的改变自子产铸刑书于鼎时即已开始。关于这一点,下文尚有详述。
⑤ 蔡枢衡:《中国刑法史》,广西人民出版社,1983,前言第5页。

即为"刑罚"。① 如此则所悬使万民观之"法"或"刑"，皆刑罚义。同时刑象之"象"，可释为"图像"。② 因此"刑象"即"刑罚之图像"，以其直观"易感触"③ 的特点利民"观"瞻，从而发挥其威慑作用。武树臣关于"象魏"一词的说法对我们理解这一问题或许不无帮助："'象魏'本是天子、诸侯王宫外对称高立的一对建筑物。'象'即图形，古时百姓多不识字，故统治者将法律政令图像化加以颁布。由于这些图像化的法律政令经常挂在'魏阙'上面，让人们观看，叫做'悬象于魏'。久而久之，'魏阙'和法律政令便成为密不可分的统一体，'象魏'既成了专门颁布法律政令的场所，又成了法律政令的代名词。"④ 吕思勉在谈到这一点时说："魏，阙名；象，乃刑典之名。象悬于魏，因称魏为象魏，古有之矣……象之始当为形象，盖画刑人之状，以师其民。《尧典》所谓'象以典刑也'。"⑤ 此说应基本接近事实真相。按照这种解释，则象之原意不仅为刑罚之图像，亦为刑人之图像，亦即对受刑人受刑之状的"图像描绘"。若此说成立，则比之单纯以图像形式公布"法律"来说，当更进一步了。⑥

由此，我们也更可理解"刑不可知，则威不可测"这句话的深刻含义。学界公认，春秋以前，学在官府，则民间识字者必少之又少。国家公

---

① 李力：《发掘本土的法律观：古文字资料中"礼"及"刑"、"法"、"律"的法文化考察》，载韩延龙主编《法律史论集》（第3卷），法律出版社，2001，第267~270页；蒲坚主编《中国法制史》，光明日报出版社，2000，第7~8页。蒲坚说法似略有不同，但亦以刑有"刑罚"之意。

② 对"象"字的解释，学界说法不一，由此形成关于"象刑"的争论。本文不准备涉及这一问题，此处仅从一家之言。相关的讨论，参见武树臣等《中国传统法律文化》，北京大学出版社，1996，第122页。

③ "易感触"乃在贝卡利亚的意义上使用，参见〔意〕贝卡利亚《论犯罪与刑罚》，黄风译，中国大百科全书出版社，1993，第9页。

④ 武树臣等：《中国传统法律文化》，北京大学出版社，1996，第211~212页。

⑤ 吕思勉：《吕思勉读史札记》，上海古籍出版社，1982，第334~335页。

⑥ 吕说成立的可能性极大。或与初民社会悬人肢体以示警诫之风俗有关。按，后世有"枭首"一刑，许慎《说文》以枭为人首倒悬之象形，与吕说极似。凌迟之刑或亦与此种风俗有关。此等酷刑，不禁人观，施刑时若万人空巷，举世皆如此。因此凌迟、枭首、刑象（形象）或有同一来源，也未可知。三者之区分仅在于：一现场观看，一事后观摩，一看图"学习"矣。福柯亦曾详论"作为一种公共景观的酷刑"，参见福柯《规训与惩罚》，刘北成、杨远婴译，三联书店，1999，特别是第一章。此等资料，中外皆极多。若从此入手，或可解开中国"象刑"之谜。关于枭首、凌迟之刑，参见沈家本《历代刑法考》，中国检察出版社，2003，第125~131、114~117页。

布法律，图像化似乎是最好的选择。而由早期刑书的结构内容所决定，此种图像化之法概以刑罚为其内容。[1] 如此则小民百姓，若时常"观摩学习"此种"法律"于象魏，而又不知一旦违法犯罪之后，己身将受何种惩罚，则所谓刑之威力，即可想而知了。

但是，这种不知某一犯罪具体应受何种惩罚的情形，应仅对"民"而言，于政府或贵族则不然。从法理上说，作为统治工具的法应该统一、稳定、普遍，这也是法所追求的公平正义等价值所要求的。因此，一般来说，即使是初期的法，罪与刑间亦应有基本的对应。学者以此时的法典结构为"以刑统罪"，即承认在刑之后可能存在简单常见的罪名。虽然由于开化未久，文明不精，尚属初创时期，刑之后所附罪名可能既不系统，概括性又低，[2] 或则如武树臣言，存在某种形式的判例，但总是有一种基本的对应。如《左传·昭公十四年》所记载的关于夏刑的"昏、墨、贼、杀"，可能即这种情况。再如沈家本《历代刑法考》（二）"殷官刑"条："《尚书·伊训》：制官刑儆于有位，曰敢有恒舞于宫、酣歌于室，时谓巫风。敢有殉于货色、恒于游畋，时谓淫风。敢有侮圣言、逆忠直、远耆德、比顽童，时谓乱风。惟兹三风十愆，卿士有一于身，家必丧，邦君有一于身，国必亡。臣下不匡，其刑墨，具训于蒙士。"[3] 其所指称的应该也是这种情况。当然，从总体上说，由于尚处行为模式由习惯法来规定的时期，这种对应之间的"必然性"是值得怀疑的。尤其在这种"相对完整的"法律可能未经统一整理，且不公之于民的情形下，就更是如此。

因此，我们就知道，所谓的"议事以制，不为刑辟"并非常态行为，而是针对某些特殊或重大的案件而言的。实际上它可能相当于一种针对此

---

① 在民间百姓多不识字的情况下，将法图像化予以公布，乃极自然之做法。但正如本文所说，法律规范本由行为模式与法律后果两部分组成。然则如何"图像化"行为模式部分呢？（要知道，那可是告诉人们可以做什么、不得做什么以及必须做什么的一整套关于人的行为的"规范"呀）单纯从技术上看，亦有相当难度。而表现法律后果部分之刑罚方式，图像化起来就简单多了。

② 举例说来，可能会规定偷一只 5 岁猪该受何处罚，偷一只怀孕母猪该受何处罚，但当某人偷两只公猪时，便无法可依了。

③ 沈家本：《历代刑法考》（二），中华书局，1985，第 818 页。

类案件的贵族合议制度。① 既然是根据具体的案情来决定该如何处理或惩罚，则必是先前的简单法律所无法应对的。从这个意义上说，议事以制或有衡平法的意味。② 但也正因此，议事以制的显著坏处便一目了然：它极可能导致罪行擅断；尤其是在社会动荡不安之转型时期，纲纪失常，行为无凭，政治混乱，吏治腐败，罪行擅断就更无法避免。③ 而春秋时期恰是这样一个如孔子所言"礼崩乐坏"之时期。由此我们也就明白，子产所谓"救世之举"——制定了一种罪刑相应的新型法律，铸于鼎并公之于众，并非仅仅如其表面上那样简单，而实在是寓有更为深刻且更为久远的深层原因。实际上这一举动，已凝聚了春秋战国时期整个中国社会大变动的一系列"先兆"。

关于子产刑鼎的真面目，本文以为它应是一种罪刑相应的新型法律，并且是以罪为中心，亦如我们一贯所熟知的那样，它的结构是以罪统刑的。与它的先辈相较，它当然更加系统完备。所以叔向大夫反对的，不仅仅是这种高级法典所具有的一罪一刑结构大大"压缩"了贵族"议事以制"的空间，更主要的是，这种法典已铸于鼎上且公之于众。相对于此前习惯法时期的"任意"，这种法典给予叔向辈人的"刺激"自不言而喻。

但目前，我们缺乏任何能直接证明这一主张成立的证据。这样的证据

---

① 贵族合议制度的说法容易引起误解。有人可能会想到古罗马共和国时期的元老院。三代时期中国是否存在这样的元老院，或与元老院性质相近的贵族议事机构，是很值得怀疑的，虽然三代乃中国之封建—贵族时代。自秦汉始，中国封建制解体，贵族时代一去不返，自更不会有什么贵族合议制度了。因此，本文此处说法仅取其大概，并非严格指实。《尚书·洪范》所说"汝（指武王）则有大疑，谋及乃心，谋及卿士，谋及庶人，谋及卜筮"之情形，或差可近之。但"谋"多半是询问的意思，与遵循少数服从多数之民主议事规则的西方贵族合议制度自然不同。

② 衡平法当然是英美法系的特有说法。但若不过分拘泥于此，则衡平的法律却是各大法系中皆有的，此处乃在亚里士多德的衡平意义上使用。关于亚里士多德衡平法的一般讨论，参见凯利《西方法律思想简史》，王笑红译，法律出版社，2002，第 27~28 页。

③ 一个典型的表现是，若缺乏一定之规，则断罪极易受情绪影响而令人难以理解。如秦相李斯所受之"具五刑"，当非秦之常刑，大概是定刑者兴致忽来之创意。此种情况乱世中尤为常见。下面这个蒙古人的例子更可说明这一点。"……旭烈兀汗对撒里黑十分愤怒，下令在他身体上涂上羊油，用毡子[裹住他]并用结实的绳子捆绑住，然后将他暴晒在炎热的太阳下。一星期后，羊油里长出了蛆，咬那不幸的人，经过数月的折磨、痛苦，他死去了。他有个三岁的儿子，被人送到毛夕里，在底格里斯河边被砍成两半。他的尸体在城的两处吊起来示众，直到腐烂解体为止。"参见拉施特主编《史集》，余大钧译，商务印书馆，1986，第 90 页。

或许永不可得。也许我们可以从《法经》入手进行简单的分析。《法经》
被视为中国最古老的法典，由盗法、贼法、囚法、捕法、杂法及具法六篇
组成。很明显，它采用了以罪统刑的结构。据《晋书·刑法志》："……魏
文侯师李悝。悝撰次诸国法，著《法经》。以为王者之政莫急于盗、贼，
故其律始于《盗》、《贼》。盗、贼须劾捕，故著《网》、《捕》二篇。其轻
狡、越城、博戏、借假不廉、淫侈、逾制以为《杂律》一篇。又以《具
律》具其加减。是所著六篇而已，然皆罪名之制也。"此处尤须注意其最
后一句"然皆罪名之制也"，或许《晋书·刑法志》之撰写者亦已意识到
这一问题，故特意加重语气以强调之。因此，尽管围绕《法经》亦有种种
辩难，有力学以为其甚是可疑，但本文倾向于相信传统说法的可靠性。[①]
前已言及，子产铸刑鼎实在是春秋战国时期整个中国社会风雨欲来的标
志，则对于处同一时代、面临同样形势的子产与李悝来说，他们的行为当
具有相同的含义。蔡枢衡与郝铁川皆指出，子产铸刑鼎，乃具有维护法的
稳定性，统一司法权之意。因为春秋时代，"诸侯不同德，国君异法，折
狱无伦，以意为限"，[②]"成了历史上另一个司法无政府时代。在这种情况
下，有法等于无法，问题显然不在法新法旧或法善法恶，而在官吏毁法，
擅断罪刑。克服这种现象，需要使社会上的人一般知道法律的内容，明白
裁判的标准。因而唯一的办法是公布刑法，俾众周知，用以孤立擅断罪刑
的司法者，使其不敢再非法裁判。"[③] 郝铁川以为，子产之举亦有统一立法
权于专制君主，建立君主专制政体国家之意。[④] 这一认识，亦从大处着眼，
合乎春秋战国时期之历史大势。考虑到春秋时期各国争相称霸，战国时期

---

① 应当指出，从秦律的情况看，传统关于《法经》的说法，应是可靠的。一方面，通说认
   为，商鞅入秦即携《法经》六篇，商鞅在秦国的变法，不过是魏国李悝变法的秦国版
   （考虑到商鞅乃自魏入秦这一事实，此说之价值不言而喻），因此，可以说《秦律》乃继
   受《法经》而来。另一方面，制度的演进最讲究传承，秦律之有此形制规模（如睡虎地
   秦墓竹简所显示的那样），绝非空穴来风。何勤华先生亦以传统说法为可靠。关于《法
   经》真伪的相关讨论，参见何勤华《〈法经〉考略》，载韩延龙主编《法律史论集》（第
   1 卷），法律出版社，1998，第 419~434 页。

② 《孔丛子·刑论》。

③ 参见蔡枢衡《中国刑法史》，广西人民出版社，1983，第 120 页。

④ 参见郝铁川《从多元立法权和司法权到一元立法权和司法权的转折》，《法学论坛》2005
   年第 5 期。相关研究，亦可参见齐思和《战国制度考》，载《中国史探研》，河北教育出
   版社，2000，第 181~246 页。

各国相继变法这一史实，可知东周时期，处于竞争态势之下各国所承受之压力及由此而来的变法图存、富国强兵并进而加强君权、逐鹿中原这一运动的必然性。子产铸刑鼎之举，实是已开此长期运动之先河。李悝著《法经》，并主持魏国变法，亦是此运动中之一环。总之，综合考虑种种因素，虽然仍没有坚实的证据，但可以说，子产刑鼎与李悝《法经》结构相似的可能性是极大的，① 因为唯有公布罪刑对应的成文法，才能实现各自的目的。

　　春秋时期另外一件铸刑鼎的事情，或许亦可予我们以相当的启发。春秋时期，仅仅在晋叔向反对郑铸刑鼎之后二十多年，晋国亦继郑国之后，铸刑书于鼎。② 此事招致孔子的激烈反对。③ 孔子批评晋铸刑鼎，说其新法为"宣子之刑，夷之蒐也"。那何谓"宣子之刑"？据《左传·文公六年》："宣子于是乎始为国政，制事典，正法罪，辟狱刑，董逋逃，由质要，治旧洿，本秩礼，续常职，出滞淹。既成，以授太傅阳子与大师贾佗，使行诸晋国，以为常法。"关于"正法罪"，杜注曰"轻重当"，孔疏谓："正法罪者，准所犯轻重，豫为之法，使在后依用之也。……此谓所为制作法式者，豫为将来使案而遵行，临时决断者将为故事，使后人仿习，故得行诸晋国以为常法也。……正法罪为准状治罪，为将来之法，若今之造律令也。"杜注孔疏所言，基本上已经表明，晋国之刑鼎，乃一种新的一罪一刑相对应的法典。孔疏的说法尤其清楚。若准此以观郑之刑鼎，可以说，其与晋刑鼎应该是大体一致的。④

---

① 另一个参考的"标准"是商鞅变法，亦具有与子产、李悝变法同样的性质与意义。参见齐思和《商鞅变法考》，载《中国史探研》，河北教育出版社，2000，第 247～278 页。

② 考虑到晋国乃反对者子产的祖国，此事或可说明当时之历史大势，而公布新型之成文法乃势所当然。

③ 有一个很有趣的问题。孔子似乎对子产颇有嘉言。那么，为什么孔子没有反对子产铸刑鼎之举呢？答案可能极简单。子产铸刑鼎时，孔子恰好 16 岁左右，应该正处于求学问礼的阶段，大概是没有反对子产的能力与资格的。这个说法极有理。关于孔子生平，参见钱穆《孔子传》，三联书店，2005。

④ 另外，学界公认，与子产同时代的邓析曾作竹刑，以助人诉讼，似乎是今天所谓"钻法律空子"的意思。如子产之刑书非罪刑相应的形式，则所谓"钻法律空子"应该是无从谈起。因为若立法不具确定性，则无论如何都谈不上"钻空子"了。此事或可作为子产刑书乃一罪一刑结构的一个侧证。

四

综合以上所述，我们可以认为，尽管梅因的秘密法观点与中国法的早期情形存在表面上极为相似的"遥相呼应"，但事实是，这种"呼应"亦仅仅是表面上的而已：中国法的早期情况要复杂得多，远非秘密法观点所能概括或解释。本文从铸刑鼎前成文法之存在、人类早期法律多为习惯法及法的一般原理等方面系统论证，子产铸刑书于鼎前，中国不但存在成文法且有公布法律的传统与制度，并且进一步说明，将梅因的所谓秘密法观点适用于中国实在是一场误会：至少有史以来，中国法就不是秘密的，所谓在子产铸刑书于鼎前之中国法为秘密法的说法根本就无从谈起；同时，晋国叔向所反对的，不过是子产公布了一种罪刑相应的新型法律罢了。

梅因在提出其秘密法观点时，一定没有想到，他的这一只是简单描述的想法会在距离如此遥远的东方中国产生如此的反响，以致中国学人将之视为解释早期中国法律发展情况的不刊之论。这一点，在梅因的大部分学说经过作为社会科学的现代法学洗礼，大多需要重新估定的情况下，显得尤为特异。或许这一方面说明了中国法学人的盲目相信权威，另一方面也说明了中国法学的贫弱。本文虽无意于与梅因"辩难"，一如本文开头所说过的那样，中国的秘密法阶段说法，虽由梅因发端，实已完全是一中国问题，但亦存有补充或修正梅因命题的小小念想。因此，在本文的最后，我们可以问：如果本文的观点大体成立，则对我们重新认识梅因的"秘密法"说法将有何启示或意义呢？换言之，中国法的具体经验可否质证梅因命题的有效性及普适性呢？这当然是个饶有趣味的问题。百年以来，中国法学一直处于介绍西方、学习西方的过程中，未尝稍有回馈，而经由对纯中国经验进行分析所获之结论是否可对世界法学之一般法则提供自己的贡献呢？① 或许，我们可以以此为契机，来建立真正的"中国法学"。

---

① 张光直先生即多次强调中国经验对社会科学一般法则所具有的重要意义。参见张光直《中国青铜时代》，三联书店，1999，第 41、95、483、496 页。法学界的提倡与尝试，参见苏力《送法下乡》，中国政法大学出版社，2000，特别是自序与第四章。

近代中日出洋考察宪制之异同比较[*]

柴松霞[**]

摘　要： 中国和日本的法律近代化都采用了外源性的道路，都是外来法文化冲击的结果。因此，考察、学习乃至移植西方法律就成为两国法律近代化的重要步骤。在中日两国的法律近代化过程中，出洋考察扮演了重要角色，尤其是两国政府分别两次派考察团出洋学习他国宪制，这不仅是法律移植的一种比较直观、有效的方式，某种程度上也是法律变革的一种捷径。虽然两国考察团在形式上存在很多相同之处，但在实质上却存在根本的区别，这也是两国的立宪取得不同实效的原因。

关键词： 出洋　宪制　考察团

在近代转型过程中，清帝国和日本先后进行了一场去西方考察、变革法律的运动，实现从传统法制向近代法制的转化。19 世纪末 20 世纪初，中国的清政府和日本的明治政府都两次派考察团出洋考察宪制，然而结果迥然不同：清政府的法制改革没有成功，清廷虽然也进行轰轰烈烈的立宪运动，然而它们在当时的中国却并没有发生多少实效，贫穷积弱的帝国形象没有得到根本改善，连清王朝自己也走向了灭亡；而明治政府的法制改革取得了成功，日本法律实现了近代化[①]，日本通过法制改革建立起西式

　＊　本文为 2016 年国家社科基金项目 "宪法文化视角下近代中日出洋考察政治比较研究"（项目编号：16BFX019）的阶段性成果。

＊＊　柴松霞，天津财经大学法学院副教授，硕士生导师，法学博士，从事专业为法律史学。

　①　从笔者所阅读的现有研究成果分析，绝大多数中国学者认为日本明治时期的法制改革实现了法律近代化，但也有学者持不同的看法。如徐立志的《中日法制近代化比较研究》（《外国法译评》2000 年第 1 期）认为，直至 "二战" 以前，日本与中国一样，未能建立起真正的法治国家；法律中存在着带有传统色彩的不符合人权保护精神的内容；未能完全实现司法独立。两国法制近代化的差异，仅仅表现在进程和达到的程度上。笔者认为，如果按照 "近代化" 即资本主义化的标准，明治时期的法制基本上实现了近代化。

的现代部门法体系，开始了日本法律和日本社会的全面现代化过程，并实现了"脱亚入欧，富国强兵"的外交和政治目的，使日本一跃成为与西方资本主义国家并驾齐驱的法治强国。

清季中国的两次出洋考察，是指政府于 1905 年和 1907 年两次派出以高级官员为首的政治考察团和宪政考察团，赴欧美和日本等西方国家所进行的考察活动。其中 1905 年的考察团，是指以载泽为首的五大臣出洋，1907 年考察团是指达寿、于式枚、汪大燮等三大臣对日、英、德等君主立宪国的考察。日本明治时期的两次出洋考察，分别是指 1871 年 12 月的岩仓具视使节团和 1882 年 3 月的伊藤博文考察团出访他国学习法律的活动。明治政府的第一次出洋考察，是以主持维新变法的重臣（右大臣）岩仓具视为首的庞大的使节团出国考察美国、英国、德国、法国、俄国、意大利等 12 个先进国家；第二次出洋考察，则是安排伊藤博文率团考察德国等欧洲国家，尤其是系统地学习和研究德国宪法。

一　中日出洋考察的相同之处

总体而言，中日两国的出洋考察，第二次都要比第一次深入、集中。第一次都是规模浩大，考察范围广泛；而第二次都是考察目标明确、集中，尤其是专意于宪法制度考察，以期对本国的君主立宪及法律变革有所裨益。对中国而言，五大臣出洋直接推动了清廷预备立宪；三大臣出洋，又直接推动了立宪的深入，也使清廷最终确立了对日本宪政模式的模仿。对日本而言，岩仓具视考察团解决了新政权通过"废藩置县"实现大一统之后向何处去的问题；伊藤博文考察团则巩固了以天皇为首的明治政府的统治地位，并开始迈向法治强国的道路。对此，可从以下几个方面加以分析。

第一，从两国派员出洋的背景来看，第一次出洋后两国国内对于宪政之路的选择争议众多，主张不一，而第二次出洋考察则是在解决国家基本制度设计的选择基础上为进一步了解具体细节和做法而成行。1871 年 11 月，日本右大臣岩仓具视率领使节团出洋，对西方各资本主义国家进行了实地考察，促使日本定下了立宪大政方针，但立宪究竟以何种方式推行，并未很快落实。当时，板垣退助的自由党主张法国式议会普选制；大隈重信的立宪改进党主张英国式议会多数党组阁制；伊藤博文等人则站在当权者立场上，坚持"主权在君"论。于是，明治政府在 1882 年 3 月委派伊藤博文，再次赴欧专门考察宪法，以求确论。

无独有偶，清末载泽等五大臣 1905 年首次出洋考政后，中国国内也有两种宪政观在明争暗斗：一是孙中山的资产阶级革命党主张"排满革命"，建立美国式共和体制；二是梁启超等资产阶级立宪派主张君主立宪，建立英国式议会君宪制。比较之下，为了既行宪制又保皇统，清廷当然本能地排除"共和"而取"君宪"。而且，在君主立宪制度中，又必定倾心于君权更大一些的日本体制。但君主立宪究竟如何实行，行之利弊何在，清廷于仿行日本宪政模式前，自然需要弄清楚底细。于是，在公开宣布"预备立宪"后的第二年（1907），则有了达寿等人分别出访日、英、德，对其宪制的深入考察。

第二，从进程上来看，明治政府和清政府两次派大臣出洋考察宪制，两次设立、筹划宪政的专门机构，两次较为全面地进行立宪官制的改革。明治政府于 1871 年 12 月、1882 年 3 月分别派岩仓具视等五大臣、伊藤博文等人出洋考察。岩仓使团以 22 个月遍访欧美 12 国后，日本成立了政体调查局，定下了立宪大政。伊藤使团专访德、奥等欧洲君宪国家后，日本又将政体调查局更名为制度调查局，进而确认了德国的宪政模式。于是，经过 1874 年和 1885 年两次较大的官制改革，日本完成了从原太政官制向新内阁制的过渡，1889 年颁布帝国宪法，建立了普鲁士式的立宪体制。

对比上述情形，清政府也是如此。1905 年 12 月和 1907 年 9 月，先后派载泽等五大臣、达寿等三大臣出洋考察。第一次出洋前，清廷成立了考察政治馆。载泽等分领两个使团，历时半年多共访日、美、欧十多国后，清廷正式宣布预备立宪。第二次出洋考察前，清廷将考察政治馆改为宪政编查馆。达寿（后由李家驹接替）等三大臣历时两年专门访问了君宪制的日、英、德三国后，清廷确认了日本的宪政模式。在此基础上，清廷于 1906 年和 1911 年也两次改革官制，使原军机处逐步演变成新的内阁，1908 年颁布了《宪法大纲》，试图建立日本式的立宪体制。

第三，从两国出洋考察的特点上看，较之各自的第一次考察，清朝达寿等人和日本伊藤博文的第二次出洋，都有新的特点，而双方特点又基本类似。日本的岩仓使团和清政府的五大臣考察团都是人员众多，历时时间长，遍访众多国家，考察内容丰富。而两国的第二次出洋，则都非常有针对性，并且考察内容具体，都是针对宪制，都比第一次出洋深入。究其原因，具体而言有以下两点。

一是，考察大臣较为了解宪政。日本伊藤博文早年留学英国，明治政府成立后曾任参与外国事务局判事等，1871 年作为岩仓使团的副使之一考察过欧美，所以他在 1882 年出访欧洲之前，对西方宪政已有多种直接和间接的认识。清末第二次出洋考察前，达寿等人也对宪政已有不同程度的接触，有的还对所要考察的国家很熟悉。如负责考察英国的汪大燮，1905 年曾任驻英使臣并随同载泽考察过英国，而接替达寿考察日本的李家驹，当时就是驻日使臣。可以想见，他们对有关国家立宪政治原有的切身感受，自然为其正式的考察提供了一定基础。正如袁世凯奏请清廷第二次派员出洋考政所要求的，达寿等人大致和伊藤博文一样，较为"明达治体"。① 并且达寿、李家驹自考察日本回国后，陆续提出许多仿效日本改制的建议，对清末"预备立宪"的影响是明显的。这种影响与伊藤博文访欧后对推进日本宪政的作用，从形式上讲亦可谓同出一辙。当然，前者没有后者实效大，这里包含很多复杂原因，要另当别论。

二是，考察对象明确。和岩仓使团遍访欧美 12 国不同，伊藤博文再次赴欧，只考察了几个主要国家，为的是解决如何在宪政形式下保持天皇统治大权的问题。德国正好在这方面为日本提供了经验。因而伊藤博文不仅首先径赴德国，而且在欧 13 个月中就有 8 个月流连于德、奥两国，德国的宪政成为考察重点。与此类似，和载泽等五大臣"分赴东西洋考求一切政治"不同，达寿等人只分别专访一国，不仅总共所访的日、英、德三国皆为君主立宪国家，而且又以日本作为重心。清廷对日本立宪后并未使君权旁落的现状很感兴趣，亟欲从中为自己找到历史的借鉴。

第四，从考察内容来看，考察团都有明确的目标和任务。日本岩仓使团出洋，主要目的是使日本彻底摆脱西方资本主义列强的压迫，实现民族独立自主。其时日本各阶级和日本政府都迫切希望修改不平等条约，于是，明治政府开始把修改条约和派遣使团考察欧美与国内改革联系起来考虑，确定了先向欧美各国派出使节团，商谈延期三年修改条约，并考察欧美文物制度的方针。岩仓使节团向西方国家学习，不仅认真、虚心，而且勤于实践，目的非常明确。

---

① 故宫博物院明清档案部：《清末预备立宪档案史料》，中华书局，1979，第 202 页。

早在使团出国之前，明治政府在《事由书》中就规定"全权使节及全权理事官，在各自分担的主要事务外，凡是认为对我国有益的事项均应仔细观察和研究"。为此，政府为使团专设书记官，负责详细记录使团每天的考察活动；并要求使团对每项考察都提出自己的看法：是否能在日本实施，如能实施，具体办法如何，等等。正如伊藤博文所说："为使我帝国进入开明各国之社会——国内应如何改革，应有何种法律，政务应施何等之方略，外交应以何为准则，等等，都是需要咨询研究的。"① 使团回国后即根据本国实际，制定了比较切实可行的资本主义近代化路线，采取了"产业立国"、"贸易立国"、"教育立国" 等比较符合日本国情的方针，加快了日本近代化的步伐。

伊藤博文二次出洋，备有详细考察提纲，如对立宪君主国的宪法"探其源流，考其沿革，视其现行之实况，研究其利害得失之所在"。伊藤博文到达德国后，多方向法学家求教，不仅对德国宪法及政府组织仔细了解，而且对英、法、德三国宪法详加比较，从而认定德国由君主亲掌行政大权，适合于日本国情。

中国五大臣出洋，也是为预备立宪做准备，方针是"用备甄采，择善而从"；第二次出洋目标和任务同样明确，仅以考察日本为例。达寿依照宪政编查馆已开要目，与日本子爵伊东巳代治商定了六大类考察事项（即日本宪法史、比较各国宪法、议院法、司法、行政和财政），由日本大学法科学长穗积八束、法学博士有贺长雄、贵族院书记官长太田峰三郎分类讲述。其间，为了弄清日本宪法"取则遍比"而"著重大权"的内情，达寿还与负责日本制宪的伊藤博文"逐日讨论"。② 接替达寿继续考察的李家驹，在与法学博士有贺长雄、清水澄讨论官制时，亦致力"研求原理之所存，以推见立法之本意"。③ 正是这样具体入微的考察，使达寿、李家驹确认了日本宪政适合中国，遂向清廷详细陈奏、力请仿行。

第五，从政府的做法上看，都重视考察大臣，发挥他们在立宪中的作用。日本的岩仓使团出洋考察后，副使大久保利通因主张全面改革而上台

---

① 〔日〕大久保利谦：《岩仓使节团研究》，宗高书房，1976，第 188 页。
② （清）朱寿朋：《光绪朝东华录》（五），中华书局，1958，总第 5954 页。
③ 故宫博物院明清档案部：《清末预备立宪档案史料》，中华书局，1979，第 523 页。

组成了"大久保政权";岩仓提出的宪法草案大纲,成为后来《大日本帝国宪法》的基础。伊藤博文二次考察回国后,随即进入制度调查局,主持了改革官制和制定宪法等重大政务,后来又接连担任首届内阁总理、枢密院议长、贵族院议长等宪政要职。

清朝的五大臣出洋考察后,载泽、戴鸿慈都奉旨参与了厘定官制。载泽后来还被任命为纂拟宪法大臣。达寿、李家驹等人考察回国后,随即担任宪政编查馆提调。达寿的有关主张对《钦定宪法大纲》产生了重要影响,李家驹更是直接主笔编订了《内阁章程》。从 1909 年 9 月起,他们先后奉命参加管理资政院事务。1911 年,李家驹和达寿还一同出任了资政院的正副总裁。

这样,在考察大臣的建议下,两国政府最终都选择了德国模式,清政府也是从日本模式中吸取德国法。事实正是如此,清朝的《宪法大纲》与日本明治宪法一样,议会未设即已产生。日本天皇委派伊藤博文和井上毅,在夏岛秘密起草;清政府则令军机大臣所主管的宪政编查馆奉旨,由少数人闭门编拟。但"后来因被迫制订宪法全文,清廷完全效法日本,委派汪荣宝、李家驹,于 1911 年 7 月开始在京郊十三陵、山东泰山等处秘密起草。由于武昌起义的爆发,其所起草出的全文,未及全部进呈钦定,可谓胎死腹中"。①

二 中日出洋考察的区别

虽然,中国在宪政化道路上,模仿、学习日本,但取得的实效与日本截然不同。这既有深层次原因,也有比较直接的原因,如两国考察团本身就存在差异性,可以想见考察团回国之后所提的建议,对两国法制变革的影响自然不同。

马克思曾经指出:"极为相似的事情,但在不同历史环境中出现,就引起了完全不同的结果。如果把这些发展过程中的每一个都分别加以研究,然后再把它们加以比较,我们就会很容易地找到理解这种现象的钥匙。"② 尽管

---

① 罗华庆:《清末第二次出洋考政与"预备立宪"对日本的模仿》,《江汉论坛》1992 年第 1 期。

② 马克思:《给〈祖国纪事〉杂志编辑部的信》,载《马克思恩格斯全集》第 19 卷,人民出版社,1963,第 131 页。

中日考察团存在很多相似之处，但实际上两国的考察团也存在不同之处，就是因为这些直观方面的不同，导致日后中日在推行立宪改革问题上的不同效果。具体来说，中日出洋考察的区别可从以下方面窥得一二。

第一，中日两国出洋考察前的经济基础不同。就经济的角度而言，中国的小农经济较日本强，日本的资本主义经济则较中国强。由于"重农抑商"、"以农为本"的政策和"土地是最有价值的财富"之观念的影响，小农经济在清末的中国处于优越的地位。并且，地主与商人、高利贷者、官僚、农民可以相互转化的这种开放性，使整个运转机制获得了稳定性，具有强大的再生能力。直至 20 世纪 40 年代大规模的土地改革之前，中国小农经济占统治地位的状况基本未曾改变。

而日本幕府时期虽然也奉行"重农抑商"政策，小农经济也受到政府的保护，但封闭型的地主制经济缺乏再生的能力和活力：士、农、工、商四个等级之间壁垒森严，各有特殊的法律地位；统治阶层拥有全部土地，农、工、商再富有也不可能上升为封建领主。此外，17、18 世纪的日本商品经济的发展已经比中国要普遍一些。①

清末为了抵御外国侵略而兴办的民族企业，在"既无商律，又无宪法"的专制下，"各股东无能为力"②，官办或官商督办的管理体制导致大多数企业走上亏损的道路。而日本国土狭小，四面临海，即便交通工具不发达，市场的发展也很容易。江户时代"出女入炮"③的政治制度等因素促进了商品需求和城市发展，形成了以大阪为中心的全国商品流通网络。明治政府全力推行"殖产兴业"的国策，扶持资本主义经济。1880 年，政府把官营和半官营工厂全部出售给民间，使得工厂成为企业的中坚，实现了官民资本的分离，改变了明治初期这些工厂"费用甚多"、"损益得失不相抵"④的局面。

第二，中日两国出洋考察的政治基础不同。就政治角度而言，中国和

---

① 详见陈鹏生、何勤华、江平《中日法律文化近代化之若干比较》，载《比较法在中国》第 1 卷，法律出版社，2001。
② 艾永明：《清末法制近代化为什么失败》，《比较法研究》2003 年第 3 期。
③ 指日本封建时代的大名私送妻妾出江户、私运武器入江户。
④ 参见《工部省沿革报告》，转引自伊文成、马家骏主编《明治维新史》，辽宁教育出版社，1987。

日本出洋前的权力体制和出洋后的领导主体不同，这影响了两国法制近代化的路径。在明治维新前夕，幕府实行的是分封制，幕府将军对各藩并不拥有直接的行政权力，各藩大名①组成自己的藩政府管理全藩，有独自的军队，并拥有相对独立的立法、司法、行政等权力。这样，在幕府政权衰弱，面临政治危机和民族危机的时候，某些藩会在人民压力和改革派的推动下，采取符合形势发展的决策，成为培植改革力量的根据地。明治四年十二月，日本政府派出了岩仓使节团大规模出访考察欧美，新政权中大藏、工部、外务、文部、司法等部门的主要官员几乎倾巢出动。沿途笔记被整理成《特命全权大使美欧回览实记》一书，该书的许多内容成为日本人的必修教育课程。

相比之下，清朝实行的则是高度发达的中央集权制，不仅军队、立法、司法、中央和地方各级官员的任命、赋税的征收都由中央政府控制，而且任何与朝廷相对抗的不同声音和行为，都会被立即制止，或以"谋反"等罪名镇压。虽然晚清政府为了保住王朝而进行了法制变革，但"这种变革成为腐朽落后的封建统治者苟延残喘、迫于帝国主义的军事压力和资产阶级革命形势的蓬勃发展所做的自救行为，而远非顺应历史潮流、追求进步的自觉行为"②，它"只需要保持改革的门面，而对实际内容则毫不关心"。③

第三，考察团成员的心理及素质不同。中国人在几千年古老文化的背景映衬之下显得尤为温厚和稳重，他们有着一种只有泱泱大国的国民才有的大气、闲适和宽容，还有着一种只有曾经长期领先世界的先进文明才能熏染出来的优越感、满足感和强大的惰性。虽然前后两次出洋的几位大臣认识到英、法、美等国的体制之美，但仍向朝廷推荐德、日政体。这是一直以来的"中学为体、西学为用"思想的延续，他们一直认为中国的根本纲常是好的，无须做大的变动。传统文化观念模糊了考察者的视线，阻碍

---

① 大名，指日本封建时代的诸侯。

② 如宪法在西方是资产阶级革命胜利的产物，确认了资产阶级的民主制度，在中国却成了君权神圣不可侵犯的工具；官制改革还进一步使满族亲贵集权化，排斥汉族官吏。在经历了八国联军侵华的教训之后，清政府才开始派遣五大臣出洋考察宪政问题。在这些皇亲国戚的考察并未对中国国内的改革产生积极作用的时候，爆发了武昌起义，清王朝不久旋即灭亡。

③ 费正清、刘广京：《剑桥中国晚清史》（下卷），中国社会科学出版社，1985，第473页。

了对世界文明（包括法律文明）的吸纳，这也是中国越来越走向落后的一个重要原因。梁启超在《中国积弱溯源论》中对此曾有论述："中国人向来不自知其国之为国也。我国自古一统，环列皆小蛮夷，无有文物，无有政体，不成其为国，吾民亦不以平等之国视之。故吾中国数千年来，常处于独立之势。吾民之称禹域，也谓之为天下，而不谓之为国。"①

在法律文化方面，中国一直是中华法系的母法国，是法律文化的输出国。在中国古代，虽然也有别国文化传入，但它们不可能成为主流，改变原有文化的本质，相反，总要受到儒学的改造。所以，古代中国人对自己的民族和文化具有强烈的优越感和自信心。久而久之，这种优越感和自信心就蜕变为"夜郎自大"的观念，对外国和外来文化总是不能正确对待和虚心学习。清末，即使中国已经落后，本土文化已经呈现保守，但上述传统观念依然非常强烈。所以，即使考察大臣看到了西方各国无不"法良意美"，但还是认为这是中国"三代以前遗风"。

相比之下，在强者面前，日本人则比较务实、灵活和谦虚，他们有着一种岛国人民所特有的对外界事物的敏感和警觉，以及强烈的民族忧患意识和竞争精神。日本四面临海，在交通不发达的古代，处于相对孤立的环境。为了生存和发展，日本民族渴望了解外部世界，吸收外部文化。在长期的学习和吸收外来文化的过程中，日本人还培养了自己高超的鉴别力和欣赏力。中日之间这种国民性格上的差异，对考察团出洋后所关注的重点、考察的角度及得出问题的结论，显然有重大的影响。就连当时的殖民者也有这种印象，英国的埃尔金伯爵对这种差别做了如下描述："中国人和日本人在习惯和感觉方式方面存在着差别，这一差别无疑有这样一个结果：在中国人不断后退，并很可能会继续后退到帝国彻底崩溃时，日本人即使不实际处于逐渐进步的状态之中，也处在从即将洒向他们的一片强光中得益的状态之中，处在利用那些中国人不屑一顾、而日本人在开始更加了解我们时多半不但能够采纳并急于采纳的进步和发明的状态之中。"②

与此同时，日本政府的出访使节团素质基础较好，突出表现在两个方

---

① 横滨新民社辑印《清议报全编》第 4 册，1899，第 4 页。
② 〔美〕斯塔夫里阿诺斯：《全球通史：1500 年以后的世界》，吴象婴、梁赤民译，上海社会科学院出版社，1999，第 485 页。

面：一是规格高，二是行前准备充分。为了使这次远涉重洋之行不负所望，伊藤博文向政府建议："选拔通外语又熟悉我国实际事务的俊秀人物，派往西洋诸洲及美国，调查实际情况、条约缔结及诸税务所规则等。"① 经过细心挑选，明治政府组成了岩仓使节团奔赴文明世界。从组成人员看，岩仓使节团几乎荟萃了日本明治维新政府的全部重要领导人。使团的特命全权大使由政府首脑之一的右大臣岩仓具视担任；另有四人担任副使，包括参议木户孝允、大藏卿大久保利通、工部大辅伊藤博文、外务少辅山口尚芳；一些藩主如锅岛、毛利、前田等人也参加了使团，加上随员，共计50 余人。除此之外，还有 58 名赴西欧各国的留学生也同船前往。

使团的主要负责人不但是政府的要员，地位高，权力大，具有决策能力，而且年富力强，思想敏锐，富有朝气，均是日本近代史上的精英人物。如岩仓具视是日本明治维新的核心人物之一，在推翻幕府统治的过程中发挥了相当大的作用，是一位有魄力的政治家，率团出访时，只有 46岁。木户孝允是明治维新时期著名的"维新三杰"之一，曾参与起草了明治新政府的施政纲领《五条誓文》，并由他最后定稿，其中"破旧来之陋习，基天地之公道"一条就是他提出的，出访欧美时，年仅 38 岁。而 41岁的大久保利通则是明治初期的"铁血宰相"，是政府中的实权人物之一。至于伊藤博文，更是日本近代史上的重要人物，此人后来曾出任日本首相，出访欧美时，虽年仅 30 岁，但已是一名有着留学美国经历的政府要员了。

岩仓使节团不仅规格高，而且行前准备工作充分。他们不仅拟订了详细的考察大纲，而且还分别组成了政治、经济、军事及文化教育等班子，对陌生的西方社会准备进行全面的考察。使团的正副大使也各有分工，"分科各自负责其主管事务"。② 考察重点有三，即"制度法律"、"理财之计"和"教育"。③ 如岩仓具视重点考察各国帝室制度，木户孝允重点考察各国宪政，大久保利通重点考察各国工商状况等。太政大臣三条实美对此次遣使寄予非常大的期望，对这次遣使的期望和重要性在其对使团出访的

---

① 〔日〕春亩公追颂会编《伊藤博文传》上卷，统正社，1944，第 595 页。
② 〔日〕信夫清三郎：《日本政治史》第二卷，周启乾、吕万和、熊达云译，上海译文出版社，1988，第 318 页。
③ 〔日〕信夫清三郎：《日本政治史》第二卷，周启乾、吕万和、熊达云译，上海译文出版社，1988，第 318 页。

欢送辞中可见一斑："外交内治，前途大业，其成功与否，实在此一举。"①正因此，中日使团成员的能动性对中日历史的发展趋向和法律现代化的实现产生了极其深远的影响。

此外，中日出洋考察的区别还有一点就是，明治时期的日本有宽松的时间，岩仓使团用了十多年才出版了 21 卷的《殖产兴业建议书》，这本身是一个吸收、消化的过程，所以，日本能通过出洋考察把法律移植与本土化的关系处理得非常好。而相比之下，清廷的五大臣归国后不久就让杨度、梁启超等人代笔写了调查报告，这既不能反映他们对考察西方的确切认识，也没有一个经时间和实践对考察结论进行检验的过程。如此，难免会出现两国的立宪政治实施效果和国内法律改革的结果大相径庭之局面了。

结　语

出洋考察与近代中日的立宪改革是相辅相成、内外互动的关系：国外的考察推动着国内的改革，国内的改革又实践并检验着国外考察人员的宪政理念，它们交织在一起，共同促进了中日两国的法律近代化进程。尽管中日的出洋考察团在形式上有某些相似之处，但透过微观层面所折射的本质差别，导致两国法律改革的实效并不相同。

---

① 〔日〕大久保利谦：《岩仓使节团研究》，宗高书房，1976，第 161～162 页。

美国法上的"宪法之谜"

——行政特权

韩姗姗*

摘　要： 行政特权（Executive Privilege）是美国法上的一个重要制度，指行政机关掌握的机密信息如果公开，会损害公共利益时，可以拒绝向法院或国会提供。本文在对行政特权的历史演变进行梳理的过程中，探析行政特权与国会、法院之间的权力冲突，并分析关于行政特权的几个主要理论争议。

关键词： 行政特权　国会调查权　司法审查

行政特权是美国法上的一个重要制度，指行政机关掌握的机密信息如果公开，会损害公共利益时，可以拒绝向法院或国会提供。[①] 但由于行政特权没有明确的宪法和成文法规定，争议较多，有"宪法之谜"之称（Executive Privilege：a Constitutional Myth）。我国学者王名扬、张千帆等曾对之有所论及，但不够深入系统，且有个别模糊之处。本文根据美国有关判例、学说，经由考察行政特权的历史发展，行政特权与国会、法院的冲突，以及有关理论争议，认为行政特权并非不受限制的权力，它仍不过是美国权力分立制衡宪政原则的产物。

一　行政特权的历史演变

美国建国之初，行政特权概念已经出现，20世纪50年代艾森豪威尔

---

* 韩姗姗，华东师范大学法学院2015级法律硕士，研究方向为法律史、宪法行政法。

① 王名扬：《美国行政法（下）》，北京大学出版社，2016，第687页。

时期正式确立，尼克松时期到达顶峰，后因水门事件被污名化。20 世纪 80 年代里根总统时期，行政特权再次复兴，但此后因为克林顿、小布什的滥用，行政特权再次跌入低谷。奥巴马上任，明确声明避免行政特权的使用。据此，本文将行政特权的发展过程分为以下三个阶段。

1. 兴起阶段——建国后至"二战"结束

1792 年华盛顿时期，美国第一届国会调查克莱尔将军时，内阁会议认为总统应将全部文件提交国会，但损害公众利益的文件除外，该决议内容已基本包含了行政特权的内涵。[1] 1796 年华盛顿总统以众议院无权知道《杰伊条约》（Jay Treaty）的详细内容为由，拒绝向其提供该条约具体内容，行政特权再次以总统拒绝向国会提供某一材料的形式出现。[2] 1885 年首位民主党总统格罗弗·克利夫兰入主白宫，并以"公共利益考量"、"单纯行政事务"（purely executive functions）为由，拒绝向国会提供人事任命的相关资料。[3] 此阶段国会要求获取的行政机关材料多集中于行政机关执行监督、人事任命、条约缔结等方面，国会对行政机关拒绝提出材料，保持谦逊态度，并未启动预算权、拨款权等调查工具与行政机构直接对抗。

2. 初次起落阶段——"二战"结束后至水门时代

小罗斯福时代 FBI 局长拒不履行众议院的证据传票，全球经济危机的洗礼使得行政部门的权力进一步增强，国会不得不承认行政部门拒绝作证的合法性。20 世纪 50 年代，艾森豪威尔政府首次提出"行政特权"的概念，这被视为"行政特权"初次登上成文化的舞台。艾森豪威尔之后的总统对行政特权的主张范围稍有缩减。至尼克松时代，水门事件成为行政特权与国会调查权互相对抗的重要里程碑。尼克松总统以总统交流特权、国家安全等事由多次主张行政特权，造成行政特权的滥用，致使其污名化，这是行政特权演变史上的第一次低谷时期。

3. 二次起落阶段——后水门时代至奥巴马总统时期

水门事件后，行政特权一直处于敏感状态，尼克松之后的总统较少主

---

① 王名扬：《美国行政法（下）》，北京大学出版社，2016，第 688 页。

② Adam Carlyle Breckenridge, *The Executive Privilege: Presidential Control over Information*（Lincoln: University of Nebraska Press, 1974），p. 48.

③ Adam Carlyle Breckenridge, *The Executive Privilege: Presidential Control over Information*（Lincoln: University of Nebraska Press, 1974），p. 46.

张该特权,直至里根政府前期被称为"后水门时代"。里根政府因介入中东内战,引发国会重大争议,国会遂要求里根总统提供其日记,在"水门事件"之后总统首次以行政特权为由拒绝提供。老布什时代 FBI 境外逮捕令争议案、EPA and Superfund 案、A–12 海军飞机预算案、内政部矿区复地案、波斯湾战争案均涉及国会要求行政部门提供咨询反遭总统以行政特权为由而拒绝提供。其中,FBI 境外逮捕令争议案中,老布什甚至以前所未有的"意见秘密政策"(Secret Opinions Policy)、"咨询关系特权"(Attorney-Client Privilege)为由主张行政特权;[1] 波斯湾战争案中首次以"讨论程序特权"(Deliberative Process Component of Executive Privilege)为由主张行政特权;EPA and Superfund 案、A–12 海军飞机预算案、内政部矿区复地案均以通讯秘密为由主张行政特权。经历后水门时代,行政部门对行政特权所持的消极逃避态度遭到了克林顿和小布什总统的极力反对,并逐渐恢复其宪法位阶应有的权力。克林顿任期内主张行政特权 14 次,小布什任期内 6 次,该时期为行政特权史上案例最多的时期。克林顿和小布什对特权的滥用引发社会不满,奥巴马继任总统第一天即签署《开放透明政府法令》(Transparency and Open Government),标志着布什时代的结束。其在任期内也仅就速度与激情案唯一一次主张行政特权。

综上三阶段,行政特权发展至今已先后经历了低、高、低、高、低的两次起落,现任总统特朗普任期内行政特权会如何演变,是否会再次达到顶峰,有待后续观察。

二 行政特权与国会、法院的冲突

从上文可以看出,行政特权主要针对的是国会。当行政特权与国会发生争议时,二者又经常寻求法院的司法支持。这样三者之间的争议就成为宪法问题,涉及三权分立和制衡这样一些基本宪法原则,也会牵涉实际政治斗争。

1. 行政特权与国会的冲突

建国之初,国会就逐渐确立了对行政机构的调查权,并获得法院认

---

[1]　Mark J. Rozell, *Executive Privilege, Presidential Power, Secrecy, and Accountability* (University Press of Kansas, 2010), pp. 81–82.

可，这被视为国会的隐含性权力（Implied Power），其宪法地位远比行政特权稳固。[1] 当政府以行政特权拒绝提供信息的时候，就与国会调查权产生冲突。一般情况下，双方会通过政治协商解决，但在极端情况下，也寻求司法介入模式。不过，法院常采取消极的态度而拒绝受理此类案件，即使受理一般也不会直接审查特权主张的机密内容，而是根据行政部门的保密事由进行审理，并且法院无权强制行政部门公开特权主张的内容。因国会与行政权间的冲突更多地涉及民主党、共和党势力的对抗，属政治性问题，法院大多不愿干预，此类争端多以双方协商告终。据统计，截至 2012 年，因国会要求行政机关提供信息而主张行政特权引发争议，起诉到法院的仅有四例：1974 年的 Senate Select Comm. on Presidential Campaign Activities v. Nixon 案，[2] 1976 年的 United States v. AT & T 案，[3] 1983 年的 United States v. House of Representatives 案，[4] 2008 年的 Committee on the Judiciary v. Miers 案，[5] 这四个案件最后均以双方协商妥协而结束。法院就案情作出裁决的仅 1974 年和 2008 年两例，且这四例无一上诉至最高法院。[6] 这里就 1983 年的合众国诉众议院案、2008 年的司法委员会诉迈尔斯案予以分析。

　　1983 年的合众国诉众议院案源于众议院委员会对环保局执行法律不力的调查，环保局以行政特权为由拒绝提供委员会举行听证所需的文件，众议院以环保局藐视国会罪移交司法部进行刑事诉讼。令众议院诧异的是，司法部不仅不追诉，反而对众议院提起民事诉讼，请求禁止众议院的调查。[7] 法院并未接受司法部的追诉，因为法院认为行政特权的争端理应在刑事执行程序中解决，而不应由法院干预。随后众议院委员会组织对司法部行为的调查，并主张其行为违背宪法三权分立的原则，损害国家利益。

---

① 参加王名扬《美国行政法（下）》，北京大学出版社，2016，第 668 页。

② 参见 Senate Select Comm. on Presidential Campaign Activities v. Nixon, 498 F. 2d 725（D. C. Cir. 1974），另参见 CRS Report R42670，Presidential Claims of Executive Privilege：History, Law, Practice, and Recent Developments, p. 1.（August 21, 2012）。

③ United States v. AT & T, 551 F. 2d 384（D. C. Cir. 1976）.

④ United States v. House of Representatives, 556 F. Supp. 150（D. D. C. 1983）.

⑤ Comm. on the Judiciary v. Miers, 558 F. Supp. 2d 53（D. D. C. 2008）.

⑥ 参见 CRS Report R42670，Presidential Claims of Executive Privilege：History, Law, Practice, and Recent Developments, p. 1.（August 21, 2012）。

⑦ United States v. House of Representatives, 556 F. Supp. 150（D. D. C. 1983）；又参见王名扬《美国行政法（下）》，北京大学出版社，2016，第 689 页。

经调查,司法部的行为确有欺骗国会和总统的嫌疑,并可能引发国会的弹劾程序,鉴于紧张情势,双方最终采取协商、让步的方式结束此案。①

2008 年的司法委员会诉迈尔斯案因布什总统解雇检察官风波而致使国会和白宫对簿公堂。2007 年美国国会就 8 名联邦检察官被解雇事件展开调查,现任及前任白宫官员以行政特权为由拒不执行国会发出的传票,白宫方面反复宣称,根据总统的行政特权,迈尔斯对国会的传票有绝对豁免权。后根据双方达成的协议,迈尔斯就 8 名联邦检察官被布什政府解职一事到委员会作证。该协议标志着历时两年多、由民主党控制的国会与前布什政府之间关于检察官被解职风波的矛盾得以缓和,并以双方协商的方式结束此案。该案明确否认行政人员的绝对豁免权,同时重申国会在进行监督和执行传票方面的重要作用。虽然迈尔斯案似乎是国会调查权对行政特权主张范围限制的有效例证,但其对后来案件的影响却并不明显。作为地区法院的裁决,其影响只局限于该案,迈尔斯女士除不享有国会传票的绝对豁免,在面对国会其他问题时仍可主张行政特权。② 法院虽然对该案予以裁决,但主要仍是基于双方协商的结果,无异于前三例的结局。

2. 行政特权与法院的冲突

行政特权与法院的冲突,主要表现在涉密民事诉讼和刑事诉讼中。第一,民事诉讼。1953 年雷诺兹案(United States v. Reynolds)首次确认民事诉讼中的国家机密特权(the State Secrets Privilege)。③ 国家机密特权是司法基础上的证据特权,若存在披露将损害美国国家安全的"合理危险"(Reasonable Danger),则允许联邦政府抵制法院披露信息的命令。④ 该案还

---

① 参见王名扬《美国行政法(下)》,北京大学出版社,2016,第 689 页。

② 参见 Comm. on the Judiciary v. Miers, 558 F. Supp. 2d 53 (D. D. C. 2008),另参见 CRS Report R42670, Presidential Claims of Executive Privilege: History, Law, Practice, and Recent Developments, pp. 21 – 29. (August 21, 2012).

③ 因国家机密特权是普通法中的证据法则,本文将其定义为行政特权的下位概念,作为行政特权主张事由之一种,不作区分讨论。详见下文分析。参见 CRS Report R41742, Protecting Classified Information and the Rights of Criminal Defendants: The Classified Information Procedures Act, p. 1. (April 2, 2012). ("Although the common law privilege has a long history, the Supreme Court first described the modern analytical framework of the state secrets privilege in the 1953 case of United States v. Reynolds.").

④ 参见 CRS Report R41741, The State Secrets Privilege: Preventing the Disclosure of Sensitive National Security Information During Civil Litigation, p. 2. (August 16, 2011).

认为，对特权主张的认可并不彻底驳回原告的诉讼请求。最高法院撤销了部分原判，但并未驳回原告的申诉，而是将案件发回原审法院要求其在没有特权证据的情况下追查该案。此判决宣示了国家机密特权于民事诉讼中的"公益性质"，私人利益确应得到国家保护，但若对该私人利益的保护需披露国家机密，则应在穷尽其他法则未果的情况下，国家机密始得让位于私人利益；否则应给予国家机密特权主张以高度尊重，一旦经正确援引，则该特权具有绝对性。类似民事诉讼中关于国家机密特权的案件不在少数，一般是为避免披露国家机密，政府为被告或涉及政府干预私人案件的诉讼。近期发展出对非常规引渡（Extraordinary Rendition）制度、恐怖主义监视项目（Terrorist Surveillance Program）、国家安全机构的就业赔偿、政府承包商（Government Contractors）等不满，而对其提出民事诉讼的案件。但雷诺兹案后类似案件仍未准确界定国家机密特权的适用范围，也未准确指出其特权属性是基于证据法原则还是宪法原则，对 Totten 原则（保密工作契约不受司法管辖）的争议也未予以明示。①

第二，刑事诉讼。1974 年尼克松案（United States v. Nixon）确认了刑事诉讼中的国家机密特权，② 同时，该案还首先确认了总统交流特权。直到尼克松案才正式由司法确认行政特权的合法性。美国联邦法院判决就尼克松被命令提供的证物属性，进行类型化区分而赋予程度不同的保护。首先，就涉及军事、外交或敏感之国家安全机密（military，diplomatic，or sensitive national security secrets），为"国家机密特权"，属于绝对特权（Absolute Privilege）。其次，在不涉及军事、外交或敏感的国家安全机密情形下，总统可"拒绝提出"（Presumptively Privileged）；此拒绝提出之特权为相对特权（Qualified Privilege）。③ 行政特权原则使总统有权把涉及国家安全或其他敏感问题的证据当作机密，但总统不能因此而拒绝提交正当刑事司法程序中要求的起诉证据。尼克松过度援引行政特权的行为有越权解释宪法的嫌疑，但尼克松案再次确立"阐述什么是法律的权力属于联邦最

---

① 参见 CRS Report R41741，The State Secrets Privilege：Preventing the Disclosure of Sensitive National Security Information During Civil Litigation，p. 19.（August 16，2011）。
② 参见 Archibald Cox，Executive Privilege，122 U. Pa. L. Rev. 1411（1974）。
③ 参见邱贞慧《国家机密法制之研究——以机密资讯审定为中心》，在职硕士学位论文，台湾东吴大学法律系，2008，第 133 页。

高法院"①，总统也不能豁免于司法程序。1980 年美国通过《涉密案件程序法》（Classified Information Procedures Act，CIPA），规定了法院处理涉密刑事案件的诉讼程序。该法并未改变政府追究犯罪行为的职责，只是考虑到涉密刑事案件的特殊性，为保护国家安全，同时满足被告人的权利，试图改变查明事实的方式。该法使政府有能力保护涉密案件中的秘密信息，同时，被告人的辩护能力也未因为案件涉密而受实质影响，从而有利于公正审判。②

三　行政特权的主要理论争议

行政特权已有两百多年的历史，不同时期政府对其行使主体、内容也有不同的界定，理论上争议更是繁多，因此厘清行政特权的主要争议显得尤为必要。以下就行政特权正当性争议和主张事由争议予以讨论。

1. 行政特权正当性之争议

美国学者对行政特权的正当性主要持两种看法：以学者 Rozell 为代表的支持派和以 Berger 为代表的反对派。

Rozell 认为行政特权有其宪法基础，美国立宪时期所依据的洛克、孟德斯鸠的三权分立学说为其提供宪法位阶。洛克的三权分立理论指出，在特定情况下，为了社会的福利应赋予握有执行权的人某些特权。行政特权为美国三权分立体制的衍生品，理当获得支持。此看法也获得了美国国会调查报告的认可。③ 另外一个理由是，行政特权的存在是客观需要。水门事件中尼克松主张行政特权是其幕僚、顾问表达真实意见的保障，有利于政府做出科学的决策，这一主张也得到了最高法院的确认。

反对一方的 Berger 教授在《行政特权：一个宪法之谜》（*Executive Privilege：a Constitutional Myth*）一书中将行政特权比作"迷思"（myth），认为成文法上无任何规定，更无宪法基础。虽然行政特权常被用于保护国家安全，但国会在外交事务、军事事务中同样享有决策权，不应由行政机构独享。而且，行政特权有隐瞒行政部门内部丑闻、弊端之嫌，故行政特

① 参见 Marburry v. Madison. Supra note 1. at 167。
② 《涉密案件程序法》，张卓明译，《行政法学研究》2010 年第 4 期。
③ 参见 CRS Report R42670，Presidential Claims of Executive Privilege：History，Law，Practice，and Recent Developments，p. 1.（August 21，2012）。

权实为行政机关独裁、滥用行政权的权力源泉。该论调随后即遭到耶鲁大学副教授 Albert 所撰书评的批驳，① 同时，美国国会 2012 年的调查报告中也明确禁止行政特权用于隐瞒行政部门内部丑闻或弊端。② 因此，总体上看，美国学界对于行政特权的正当性尚持认可态度。

2. 行政特权的主张事由之争议

行政特权自艾森豪威尔时期始以成文化形式出现，然而，行政特权主张事由多样，不同时期政府的主张事由也是样态多变。其中，国家机密特权根据 1953 年雷诺兹案和 1980 年《涉密案件程序法》得以确认。但有学者指出，国家机密特权并不等同于行政特权，国家机密特权为证据法规则，属于普通法特权，而行政特权为宪法特权，法律位阶上存在差异。1953 年雷诺兹案确认了民事诉讼中的"国家机密特权"，1974 年尼克松案确认了刑事诉讼中的"国家机密特权"，但最高法院使用的是总统"行政特权"一词。根据目的解释，"国家机密特权"和"行政特权"都是为了对抗法院的证据传票要求。"国家机密特权"可视为"行政特权"的下位概念，属于行政特权主张事由之一。

另外，根据美国现有案例解释，普遍认可的属"总统交流特权"和"讨论程序特权"。尼克松及后水门时代建立了总统交流特权的大致轮廓，但直到 1997 年 in re Sealed Case（Espy）案和 2004 年 Judicial Watch v. Department of Justice 案，法院才将先前案例遗留问题解释清楚，其中包括对"总统交流特权"和"讨论程序特权"的明确界定和区分。第一，总统交流特权源于宪法分权原则和总统职权，属于宪法特权（Constitutional Privilege）；其范围仅限于总统和白宫高级行政机构，不适用于所有行政部门；该特权为总统"独有和不可授权的权力"（Quintessential and Non-delegable Presidential Power）；该特权也为相对权（Qualified Privilege），不具有绝对性，仅有很大可能性认为该证据传票要求材料中包含重要证据和穷尽所有办法都无法获得该证据时才不被适用。第二，讨论程序特权源于普通法，为普通法特权（a Common Law Privilege）；行使主体为一般行政机构官员；

① 参见 Albert, Lee A., "Executive Privilege: A Constitutional Myth"（1974）, Faculty Scholarship Series, Paper 4003。
② 参见 CRS Report R42670, Presidential Claims of Executive Privilege: History, Law, Practice, and Recent Developments, p. 18.（August 21, 2012）。

其对抗力弱于总统交流特权，"有任何理由显示政府有不当行为时即可被推翻适用"（Disappears altogether when there is any reason to believe government misconduct has occurred）。①

行政特权主张事由除以上两项外，还包括咨询关系特权、律师工作物特权、总统与幕僚间机密咨询特权等，这些特权主张事由尚无案例明确其来源、行使主体以及范围等，有待后续美国司法实务案例的发展和完善。

四 结论

美国行政特权发展至今，已有两百多年的历史，自华盛顿总统以来，历任总统均主张过行政特权，其发展脉络也经历过两次起伏，美国法院判例对行政特权案件的解释尚无定论，但普遍承认其具有宪法基础。三权分立体制、宪政位阶之基础以及总统作为国家元首的特殊地位为其存在的正当性提供依据。但其仍属法无明文规定之隐含性权力，不同时期政府对行政特权的主张均有不同，理论学界对其认识也有较大差异，对行政特权的规制更是无章可循。

然而，美国宪法最显著的精神就是不承认没有限制的权力，其中也包括行政权、立法权等。"防止把某些权力逐渐集中于同一部门的最可靠办法，就是赋予各部门主管人必要的法定手段和个人动机，来抵抗其他部门侵犯。假如人人都是天使，就不需要任何政府了。在组织一个人统治人的政府时，最大的困难在于，首先必须使得政府能够控制被统治者，其次要使得政府能够自己控制自己。毫无疑问，依靠人民是控制政府的首要办法，但是经验教导人类，还必须要有辅助性的预防办法。"② 行政特权作为行政机构对抗国会、法院的重要制衡手段，其本身也受到立法和司法的多重制约与审查。这使得美国整个政治架构始终处在一种博弈—平衡的状态，维护着美国社会的持续发展。这也许才是我们研究行政特权的最重要的启示。

---

① 参见 CRS Report R42670 , Presidential Claims of Executive Privilege: History, Law, Practice, and Recent Developments, pp. 16, 34.（August 21, 2012）。

② 亚历山大·汉密尔顿等:《联邦党人文集》，张晓庆译，中国社会科学出版社，2009，第245 页。

西方保密法制初探[*]

张　群[**]

摘　要： 西方国家的保密法制经历了一个长期的发展过程，受到科学技术、新闻出版业以及战争的影响，有着不同的体例和制度，但在核心内容上基本一致，在保密与公开关系上的立场也接近一致，但没有一个国家忽视乃至漠视保密法制，而是在公开大前提下给予保密足够的关注。这在根本上是由国家安全与信息自由的关系决定的。

关键词： 保密法制　国家安全　信息自由

一　引言

近年来，笔者在学习和研究保密法的过程中，经常感到了解西方的重要性。一是中国保密法多方参考和借鉴了西方发达国家的经验，追源溯流，可以更准确地理解制度原意，避免出现偏差。二是近年国外保密立法出现一些新动向，在不同程度上反映了信息化和全球化条件下保密工作的新特点新趋势，学习西方可以帮助我们更好地瞄准方向，把握未来。三是中西历史、国情差异甚大，在保密制度上也有许多不同，这本来是很自然的事情，但落到具体问题上，一些分析和评价经常流于简单化和极端化，或者对西方顶礼膜

---

[*]　本文中的"西方"，在地域上，主要指英美德日四国，兼及美欧其他国家和地区。在时限上，则以19世纪末20世纪初，特别是第二次世界大战以来为主要考察时段。这除了此前相关资料比较匮乏之外，也因为相对于民法、刑法和宪法等部门法，保密法本身形成较晚。"保密法制"主要指调整保守国家秘密过程中形成的各种社会关系的法律规范的总和，包括国家秘密的确定、管理（各类保密防护措施以及保密标准等技术法规）以及泄密责任追究（主要体现为刑法典规定）等内容。

[**]　张群，北京大学近代法研究所兼职研究员，法学博士。

拜，或者嗤之以鼻，对中国亦然，这在情感上可以理解，但在认知方式上理应改进，而第一步当然就是要对西方有个全面、准确的认识和了解。

早在 19 世纪末 20 世纪初，德国学者马克斯·韦伯和格奥尔格·齐美尔等就从社会学角度对保密问题进行过相当深入的开拓性研究，[①] 但后继乏人。直到第二次世界大战，特别是 20 世纪 60 年代以后，美国[②]、欧洲[③]、日本[④]，以及中国台湾地区[⑤]，才大范围兴起保密法制研究，这很大程度上缘于知情权运动和信息公开浪潮的冲击和挑战。保密既攸关国家安全和利益，是政治权力分配和运作的重要手段，又对公民的言论自由、正当程序等权利构成严重限制，这种矛盾特性使其经常成为政治、法学、人权和新闻学者关注的热点话题。[⑥] 1966 年德国明镜周刊案[⑦]、1971 年美国五角大楼文件案[⑧]、1971 年日本外务省密电泄露案[⑨]、1974 年美国

---

① 参见韩姗姗《社会学视野下的保密观》，《保密科学技术》2013 年第 11 期。另参见 Susan L. Maret & Jan Goldmaneds, *Government Secrecy——Classic and Contemporary Readings* (Libraries Unlimited, 2009)。

② 主要有：Itzhak Galnoor ed., *Government Secrecy in Democracies* (New York University Press, 1977)；Donald C. Rowat ed., *Administrative Secrecy in Developed Countries* (Columbia University Press, New York 1979)；Arvin Quist, *Security Classification of Information*, at *http://www.fas.org/sgp/library/quist/*。〔该书第一卷《定密概述、历史及负面影响》(Introduction, History, and Adverse Impacts)，出版于 1989 年，2015 年金城出版社出版了该书的中译本，彭志等译〕；〔美〕凯斯·森斯坦：《政府对信息的控制》，李志强译，《比较法研究》2007 年第 2 期。

③ D Williams, Not in the Public Interest：The Problem of Security in Democracy (1965).

④ 主要有〔日〕右琦正博：《国家之秘密与国民之知的权利——外务省公电泄漏事件》，李鸿禧译，载荆知仁主编《宪法变迁与宪政成长》，正中书局，1984，第 607 页。

⑤ 主要有蔡墩铭：《刑法关于军事秘密之保护》，《法令月刊》1985 年第 9 期；林明锵：《公务机密与行政资讯公开》，《台大法学论丛》1993 年第 12 期；苏俊雄：《论"国家机密"法益与新闻自由的保护》，《政大法学评论》第 48 期，1993 年 9 月。

⑥ 在法学领域，对保密问题的研究，一是在宪法领域，主要研究行政保密特权与立法、司法部门之间的冲突，以及国家安全与信息公开、新闻自由等的法益衡平问题；二是在行政法领域，主要研究定密标准、程序和救济、涉密人员安全审查，以及信息公开豁免的标准和程序等问题；三是在刑事法领域，主要研究如何认定国家秘密，分析各项涉密犯罪的行为构成要件、行为态样和量刑标准，以及在刑事诉讼中保密特权的适用条件，保密特权与正当程序、被告人权利的利益衡量等问题。

⑦ 陈征：《明镜周刊案》，载张翔主编《德国宪法案例选释》第 2 辑《言论自由》，法律出版社，2016，第 1 页。

⑧ 张千帆：《西方宪政体系》上册《美国宪法》，中国政法大学出版社，2000，第 401 页。

⑨ 〔日〕右琦正博：《国家之秘密与国民之知的权利——外务省公电泄漏事件》，李鸿禧译，载荆知仁主编《宪法变迁与宪政成长》，正中书局，1984，第 607 页。

尼克松案①。1979 年美国进步月刊案、1984 年英国庞廷案②等，不仅引发保密和公开制度变革，对国内政局乃至国际关系都有重要影响。最近的希拉里"邮件门"、朴槿惠"亲信门"事件，也都是泄密引发政治变动的典型。

　　新中国在 1950 年颁布《保守国家机密暂行条例》，1988 年颁布《保守国家秘密法》，前者主要取法苏联，后者则借鉴美欧诸国，但在学术上则比较滞后。直到 2000 年前后，在国家保密局的组织和推动下，北京大学法学院、中国社会科学院法学研究所等单位的专家学者才开始系统研究国外保密法制，保密法学才算打下一定的学术基础。③在随后的修订保密法过程中，国家保密局曾委托专家对西方保密立法进行专题研究，并形成了颇有分量的研究报告。④ 近年来，这方面有了进一步发展，在一些学术论文⑤、博士论文⑥，以及教材⑦中，均对西方保密法制有相当篇幅的探讨。在一些翻译过来的外国宪法⑧、行政法⑨、刑法⑩、

---

① 陈昭如、黄丞仪节译："United States v. Nixon"，载"司法院"编印《美国联邦最高法院宪法判决选译》第四辑，2003，第 485 页。

② 楚安生：《"庞廷事件"与英国的保密法》，《世界知识》1985 年第 8 期。

③ 主要有《国外保密法规选编》，金城出版社，1997；《美国保密法律制度》，金城出版社，2000；《保密法比较研究》，金城出版社，2001；《德国荷兰保密法律制度》，金城出版社，2001；周汉华主编《外国政府信息公开制度比较》，中国法制出版社，2003。

④ 分别是支振锋：《英国保密法律制度究报告》（以下简称支振锋报告）；张卓明等：《美国保密法律制度研究报告》（以下简称张卓明报告）；刘洪岩：《俄罗斯保密法律制度研究报告》，国家保密局委托课题，2010 年结项。

⑤ 主要有林爱珺：《基于知情权的国家保密制度研究》，《新闻大学》2008 年第 1 期；王锡锌：《政府信息公开语境中的"国家秘密"探讨》，《政治与法律》2009 年第 3 期；贺诗礼：《关于政府信息免予公开典型条款的几点思考》，《政治与法律》2009 年第 3 期；周汉华：《〈保守国家秘密法〉修改述评》，《法学家》2010 年第 3 期；郑春燕：《政府信息公开与国家秘密保护》，《中国法学》2014 年第 1 期。

⑥ 主要有孙光明：《中国保密立法若干问题研究》，博士学位论文，中国社会科学院法学研究所，2009；孙琦：《论公民知情权与政府保密权的冲突与平衡》，博士学位论文，中国社会科学院法学研究所，2009。

⑦ 夏勇主编《保密法学教程》，金城出版社，2013。

⑧ 主要有〔英〕A. W. 布拉德、K. D. 尤因：《宪法与行政法》（第十四版），程洁等译，商务印书馆，2008。

⑨ 主要有〔美〕肯尼思·F. 沃伦：《政治体制中的行政法》（第三版），王丛虎等译，中国人民大学出版社，2005；〔英〕彼得·莱兰、戈登·安东尼：《英国行政法教科书》（第五版），杨伟东译，北京大学出版社，2007；〔美〕理查德·J. 皮尔斯：《行政法》（第五版），苏苗罕译，中国人民大学出版社，2016。

⑩ 主要有〔日〕西田典之：《日本刑法各论》（第三版），刘明祥、王昭武译，中国人民大学出版社，2007。

诉讼法教科书①，以及中国学者撰写的同类著作②中，也有简约而不失深度的评论，特别是援引了较多的案例，一新耳目。

但仍然有一些缺憾。一是大多数作品仍旧习惯于或者倾向于从信息公开和知情权角度切入，在一定程度上遮蔽了保密问题的特殊性和重要性，影响了研究的深入。一个典型例证是美国学者凯斯·森斯坦撰写的经典论文《政府对信息的控制》被译成中文发表已经七八年，但中国学术期刊网（CNKI）上显示该文引用率只有个位数。③ 这和中国学界在保密问题上视野比较单一不无关系。关于保密对三权分立和制衡原则的深刻体现和重要影响，保密对公民表达自由、就业自由、公正审判等宪法权利的严重限制等问题，似均缺乏应有关注。二是在整体上，还是比较初步的，迫切需要提升研究的深度和广度。例如，有学者将中国国家秘密范围和美英等国保密范围进行简单类比，认为国家秘密应当仅限于军事、外交、武器和情报，④ 而没有注意到美国在国家安全秘密信息（Classified national security information，主要包括国防、外交、武器和情报）之外，还将大量受控非密信息（Controlled Unclassified Information，又称"敏感非密信息"，sensitive but unclassified）纳入保密范围，这部分信息几乎是前者的 10 倍。⑤ 还有一些学者依据所谓西方法理，对中国密级鉴定制度、（审判）工作秘密制度提出强烈但未必站得住脚的批评。⑥ 在外国宪法、行政法、刑法等领域已经显著改善的重立法、轻判例的倾向，在保密法研究中依然故我，在

---

① 主要有〔美〕约翰·W.斯特龙主编《麦考密克论证据》（第五版），汤维建等译，中国政法大学出版社，2004。

② 主要有王名扬：《英国行政法》，中国政法大学出版社，1987，北京大学出版社，2016；王名扬：《法国行政法》，中国政法大学出版社，1989，北京大学出版社，2016；王名扬：《美国行政法》，中国法制出版社，1995，2005，北京大学出版社，2016；王希：《原则与妥协——美国宪法的精神与实践》，北京大学出版社，2000，2014；张千帆：《西方宪政体系》上册《美国宪法》，中国政法大学出版社，2000，法律出版社，2011；张千帆：《法国与德国宪政》，中国政法大学出版社，2000，法律出版社，2011；王兆鹏：《美国刑事诉讼法》（第二版），北京大学出版社，2014。

③ 〔美〕凯斯·森斯坦：《政府对信息的控制》，李志强译，《比较法研究》2007 年第 2 期。

④ 王锡锌：《政府信息公开语境中的"国家秘密"探讨》，《政治与法律》2009 年第 3 期。

⑤ 美国总统奥巴马 2010 年签发第 13556 号行政命令（Executive Order）《受控非密信息（Controlled Unclassified Information）》（又称敏感非密信息，sensitive but unclassified，缩写 SBU））。

⑥ 张正平：《定密的主观性及其克服》，《法商研究》2012 年第 2 期；张新宝、王伟国：《司法公开三题》，《交大法学》2013 年第 4 期。

保密理论、政策、立法和判例的综合研究方面，还没有出现比较有分量的作品。①

这种不如意，和大的环境即保密工作的特殊性有关。除新中国成立初期曾经与苏联有过比较密切的交流以外，我国几乎很少与其他国家在保密领域进行合作。北京大学专家曾经在 2001 年指出，因为难以取得国外的一手资料，也就难以从整体上把握国外保密法制精髓，只能以点带面，在现有资料基础上，做一些简要的介绍、概括和分析。② 十多年过去了，资料情况好了许多，但交流窘迫的状况并未根本改变。此外，就个人发展来说，因为"涉密"可能影响出国、就业以及成果发表、职称评定，许多学者对保密问题避之唯恐不及，甚至对一些没有涉密风险的基础理论研究也不愿问津。有法学专家曾经因为不愿意成为"涉密人员"，而一度拒绝担任国家保密局《保密法》修改专家组顾问。③ 美国学者曾经指出，保密有阻碍科技交流和发展（自由学术交流有助于学者建立必要的积极态度去面对任何观点）、增加研究成本（一个保密的科技研发项目，一半以上经费都要用于安全管理）等多方面的消极影响。④ 这一点在保密法研究上最先表现出来，令人深思。

---

① 在笔者所见中文文献中，以台湾东吴大学法律学系邱贞慧 2008 年提交的硕士毕业论文《国家机密法制之研究——以机密资讯审定为中心》论述最为详尽、资料最为丰富。也是 2008 年发表的蔡德伦《美国法上行政特权之研究——兼论我国法制与实务》（台湾大学法律学院法律学系 2008 年硕士毕业论文），以及早一些的徐子婷《新闻自由与刑法之冲突——以美国法为中心，论泄密、诽谤与侵犯隐私之责任》（政治大学法律研究所 2002 年硕士论文）均有较高学术价值。而视野最为开阔的自然是王名扬的外国行政法三部曲。在应松年、姜明安等学者的推动下，北京大学出版社 2016 年出版了重新编辑的《王名扬全集》。近年来，国内对外国行政法的研究不断进步，出版了不少专著，国外行政法教科书和专著也翻译了不少，但在整体上似乎还没有出现可以和王老"三部曲"媲美的著作。后向东《美国联邦信息公开制度研究》（中国法制出版社，2014，第 10 页）一书认为，王对美国信息公开制度的介绍，是迄今为止"最全面深入的"，但又认为"以一般性的概述为主"，"缺乏对该制度的深入、具体分析和解读"。但以《信息自由法》豁免条款部分而言（王著第 967 - 997 页，后著第 85 - 107 页），后著的批评是不符合事实的。参见 CRS Report 97 - 71，*Access to Government Information in the United States*：*A Primer*（March 18, 2016）。

② 《保密法比较研究》，金城出版社，2001，第 71 页。

③ 周汉华：《政府监管与行政法》，北京大学出版社，2007，前言。

④ Arvin S. Quist, *Security Classification of Information*, Chapter 7, at *http：//www. fas. org/sgp/library/quist/*.

但是法制史考察表明，民主法治和知情权从来都不是信息公开所能完全解决的，保密事关国家安全和利益，其优先性举世公认，不应也不宜厚此薄彼，保密和公开"两手都要抓，两手都要硬"。相对于信息公开，中国学者对保密法研究明显欠缺，这不是一个法治国家的应有状态。努力应当是多方面的。基于上述考虑，笔者不揣浅陋，撰写了这篇短文，供保密实务和理论研究参考，并请有关专家不吝指正。

二 历史演进

在西方法律史上，保密法制起初属于刑法，主要内容为反奸防谍、惩治泄密，其典型代表是英国 1889 年颁布的《公务秘密法》（Official Secret Act，又译作《官方秘密法》）。[①] 但随着新闻自由和知情权运动的发展，保密法制神秘化、刑罚化一面逐渐削弱，法律规范也由以刑法为主转向以宪法、行政法为主，有时还被细划到国家安全法领域。有著作以加拿大和美国为例，认为保密法制"有一定的综合性"，不宜简单划归某一部门法。[②] 这是正确的。

西方保密法制的历史发展大致可以分为三个阶段。一是在英国 1889 年《公务秘密法》颁布之前。俄罗斯、法国、德国等国家都颁布过一些关于保密的法规，但散见于刑事法规之中，主要内容为对间谍罪和泄密罪的惩治，因而还谈不上有专门的保密法制。二是从英国颁布《公务秘密法》到 1966 年美国颁布《信息自由法》。英国《公务秘密法》的颁布标志着独立的保密法制框架初步形成。《公务秘密法》的三大内容，即哪些信息属于保密范围，哪些人员应当遵守保密制度、承担保密义务，泄密应当受到何等制裁，也成为各国保密法制的核心内容（特别是在英国殖民地和自治领国家和地区）。这个阶段先后发生两次世界大战，促进了各国保密文化的弥漫与保密法制的发展，但法治和人权精神的张扬、新闻自由的进步，也为保密法制转型打下了基础。三是 1966 年美国《信息自由法》

---

① Official Secrecy（Number SN/PC/02023，30 December 2008）. *The Official Secrets Acts and Official Secrecy*（Number CBP07422，17 December 2015）.

② 《保密法比较研究》，金城出版社，2001，第 2 页。

颁布至今。起源于美国的知情权运动，推动美国颁布信息自由法，并确立"公开为常态，保密为例外"原则。1966 年德国明镜周刊案、1971年美国五角大楼文件案、1971 年日本外务省公电泄露案、1979 年进步月刊案、1984 年英国庞廷案等，引起人们对保密制度负面作用的深刻思考。这个阶段的最大特点是，保密法律的制定和修改多是在信息公开框架下进行的，主要是为了解决信息公开环境下哪些信息应当保密的问题。20 世纪 90 年代以来，越来越多的国家（包括英国）仿照美国模式，对保密法进行修改。

从表面上看，保密法制主要围绕保密与公开关系展开，实质则是国家安全和利益与信息自由、表达自由、新闻自由等其他多项宪法权利的矛盾，在不同历史阶段和社会环境下的不同表现。从历史上看，影响保密法制的主要有如下因素。

第一，战争。战争及与之如影随形的情报活动，可以说是保密法制发展的第一推动力。保密法制最初针对的就是间谍活动。英国 1911 年大幅修改《公务秘密法》很大程度上是为了应对第一次世界大战的威胁。① 军情五处（MI5）和军情六处（MI6）这两个专门的情报机构也在此时应运而生。在第二次世界大战期间的 1940 年，被后世批评"喜欢独自掌控信息，秘密行动，只和一小群顾问团商量合作"的罗斯福总统，② 签署了第一个有关保密的第 8381 号总统行政命令。③ 2001 年 9 月 11 日遭遇恐怖袭击后，美国布什政府改变持续将近 10 年的克林顿政府较为宽松的信息政策，加强信息管控。④ 民众对战争环境下的保密也大都持理解合作态度，如美国法

---

① *The Official Secrets Acts and Official Secrecy*，pp. 16 – 17（Parliament and Constitution Centre，Number CBP07422，17 December 2015）.

② 〔美〕戴维·罗特科普夫：《美国国家安全委员会内幕》，孙成昊、赵亦周译，商务印书馆，2013，第 47 页。罗斯福保密作风的后果之一是，副总统杜鲁门上任时，不知道有关原子弹和雅尔塔会议的细节，以及罗斯福与其他国家领导人签订的秘密协定。参见〔美〕戴维·罗特科普夫《美国国家安全委员会内幕》，孙成昊、赵亦周译，商务印书馆，2013，第 48 页。此外，罗斯福对一些重大决策，常常分别交给不同幕僚进行秘密研究。他的理由是，要做正确决策，就必须像法官审案一样，听取不同方面的意见。参见〔美〕德鲁克《卓有成效的管理者》，机械工业出版社，2015，第 144 页。

③ CRS Report R41528，*Classified Information Policy and Executive Order 13526*，p. 3（December 10，2010）.

④ *Secrecy in the Bush Administration*（September 14，2004），at www. democracts. reform. house. gov.

学家波斯纳在"9·11"事件后明确提出,"要保守秘密,政府就必须能够在媒体故意曝光秘密时惩罚媒体","只要材料的机密分级符合适当的制定法标准,就应允许政府防止或惩罚故意出版或以其他方式传播有关国家安全的高度机密"。① 但战争中侵害人权的残酷的一面有时也会激起更严重的泄密案件,如五角大楼文件案揭露越战决策过程,间接推动越战的结束;维基揭秘事件揭示阿富汗和伊拉克战争不为人知的一面,给国际关系带来重大影响;② 斯诺登揭露美国在全球范围实施信息监控,给互联网信息安全敲响了警钟,等等。这些都直接或者间接推动了保密制度和保密技术的进一步发展。

第二,新闻媒体。 2010 年的支振锋报告在总结英国保密法制特点时,曾特别提到"第四权"新闻媒体的重要影响。这是有道理的。近代新闻业的兴起,使信息传播和信息提供成为一种行业,政府不再垄断所有信息资源。新闻界秉持新闻自由的理念,以报道一切、监督政府为使命。这给国家秘密保护造成巨大冲击。第一次世界大战期间,英国的报纸被德国情报人员视为"获得英国国家机密的既简单方便又正确无误且风险小的方式"。③ 但同时,对于浓烈的政府保密作风来说,新闻媒体又是最好的制衡。现实中,正是因为有新闻媒体的努力,一些政府和官员的渎职不法行为才得以揭露,一些重大错误决策才得以纠正,如美国水门事件导致总统尼克松下台、日本秘密金库案促使田中首相辞职等。随着互联网时代自媒体的迅速发展,新闻自由与保密法制之间的冲突更趋复杂和多变。为解决这个问题,现代各国普遍建立新闻发言人及政府信息公开等制度,主动发布有关信息。一些国家还建立战时新闻保密审查制度。如英国1912 年建立政府与媒体的沟通平台——国防信息知会机制(The D-Notice

---

① 〔美〕理查德·波斯纳:《并非自杀契约:国家紧急状态时期的宪法》,苏力译,北京大学出版社,2010,第 110、113 页。

② CRS Report R41528, *Classified Information Policy and Executive Order 13526.* (December 10, 2010) (Wikileaks. org, …published online more than 600, 000 classified diplomatic cables and government documents produced during the wars in Afghanistan and Iraq. These disclosures have been condemned by the Obama Administration and other officials.)

③ A. J. A. Morris, *The Scaremongers: the advocacy of war and rearmament 1896 – 1914* (London, Routledge & Kegan Paul, 1984), p. 162.

System）。①

第三，人权运动。 如果说新闻自由还只是影响保密法制内容变迁的话，知情权运动则根本改变了保密法制的地位和面貌。作为第二次世界大战后人权运动的重要组成部分，知情权运动直接促成 20 世纪 70 年代以来的政府信息公开。1945 年美国新闻界首次提出"知情权"（right to know）概念。② 1948 年 12 月 10 日联合国大会通过并颁布的《世界人权宣言》第 19 条，首次确认知情权为基本人权（表达自由）之一："人人有权享有主张和发表意见的自由，此项权利包括持有主张而不受干涉的自由，和通过任何媒介和不论国界寻求、接受和传递消息和思想的自由。"1966 年 12 月 16 日联合国大会通过并颁布的《公民权利和政治权利国际公约》第 19 条，除了继续确认知情权为基本人权外，还对知情权与政府保密权的冲突问题做出明确规定，即在涉及国家安全和利益情形下，知情权可以受到一些限制，不过这些限制必须以法律的形式作出规定。

一、人人有权持有主张，不受干涉。

二、人人有自由发表意见的权利；此项权利包括寻求、接受和传递各种消息和思想的自由，而不论国界，也不论口头的、书写的、印刷的、采取艺术形式的、或通过他所选择的任何其他媒介。

三、本条第二款所规定的权利的行使带有特殊的义务和责任，因此得受某些限制，但这些限制只应由法律规定并为下列条件所必需：

（甲）尊重他人的权利或名誉；

（乙）保障国家安全或公共秩序，或公共卫生或道德。③

国际上，还成立了一个专门就信息自由问题进行研究、宣传的"19 条组织"，推动世界各国信息自由法制建设。其突出成果就是于 1995 年根据

---

① 〔英〕A. W. 布拉德利、K. D. 尤因：《宪法与行政法》（第十四版），程洁等译，商务印书馆，2008，第 449 页。

② 夏勇编译《关于美国宪法的一项新权利的法哲学探讨》，《国外法学》1985 年第 2 期；周汉华：《美国政府信息公开制度》，《环球法律评论》2002 年第 3 期。

③ 〔奥〕曼弗雷德·诺瓦克：《〈公民权利和政治权利国际公约〉评注》（修订第二版），孙世彦、毕小青译，三联书店，2008，第 456 页。

《公民权利和政治权利国际公约》第 19 条规定制定通过的《约翰内斯堡原则》。目前，西方各国保密法制在整体上几乎均成为信息公开法制的一部分，保密法制在信息法制中的主导地位已经一去不复返。

这里要特别提出的也是国内学界谈得不多的是，在知情权以外，其他人权的发展对保密法制也有重大影响。联合国《公民权利和政治权利国际公约》第 14 条规定的获得公开审判、强迫对自己有利的证人出庭作证（强制取证权，Right to have compulsory process for obtaining witnesses in his favor）等权利，① 对压迫保密范围、规范保密行为发挥了重要作用。美国的总统行政特权、英国的公共利益豁免权等都在一系列案件中被迫对人权让步。在 2007 年出版的英国《宪法与行政法》一书中曾就"官方机密与人权"问题专门进行讨论，认为"尽管《人权公约》不会对依据 1989 年《公务秘密法》提出的指控造成严重障碍，但政治环境可能会对这样的指控带来难度"。② 这个说法是比较中肯的。

第四，信息技术。英国《信息公开法》主要起草者法尔科内（Falcone）勋爵曾指出："政府信息公开的推进，是以信息记载、检索和供给方式的革命为前提的。"这一论断也适用于保密制度。15 世纪中后期，意大利人阿尔伯蒂发明多字母加密法，并设计出一个简易的工具金属密码盘来进行操作。16 世纪，密写技术在欧洲广泛传播，成为传递军事情报的主要手段，各国纷纷投身密写技术破译，意大利威尼斯还建立了密码分析中心。意大利佛罗伦萨国事顾问特地告诫传送国家秘密的人员，务必"小心谨慎，不要通过信函传递信息……现在已有很多隐秘的书写方法，但也发现了很多帮助解读文字的方法"。③

19 世纪中期以后，随着无线电报技术的出现和应用，截获敌方电子通信逐渐成为情报的首要来源，而且在多样性、准确性和及时性方面都是其他情报来源无法比拟的。相应的，保密工作的重心也转移到无线电报的加

① 〔奥〕曼弗雷德·诺瓦克：《〈公民权利和政治权利国际公约〉评注》（修订第二版），孙世彦、毕小青译，三联书店，2008，第 314 页。
② 〔英〕A. W. 布拉德利、K. D. 尤因：《宪法与行政法》（第十四版），程洁等译，商务印书馆，2008，第 448 页。
③ 〔美〕迈克尔·华纳：《情报的兴衰：一部国际安全史》，黄日涵、邱培兵译，社会科学文献出版社，2016，第 13 页。

密和解密上。德国人制造出世界上最先进的恩尼格码密码机（Enigma），英国在第一次世界大战后率先建立政府密码学校（Government Code and Cipher School）。无线电报密码技术也水涨船高地提高了情报和保密领域的"准入门槛"，在很长一个时期里，只有英美和苏联等少数几个国家才从事得起这样先进而昂贵的情报和保密活动。①

第二次世界大战特别是 20 世纪 70 年代后，为了确保计算机信息系统拥有、存储和传输的信息得到足够保护，满足保密性、完整性和可用性的要求，西方各国将一些漏洞扫描、防火墙设计等技术作为保密规范，并逐渐形成各种类型的强制性的保密标准。如美国联邦政府颁布的《计算机安全法案》、《联邦信息安全管理法案（FISMA）》、《第 42 号国家安全令（NSD42）》等都规定了相应保密标准。信息安全监督局、国家档案署根据总统行政命令《国家安全信息保密》制定的实施细则中，对安全设备以及涉密信息保管、传输、销毁等标准也有规定。②

保密标准等科技法规的出现，使得保密法制成为囊括程序性规范和实体性规范、伦理性规范和技术性规范于一体的规范体系。目前，在保密法律体系中，保密标准在数量上仅次于行政法规。可以说，以计算机和互联网为核心的信息技术革命不仅从根本上改变了信息存储、流动和获取的形式、途径和面貌，也对传统法治构成重大挑战，对信息和保密法制影响尤其显著。③

第五，全球化的发展。2010 年的支振锋报告在总结英国保密法制特点时曾指出，第二次世界大战以后，特别是 20 世纪 90 年代以来，在传统的国内诉讼之外，英国有许多泄密案件被诉诸欧洲人权法庭，其中往往涉及言论自由、程序公正等法律价值问题。尽管欧洲人权法庭保持了较为克制的态度，针对不同案件的不同情形做出不同判断，但对严重侵犯言论自由的案件，也会对英国法官的判决明确表达批评态度。其影响不可低估。这

---

① 〔美〕迈克尔·华纳：《情报的兴衰：一部国际安全史》，黄日涵、邱培兵译，社会科学文献出版社，2016，第 49 页。

② 《国家信息安全保密 1 号指令》（2003 年 9 月 22 日生效），载国家保密局法规室编《外国保密法律法规汇编》，金城出版社，2009，第 48 页。

③ 周汉华：《互联网对传统法治的挑战》，《法学》2001 年第 3 期。

是比较敏锐的观察。1999 年俄罗斯巴蒂克案①，以及 2004 年吉尔吉斯斯坦的案子②，都是这样的例证。

其实，全球化对保密法制的影响在第二次世界大战以后就开始显现，并逐步扩大，远不限于国际人权司法问题。联合国，特别是世界卫生组织（WHO）、世界贸易组织（WTO）等国际组织对成员方履行权利义务均提出明确具体的透明度要求（Transparent principle）。如《关税与贸易总协定》第 10 条规定，缔约方的有关司法判决及行政决定足以被一般援引的，均应迅速公布，以使各国政府和贸易商熟悉。《与贸易有关的知识产权协议》第 63 条规定，对于普遍适用的司法裁判和行政裁决应以本国语言予以公布，如不能公布，则予以公开。这些对各国保密法制产生了深远影响。

2001 年中国政府加入世贸组织时，曾专门对透明度问题做出承诺。一是只执行那些已公布的，为世贸组织其他成员、企业或个人容易获得的有关或者影响贸易的法律、法规、规章或其他的政策措施。二是应设立或指定一官方刊物，用于公布所有有关或影响货物贸易、服务贸易、TRIPS 或外汇管制的法律、法规及其他措施。上述法律、法规和措施在公布之后、实施之前，应当提供一段可向有关主管机关提出意见的合理时间，但涉及国家安全的法律、法规及其他措施，确定外汇汇率或货币政策的特定措施

---

① 巴蒂克生于 1954 年，居住在莫斯科。1977 年，巴蒂克在俄罗斯一家航天器研究院工作，并于 1977 年、1989 年和 1994 年先后签订三份保密承诺书，承诺不公开有关国家秘密，其中，1989 年的承诺书包含了出境限制条款。1996 年 8 月，巴蒂克辞职。1997 年初，巴蒂克在德国的父亲生病。为探望父亲，巴蒂克向内政部护照和签证服务处申请旅行护照，要求允许其到国外旅行。1997 年 3 月，护照和签证服务处根据《俄罗斯联邦出入境程序法》第 15 条的规定，认定申请人存在临时性出境限制，限制时间自 1996 年辞职时至 2001 年，为期 5 年。巴蒂克对此提出异议，并申诉到苦情处理委员会。1998 年 2 月，该委员会维持 5 年期的出境限制。随后，巴蒂克向莫斯科城市法院提起诉讼。1999 年 9 月，莫斯科城市法院查明，巴蒂克签订的保密承诺书中包含出境限制条款，且其知悉有关绝密级国家秘密信息，判决 5 年期的出境限制合法。对此，巴蒂克不服，上诉到俄罗斯联邦最高法院。1999 年 11 月，俄罗斯联邦最高法院维持原判。2000 年，巴蒂克向欧洲人权法院起诉，称其离开俄罗斯的权利受到侵害，并提出赔偿请求。最后，欧洲人权法院判决俄罗斯政府支付巴蒂克一定数额的赔偿金，并承担相应诉讼费用。参见余正成《从巴蒂克案看俄罗斯涉密人员出境限制》，《保密工作》2012 年第 2 期。

② CCPR/C/101/D/1470/2006, Toktakunov v. Kyrgyzstan, Views adopted on 28 March 2011. 详见孙世彦《公开死刑资料：联合国的要求以及中国的应对》，《比较法研究》2015 年第 6 期。

以及一旦公布则会妨碍法律事实的其他措施除外。① 三是设立或指定咨询点，应世贸组织其他成员、企业或个人的请求，提供有关或者影响贸易的法律、法规、规章和其他政策措施方面的法律信息服务和答复有关询问。② 《中国加入工作组报告书》进一步确认，"《WTO 协定》或议定书所要求披露的信息均不得作为保密信息（confidential information）而拒绝提供"，除非上述信息涉及国家安全，或者"该信息的披露将明显损害某一企业合法商业利益"。中国代表表示，中国禁止出口麻醉品、毒品、含有国家秘密的资料及珍稀动植物。③ 成为世贸组织正式成员后，中国就有义务采取有效措施，切实履行这些承诺，包括对保密法制进行适当修订。

三　主要特点

与其他国家和地区相比，西方保密法制有着一些自己的鲜明特点，如一些著作所提出的，保密法制形成较晚④，保密法规体系有一定的综合性与复杂性，行政规定的分量比较大⑤，习惯与立法结合⑥，成文法在英美保密法制中的分量加大⑦，保密与公开并举⑧，以定密、保密管理和责任追究为核心内容⑨，等等。这里在上述研究基础上，尝试从立法模式、核心内容、法律形式、法律运行等方面提出几点看法。

第一，在立法模式上，世界各国保密法制大致分为两种：一是信息公

---

① "those laws, regulations and other measures involving national security, specific measures setting foreign exchange rates or monetary policy and other measures the publication of which would impede law enforcement."

② 《中华人民共和国加入议定书》，载商务部世贸司编译《中国加入世界贸易组织法律文件》，中国商务出版社，2011，第 4 页。中国加入 WTO 法律文本的英文本、法文本和西班牙文本为正式文本，中文本仅供参考，不具法律效力。

③ 商务部世贸司编译《中国加入世界贸易组织法律文件》，中国商务出版社，2011，第 271 页。

④ 《美国保密制度法律》，金城出版社，2001，第 2 页。

⑤ 《保密法比较研究》，金城出版社，2001，第 2 页。

⑥ 《美国保密制度法律》，金城出版社，2001，第 4 页。

⑦ 《保密法比较研究》，金城出版社，2001，第 71 页。

⑧ 《保密法比较研究》，金城出版社，2001，第 5 页；《美国保密制度法律》，金城出版社，2000，第 4 页。

⑨ 《美国保密制度法律》，金城出版社，2000，第 25 页。

开例外模式，在信息公开法中对保密信息做出排除性规定，其定密决定接受司法审查，这种模式以美国为代表；二是保密与公开并重模式，即对保密做出专门规定，一般不接受司法审查，这种模式以俄罗斯和中国为代表。西方国家大多采取第一种模式。例如，美国政府1966年《信息自由法》，既规定了公开信息的内容，又规定了保密（豁免公开）的内容。公民有权请求政府公开信息（record），除了法律规定的9种不予公开的情形（nine categories of information），政府不得拒绝，对于不予公开的信息，政府要说明理由。这部法律的立法目的是要平衡两个方面的利益目标，一是避免公开信息对国家安全形成危害的可能性，另一个是保障公众知晓政府活动的权利。①

　　不同模式的背后是对保密和公开关系的不同认识。简单说，就是前者在理念上更倾向于公开，认为保密与公开的关系并非对等，而是有主次轻重之分的，所谓公开为常态，保密为例外。在立法上的一个重要表现，就是调整信息公开和保密关系的法律规范一般都以国会或议会法律的形式出现，在一个国家立法体系中处在仅次于宪法的较高层次，如上述美国的《信息自由法》，相反，调整保密的法律规范则大多以行政法规的形式出现。目前世界上，只有少数国家有专门的保密法，英国、俄罗斯、乌克兰、泰国和中国是其中的典型代表。英国《公务秘密法》颁布于1889年，以后经过多次修改（1911、1920、1939、1989年）；《俄罗斯联邦国家保密法》颁布于1993年7月21日；②《乌克兰国家秘密法》颁布于1999年9月21日；中国《保守国家秘密法》颁布于1988年，2010年修订（国务院1950年颁布《保守国家机密暂行条例》）；中国台湾地区《"国家机密"保护法》颁布于2003年（《"国家机密"保护办法》颁布于1960年）。其他西方国家多没有一部专门性的保守国家秘密法，保密规定分布在一些具体的专项的保密法律法规之中。

---

① CRS Report 97 - 71, *Access to Government Information in the United States: A Primer* (March 18, 2016).

② 苏联颁布过多个保密法令，如1925年《关于间谍行为，以及关于搜集、传递不应当泄露的经济情报》（第217号）、1943年《关于泄露国家机密和遗失具有国家机密内容的文件的责任》（第507号）、1947年《关于泄露国家机密和遗失具有国家机密内容的文件的责任》（第522号），参见《苏联和苏俄刑事立法史料汇编（1917年到1952年）》，法律出版社，1956，第402、784、800页。

第二，在核心内容上，不论哪一种模式，并无重大差别。根据《美国保密法律制度》一书的总结，[①] 大略包括三项。一是定密制度，包括确定、变更和解除国家秘密。[②] 定密明确保密的具体对象和范围，回答什么是国家秘密的问题，被视为保密工作的基础，在保密法制体系中具有举足轻重的地位。各国信息公开法均将国家秘密作为例外，因此定密对公民知情权影响很大。保密范围适度与否、定密程序是否科学规范、定密决定是否接受司法审查也被视为一个国家政府开放和民主法治程度的重要标志。二是国家秘密的保护制度，即对国家秘密采取的各种防范性保护措施，包括涉密人员、涉密载体、涉密活动、涉密会议等的保密管理，其核心内容是对涉密载体和涉密人员的管理。在信息化条件下，涉密载体的形式发生重大变化，纸质载体大幅度减少，存储介质逐步上升，信息网络成为保密泄密对抗的主战场，保密管理主要体现为一系列的保密技术标准。涉密人员管理通常需要采取一些限制公民权的措施，如采集指纹、提供个人和家庭隐私信息、审查回忆录乃至监控其社会交往等，因而争议较多。[③] 三是法律责任追究制度，主要是指违反保密规定乃至造成泄密的法律责任，其中对刑事责任的追究是各国刑事法律的当然内容。美国国会保护和减少政府秘密委员会（Commission on Protecting and Reducing Government Secrecy）认为，保密有三大要素：一是定密，即有一名官员确定哪些信息需要保密，并确定采用哪种手段才能尽可能地确保机密；二是确保只让可靠且有必要的人员知晓机密；三是，违反保密义务者会遭到某种惩处。这三大要素中任何一项变弱，或是无法有效发挥作用，保密体制就会运转不良。[④] 这可

---

① 《美国保密法律制度》，金城出版社，2000，第 25 页。

② "Classification" means the act or process by which information is determined to be classified information. 中文参见第 12958 号总统行政命令（克林顿总统，1995 年 4 月 17 日），载《美国保密法律制度》，金城出版社，2000，第 102 页；第 13292 号总统行政命令（布什总统，2003 年 3 月 25 日）载国家保密局法规室编《外国保密法律法规汇编》，金城出版社，2009，第 21 页。

③ 参见 CRS R43216, *Security Clearance Process：Answers to Frequently Asked Questions*（October 7, 2016）。并参见《美国保密法律制度》，金城出版社，2000，第 56 页。目前中文文献中，以该书收录的美国涉密人员安全审查资料最为丰富。

④ Susan L. Maret and Jan Goldman eds., *Government Secrecy—Classic and Contemporary Readings*（Libraries Unlimited, 2009），p. 10.

谓上述观点的另一种表达。这部分内容在许多保密法文章和著作里多有介绍，① 不赘。

第三，在法律形式上，西方保密法制也有一些自己的特点。从法律位阶来说，主要表现为行政机关内部规定，也就是马英九所说的"各国对国家机密之维护，多定位为机关内部事项，鲜有以国会制定法规范者"，② 其典型代表就是美国的总统行政命令（Executive Order）。③ 但这主要说的是对具体保密管理行为的规范，对于保密和公开的关系、保密权与其他权利的冲突、泄密的刑事责任之类，还是有相当多的法律规定的。这和西方重视人权保障与权力分立制衡不无关系。

从成文法、判例法和习惯法来看，习惯法在保密法制领域也有一定分量的甚至很关键的存在。有著作曾经敏锐指出美国保密立法有着"习惯与立法相结合"的特点，④ 但没有太多例证。这里可以举一些例子。在讨论总统行政特权的时候，一般都联系到普通法传统中的"国王不会犯错，也无须为其行为负责"（the king could do no wrong and was not answerable for his conduct），尽管这主要是从刑事豁免权角度而言的，与保密还隔了一层。⑤ 在英国，一条重要惯例就是内阁保密制度，现任政府中的大臣不得查阅前任政府中不同政党的文件。⑥ 如果某位大臣被证实将内阁议事细节不适当地透露给媒体，将被解职。⑦ 在1985年的Whitlam v. Australian Consolidated Press案中，法院甚至宣布："内阁机密是数个世纪政治经验所形成的政府机构的基本部分。如果要削弱它而没有足够理由，就是蓄意破

① 宗建文：《国外保密立法比较研究》，载周汉华主编《外国政府信息公开制度比较》，中国法制出版社，2003，第513页。

② 《"国家机密"法制与新闻采访权》，台湾政大传播学院，1996，第3页。

③ 关于行政命令的一般情况参见贾圣真《总统立法——美国总统的"行政命令"初探》，《行政法学研究》2016年第6期。参见 CRS Report R41528, *Classified Information Policy and Executive Order 13526*, p. 1（December 10, 2010）。

④ 《美国保密制度法律》，金城出版社，2000，第4页。

⑤ J. O'Reilly, *Federal Information Disclosure*, §11.8, p. 521（Shepards/Mcgraw-Hill, 2000）。

⑥ 〔英〕A. W. 布拉德利、K. D. 尤因：《宪法与行政法》（第十四版），程洁等译，商务印书馆，2008，第520页。

⑦ 〔英〕A. W. 布拉德利、K. D. 尤因：《宪法与行政法》（第十四版），程洁等译，商务印书馆，2008，第521页。

坏，就是对文明成果的无理拒绝。"①

在大陆法系国家，保密法制当然主要表现为成文法，而英美法系国家则判例法分量更重。但20世纪以来，英美法系国家成文法有日渐增加的趋势，英国著名行政法专家O. Hood Phillips在1979年出版的判例著作中特意提醒学生们，不要忽视成文法（statutes）在行政法以及其部门法中的重要性。② 而大陆法系国家的判例作用也日益明显，③ 德国明镜周刊案的影响并不逊于美国五角大楼文件案。④ 但二者在法律风格上确实有些差异，比如德国刑法典（第93条）对国家秘密概念有明确规定，⑤ 日本法院也在外务省密电泄露等案例中对如何认定国家秘密提出相对明确的标准，⑥ 但美国在成文法里没有对国家秘密概念做出统一规定，而是散见于原子能法、国家安全法、信息自由法、涉密案件程序法，⑦ 以及总统行政命令，并冠以不同名称，如受限制数据（restricted data），情报活动、来源或者方法（intelligence activities, sources or methods），国家安全秘密信息（Classified

---

① 〔英〕T. R. 艾伦：《法律、自由与正义——英国宪政的法律基础》，成协中、江菁译，法律出版社，2006，第335页。

② O. Hood Phillips, *Leading Cases in Constitutional and Administrative law* (*5th edition*)（Sweet & Maxwell, 1979），preface page.

③ 著名民法学家梅仲协20世纪40年代出版的《民法要义》中即频繁征引《德国民事判例集》。参见梅仲协《民法要义》，中国政法大学出版社，2004。

④ 张永明：《从中国与德国释宪机关之相关解释与裁判论新闻传播自由之界限与中国新闻传播之立法》，载刘孔中、陈新民主编《宪法解释之理论与实务》第三辑，中研院，2011，第263页。

⑤ "国家机密是指为使联邦德国免遭重大不利危险，对有限范围的人员公开，对外国保密的事实、物品或者情报。但违反自由民主基本秩序的事实，或者对与联邦德国的签约国予以保密的事实，若违反了国际军备限制条约，不属于国家机密。"转引自《德国刑法典》，徐久生、庄敬华译，中国方正出版社，2004，第59页。

⑥ 〔日〕右琦正博：《国家之秘密与国民之知的权利——外务省公电泄漏事件》，李鸿禧译，载荆知仁主编《宪法变迁与宪政成长》，正中书局，1984，第607页；范姜真薇：《国家机密与知的权利》，《律师杂志》2000年第266期；范姜真薇：《政府资讯公开与国家秘密保护——以日本之学说与实务见解为主》，《政大法学评论》第100期。

⑦ 《涉密案件程序法》（Classified Information Procedures Act）的秘密信息（Classified information）条款更像一个秘密信息范围的划定，而不是一个严格意义上的定义，包括一切依据法律、行政命令、行政规章等要求保密的信息，原文如下：any information or material that has been determined by the United States Government pursuant to an Executive order, statute, or regulation, to require protection against unauthorized disclosure for reasons of national security and any restricted data, as defined in paragraph r. of section 11 of the Atomic Energy Act of 1954〔42 U. S. C. 2014（y）〕。

National Security Information），秘密信息（Classified Information）等，尽管从学理上也可以归纳出一个国家秘密的定义。在司法判例上，无论是早期的盖诺兹案①，还是后来的五角大楼文件案②、尼克松案③等，美国法院也主要从程序上强调政府对保密必要性的举证责任，几乎没有正面回答何为国家秘密的问题。

在国内法和国际法方面，英美德日的国际化都是比较明显的。除了上文说过的国际人权司法以外，还有两点表现。一是联合国人权公约以及世界贸易组织的一些保密规定都是在西方国家主导或者支持下达成的，尽管许多条款只是宣示性的，而且都服从于信息自由、信息公开和提高透明度等原则。二是不仅对非西方国家，对其他西方国家，英美也是保密法制的输出国。有著作早就指出，美国主导制定了北大西洋公约组织的保密体系，德国保密法基本照搬北大西洋公约组织，以色列也大量借鉴美国保密法律。④ 日本也按照日美有关协定制定国内保密法。英国则继续保持其在英联邦国家和地区的影响力。

第四，在法律运行上，深刻体现和贯彻权力分立和制衡原则。这也是西方保密法制区别于其他国家和地区的重要特点。长期以来，与国家安全、外交密切相关的保密权一向被视为行政权的一部分，立法和司法权力不得随便干预。1796 年美国总统华盛顿曾以此为由，拒绝将与英国谈判的相关文件和资料提交众议院。⑤ 在民刑诉讼中，只要行政机关声明有关证

---

① United States v. Reynolds. 345 U. S. 1 (1953). 另参见 CRS Report R41741, *The State Secrets Privilege: Preventing the Disclosure of Sensitive National Security Information During Civil Litigation*, p. 2 (August 16, 2011).

② 徐子婷：《新闻自由与刑法之冲突——以美国法为中心，论泄密、诽谤与侵犯隐私之责任》第三章"新闻自由与国家机密之争议"，硕士学位论文，政治大学法律研究所，2002，第 31 页。

③ 尼克松案实际上包括一系列 4 个案件，但以 1974 年最高法院审理的第三案最为重要。参见 Nixon v. Sirica, 487 F. 2d 750 (D. C. Cir. 1973). *Senate Select Committee on Presidential Campaign Activities v. Nixon.* 498 F. 2d 725 (D. C. Cir. 1974). *United States v. Nixon.* 418 U. S. 683 (1974) [hereinafter Nixon I]. *Nixon v. Administrator of General Services.* 433 U. S. 425 (1977) [hereinafter Nixon II]. 另参见 CRS Report R42670, *Presidential Claims of Executive Privilege: History, Law, Practice, and Recent Developments*, pp. 4–6 (August 21, 2012).

④ 《美国保密制度法律》，金城出版社，2000，第 2 页。

⑤ 华盛顿：《致众议院》（1796 年 3 月 30 日），载〔美〕约翰·罗德哈梅尔选编《华盛顿文集》，吴承义等译，辽宁教育出版社，2005，第 771 页。

据涉及国家安全，不得在法庭上开示，法院一般均予支持。英国的英王特权和后来的公共利益豁免权[①]、美国的总统行政特权[②]，以及德国的公务秘密特权[③]等，因此长期被排除在司法审查之外。英国法院甚至宣布"司法程序不适于对国家安全问题做出决定"。[④] 但随着情况的变化，特别是政府滥用保密权的一再曝光，这些特权不仅必须接受司法审查，而且还受到立法的限制。英国学者明确提出，"国会反对党的第一任务就是最大限度地压制政府的秘密"。[⑤] 在 1984 年英国庞廷案中，国防部官员庞廷选择的就是将有关材料透露给国会的反对党议员，再由后者交给媒体公布。[⑥] 美国国会则直接立法，规定政府不得对国会封锁消息，[⑦] 并建立政府信息公开制度，赋予人民主动寻求信息的权利。[⑧] 法院在 1971 年美国五角大楼文件案、1974 年美国尼克松案、1984 年英国庞廷案中判决政府败诉，更是对保密权的有力一击，很大程度约束和改变了政府的保密作风。此外，国会还就政府部门内部监管制定法律，保护基于公共利益的检举揭发行为，当公务人员发现犯罪嫌疑，即应揭发，不得以保密为由推诿责任，机关也不得打击报复。概言之，现在的保密不再是政府部门的专利，保密范围受到来自

[①] Public Interest Immunity（House of Commons Library Research Paper 96/25）.

[②] CRS Report R42670, *Presidential Claims of Executive Privilege*：*History*，*Law*，*Practice*，*and Recent Developments*（August 21，2012）.

[③] 《德国刑事诉讼法典》，岳礼玲、林静译，中国检察出版社，2016，第 15 页。

[④] 〔英〕彼得·莱兰、戈登·安东尼：《英国行政法教科书》，杨伟东译，北京大学出版社，2007，第 409 页。

[⑤] Colin Turpin，*British Government and the Constitution*：*Text*，*Cases and Materials*（Butterworths，1999），p. 523（"The first task of the Opposition in Parliament is to minimise secrecy in Government."）

[⑥] 〔英〕T. R. 艾伦：《法律、自由与正义——英国宪政的法律基础》，成协中、江菁译，法律出版社，2006，第 160～161 页。Colin Turpin，*British Government and the Constitution*：*Text*，*Cases and Materials*（Butterworths，1999），p. 523，pp. 13－14. 更详细信息参见 R. M Thomas，"The British Official Secrets Acts 1911－1989 and the Ponting Case"，*Criminal Law Review*（1986）：497－498。

[⑦] 例如，《原子能法》，载《美国保密法律制度》，金城出版社，2000，第 281 页；《国家安全法》，载《美国保密法律制度》，金城出版社，2000，第 296 页。另参见 CRS Report RL30966，Congressional *Access to Executive Branch Information*：*Legislative Tools*，pp. 51－52（May 17，2001）。

[⑧] 参见《信息自由法》，载《美国保密法律制度》，金城出版社，2000，第 99 页。参见 CRS Report 97－71，*Access to Government Information in the United States*：*A Primer*（March 18，2016）。

各方面的挤压，以绝对必要和最小化为原则，尽管实践中未必能完全做到。

四 余论

在西方法制史上，保密成为法律规制对象的时间要比泄密晚一些，很大程度上是现代法治和人权精神的产物。其基本原则是，无论哪一种保密活动，法律上既未根本反对，也未完全放任，而是力求明确其保密范围、保密措施以及各种例外情形，在总体上，公开事项多于保密事项，而且公开范围日益扩大。世界大部分国家都规定，除涉及国家秘密、商业秘密或者个人隐私，一切诉讼案件必须公开审判；律师与委托人之间、医生和患者之间有保密特权，但如果涉及欺诈、刑事犯罪等违法行为，则不得适用。世界各国都建立商业秘密保护制度，但上市公司财务状况、经营情况及重大诉讼等则实行强制披露制度；商业秘密也非绝对，需要兼顾商业信息自由利用。世贸组织法规定，除了涉及国家安全的法律、法规及其他措施，确定外汇汇率或货币政策的特定措施，以及一旦公布则会妨碍法律实施的其他措施，成员方的所有政策法规均要符合透明度有关要求。等等。

这些例外的背后有多种考虑或者说理论，但主要还是基于利益衡量原则，即对信息保密与公开的权利和利益进行综合评判，看哪一种做法更能维护国家和社会整体利益。具体到国家秘密问题上，主要是妥善处理国家安全、公共利益与新闻自由、信息公开、知识进步等价值的关系。至于评判标准和具体做法，则受到文化传统以及社会环境等多种因素的影响。美国一度认为，"政府并无普遍的义务去公开信息，但是媒体可以出版任何它能够获取的材料"。该理论的前提假设是，"如果让政府既可以控制信息，又可以审查出版，那将出现一种过于危险的权力和过多的秘密。如果政府既不能控制信息，又不能审查出版，那又会使决策所需的秘密太少，而新闻界又攫取了太大的权力"。最好的办法是让二者保持平衡，"政府和新闻界作为两股对抗的、动机不同的力量运作着，政府寻求的是保守秘密，新闻界则追求公开。这一对抗保证了只要双方都寻求自己的利益，该体系的运作，就会像一只看不见的手，其最终结果会促进整体利益"。[①] 但

---

① 〔美〕凯斯·森斯坦：《政府对信息的控制》，李志强译，《比较法研究》2007年第2期。

在第一次世界大战期间，美国开始施行战时新闻保密审查制度，第二次世界大战期间，美国颁布第一个专门的保密总统行政命令。第二次世界大战后，美国先后颁布 1946 年原子能法案和 1947 年国家安全法案，将禁止任何人违规披露原子能信息和特定的涉及国家安全信息，即保密，作为一项基本法律制度。20 世纪 60 年代，美国又率先建立信息公开制度，迄今的半个世纪里，1966 年《信息自由法》成为世界信息公开立法的风向标。2001 年"9·11"恐怖袭击事件之后，布什政府又大幅改变持续近 10 年的克林顿政府以开放为主要特征的信息公开政策，改行控制优先战略。日本明治维新以后，颁布了名目繁多的保密法令，还一度成为当时中国政府保密立法的范本之一。第二次世界大战之后，在盟军司令部主持下，日本几乎废除一切保密法令。但在时隔六十多年后的 2013 年 12 月，日本国会又强行通过了《特别秘密保护法案》。

可以说，现实中，从来没有一个国家主张和实践百分之百的政府信息公开或者保密制度。在总体上，与公开相比，保密当然是次要的、例外的、个别的、受限的，甚至是负面、消极的，但国家安全的重要性和优先性也是毋庸置疑的，执政者绝不可头脑发热，简单否定甚至抛弃保密。从哲学上说，保密和公开是一对矛盾，如果没有保密，也就无所谓公开，反之亦然。因此，在具体政策上，保密范围宽泛固然不好，但也不是简单的越小越好，还是应当严格依据法治原则，结合各国实际，做出适当规定，从而在源头上确保国家秘密的正当性与合法性。

轩辕法治与义理

Chinese Dream Powered by Chinese Engine

by

Prof. Leo KoGuan,

Youxiong, April 21st, 4712XY*

Chinese culture and civilization has only one principle, that is, the rule of Dao;

Dao creates and distributes all things.

XuanYuan Culture and Civilization 2.0 powered by KQID engine

Chinese Dream Powered by Chinese Engine is XuanYuan Culture and Civilization 2.0 Powered by KQID engine: Our Remarkable Ancestor Xu-

---

* Updated in July 2016 from the original April 2015 version.

anYuan is the founder of China[1], the first culture-state on earth governed by Chinese Rule of Law and Principle. He teaches mankind that to realize XuanYuan DaTong, we have to develop Chinese Rule of Law and Principle and Chinese Scientific Outlook Free-lunch Economic System from Dao. XuanYuan declares his mission in *The Four Canons*, 10 and 11: *Revering the Heaven, cherishing the Earth, and holding the people dear, I help the disorientated find the right direction…, I assist the well orientated pursuing their dreams, …and I love and prosper all*[2] To achieve His mission here and now, we have to establish XuanYuan Rule of Law and Principle derived from Dao. The National People's Congress (NPC) is the Chinese Sovereign that creates and reviews the Constitution. The NPC is composed of "impartial and selfless law-makers" who form and supervise a Constitution Review Court to review and standardize the Constitution. All judges must be "impartial and selfless law-executors" without "personal or factional motives and interests." He commands in *The Four Canons*, 9: "When judging if things tally with law or not, one must prudently guard against interference from personal or factional motives and interests."[3] The amazing fact is that His rule of Law and Principle is still preeminent and modern. Because Chinese Rule of Law and Principle comes from XuanYuan's Dao, these laws and virtues like Dao are above all men and organizations; and all are equal under the laws. His decrees in *The Four Canons*, 1:

> From Dao comes the law. The law is the yardstick by which to judge whatever is achieved and not achieved to assess whether it is in the right or in the wrong. Those who have grasped Dao develop the law without violating that Dao. Once the law is formed, they do not dare to ignore it. Using it as the yardstick, they can understand and judge everything in the world

---

[1] MaoZedong & Zhu De, "Offering to the Yellow Emperor", *New China News* (1937).

[2] Lu, S. trans. (2008). *The Yellow Emperor's Four Canons*, "10: Lifelong Mission", "11: Contemplation".

[3] Lu, S. trans. (2008). *The Yellow Emperor's Four Canons*, "9: Names and Principles".

without being confused. ①

He establishes the rule of law and virtue and forbids the rule of man. He writes in *The Four Canons*, 25: "The human world should not abandon the rule of law and be ruled by someone's personal will; otherwise, disasters are inevitable."② He thus commands us to obey not man but Rule of Law and Rule of Virtue derived from Dao as the objective standard and guiding principle to measure the right and the wrong. It requires not arbitrary rule by a powerful man but rule by the objective standards that come directly from Dao. He says in *The Four Canons*, 3 and 7:

> Of all political institutions, law is the most important. Therefore, the rule of law should not be arbitrary. The installment of legal institutions should be out of the hands of irresponsible people. The law-makers' and law-executors' selfless impartiality and consistency in administering rewards and punishments are essential for bringing about a good social order... Any state which indulges torturing or killing three kinds of innocent people is not far from death itself, because no state can last long if it is not ruled by law. ③

Dao is unequivocally not above itself. Dao obeys its own rule of Dao. Naturally, XuanYuan Rule of Law and Principle derived from Dao is NOT an ideology where the ruler is above the law, which is an outdated statecraft and defunct ideology that must be swept away into the dustbin of feudal history. The rule of man is a feudal ideology of "xiaoren", who rule only to profit themselves. He denounces the rule of man. He commands rulers to govern based on *people first principle* to help everyone achieve his/her goals. He is the guardian of humanity and justice and removes leaders who abuse and terrorize their own people. He abhors tyrannical rule and punishes tyrants. XuanYuan Mandate of Heaven is the world's first

---

① Lu, S. trans. (2008). *The Yellow Emperor's Four Canons*, "1: The Dao and the Law".
② Lu, S. trans. (2008). *The Yellow Emperor's Four Canons*, "5: The Four Principles".
③ Lu, S. trans. (2008). *The Yellow Emperor's Four Canons*, "3: The Upright King", "7: Ways to Extinction".

written super-constitution that authorizes anyone to remove or/and kill any tyrant anywhere at anytime. ① He defines tyranny in *The Four Canons*, 5:

> If innocent people are suppressed or put to death while the evil and criminal are at large, it is called tyranny.... Tyrannical use of force will estrange the people.... Estrangement of people predicts widespread resentment. In a word, every move, back or forth, must abide by the Dao.... The Dao is not remote from anywhere anytime. No one can escape it. ②

He strictly executes all future bandits who rob people of their livelihoods and make them poor and all future tyrants who terrorize their own people. As an example, *The Four Canons*, 14 tells the story of how XuanYuan captured and killed Chi You in person, and describes in detail how He and his people performed a ceremony mocking Chi You and expressed their disgust of Chi You's cruelty to warn future generations not to emulate his evil acts:

> People flay his skin and make it into targets for arrow shooting training. Prizes are rewarded to high score winners. They cut his hair, attach it to a flagstaff and call the mock flag the "Chi You flag." They stuff his stomach with hair to make it into a football and those who can kick it into a target pit most often are rewarded. They chop up his flesh and bones, mix the mince with maror and invite people from all directions to suck it. ③

He commands all: "I hope you will all abide by the principle of justice that I have pursued and never abandon the law that I have followed, so as to set an example for later generations." Then, He sternly warns and orders all in *The Four Canons*, 14:

> Do not violate the regulations I made public, ... do not play havoc

---

① Lu, S. trans. (2008). *The Yellow Emperor's Four Canons*, "11: Contemplation".
② Lu, S. trans. (2008). *The Yellow Emperor's Four Canons*, "5: The Four Principles".
③ Lu, S. trans. (2008). *The Yellow Emperor's Four Canons*, "14: Order out of Chaos"

with the people I cherish; do not block the Heavenly way I follow. If anybody does what is prohibited, or wastes food, or creates havoc, or goes against the way of Heaven, that is, if he runs counter to justice or to the cycle of seasons, if he deliberately does what he knows is wrong, what he knows is not proper, what only satisfies his own desires but is against the law, if he stubbornly insists on having his own way and wages a war without a mandate from Heaven, then he should be treated as another Chi You. ①

XuanYuan orders everyone to obey His rule of Dao, *Giving first Taking later*. He wishes all to become generous kings who act in the kingly way of *Giving first Taking later* in *The Four Canons*, 25, 4, 18, 24, and 5: "He who gives and takes properly can be made the king; if not, he will lose his home, his life, and, if already a king, his throne." His rule of Dao unifies Heaven, Earth and man. He unifies names and forms② and seeks truth from facts to distinguish right from wrong and to reward the good and punish the evil③. It is the rule of *Giving first Taking later* in which the core tenet of governing is "loving the people" to help each to realize his/her dreams and aspirations. He reveals in *The Four Canons*, 3 and 22:

> Cherishing the people is a manifestation of Heavenly virtue and the guarantee for the accomplishment of anything... Decrees will be complied with when they are in line with people's wishes, and popular support for the leader comes with his selfless and equal love for all. ... And taking without giving will end in losing the whole country. ④

All under Heaven (tianxia) is within His legal jurisdiction; His Mandate of Heaven governs all anywhere at anytime. His Mandate of Heaven limits rulers'

---

① Lu, S. trans. (2008). *The Yellow Emperor's Four Canons*, "14: Order out of Chaos"
② Lu, S. trans. (2008). *The Yellow Emperor's Four Canons*, "18: The Established Law"
③ Lu, S. trans. (2008). *The Yellow Emperor's Four Canons*, "9: Names and Principles".
④ Lu, S. trans. (2008). *The Yellow Emperor's Four Canons*, "3: The Upright King", "22: Rule of Conduct".

rights to rule. Rulers do not have the unfettered right to rule, even if they are legally elected or appointed. Rulers' rights to rule are **conditional** upon their just rule bringing Humanity and Justice to all to enable and encourage every citizen to pursue his/her dreams and aspirations, and to ensure that every citizen peaceably enjoys free education, free health care, and free material comfort. For example, His illustrious descendant King Wu and his brother Duke of Zhou followed in XuanYuan's footstep. Duke of Zhou wrote in Shang Shu the justification for changing the right to rule from the Shang to the Zhou dynasty obeying XuanYuan Mandate of Heaven. He cited examples from history to explain why the earlier founder King Tang of the Shang Dynasty killed the bandit Jie, the last king of the Xia Dynasty and all in his family, "The way of Jie…. he employed [   ] cruel men; and he left no successor. "[1] For a similar reason Duke of Zhou replaced the Shang with the Zhou Dynasty. He caused Zhou (of Shang) to commit suicide by burning his palace, killing himself as well as his family and his court officials. Thereby, Duke of Zhou established the Zhou dynasty. [2] He explained to all,

> Oh! When the throne came to Zhou (of Shang), his character was all violence. He preferred men of severity, and who deemed cruelty a virtue, to share with him in the government of his states; and at the same time, the host of his associates, men who counted idleness a virtue, shared the offices of his court. God then sovereignly punished him…[3]

Justice is for all under Heaven, if not, Justice is not fulfilled, His Mandate of Heaven is universal. He not only authorizes every citizen of any state to overthrow his/her ruling regime that is against humanity in his/her country, but he also authorizes the use of force by a ruling regime of one state against another to uphold "Heavenly Justice" and "take necessary actions to punish" an evil regime that has committed crimes against humanity in order "to fulfill Heaven's will" and

---

① Legge, J. trans. *Shang Shu*, "Establishment of Government", "Zhou Shu. "
② Legge, J. trans. *Shang Shu*, "Establishment of Government", "Zhou Shu. "
③ Legge, J. trans. *Shang Shu*, "Establishment of Government", "Zhou Shu. "

help the oppressed and enslaved people to end their own illegal regime and establish a new virtuous government by a fair and legitimate means. This Mandate of Heaven is extra-territorial in its nature, and is surprisingly consistent with modern International Law and Custom as stated in the *United Nations Charter* and other international treaties. His mandates to all mankind in *The Four Canons*, 11,

> If somebody or some ruler of another state commits crimes against Heavenly justice, [an enlightened ruler] will take necessary actions to punish him so as to fulfill Heaven's will, never flinching nor passing the buck. If the time is right, he will seize the chance and make a prompt decision with no hesitation. But if the chance is missed, people will suffer from more troubles. [1]

He sanctions the above punitive war against any evil regime. Concomitantly, any tyrant must not be permitted to run and hide anywhere, and eventually must be captured and prosecuted according to a fair and just due process of law. He has warned all brutal tyrants *The Four Canons*, 22: "... the people detest brutality... the brutal, executed by the people. [2]" Ready examples include, Hitler, Mussolini, Tōjō and Zhou, the last king of the Shang dynasty, who were all, in some sense, removed and killed by the people: both Hitler and Zhou were driven to commit suicide by the people. Hitler shot himself with his own pistol and Zhou immolated himself, whereas Mussolini and Tōjō were executed by the people — Mussolini was shot and his corpse was hung upside down, and Tōjō was convicted of war crimes and executed by hanging. Any punitive action is legitimate only for "Heavenly Justice" to end extreme human rights abuses in accordance with Mengzi's Renqing that no reasonable human could stand idly by seeing children mercilessly thrown down into a well. *The Four Canons*, 5, 22 and 23: "If one wages punitive wars against evil forces, it must be in compliance with the Heav-

---

① Lu, S. trans. (2008). *The Yellow Emperor's Four Canons*, "11: Contemplation".
② Lu, S. trans. (2008). *The Yellow Emperor's Four Canons*, "22: Rule of Conduct".

enly principle of justice. "① If such *humanitarian intervention* is used primarily as a pretext for territorial expansion, the aggressive regime shall be "expelled by the Earth," because the "Earth detests aggressive expansion,"② and those "who covet other states' territory and exploit their resources would be punished by Heaven sooner or later. "③

XuanYuan persuades mankind to follow His inclusive rule of Dao, which is inclusive and tolerant to all unique thoughts and cultures. ④ Dao is NOT exclusivity, but rather Zhong Yong's harmonious unity in diversity, and an inclusive cultural identity by its maker, XuanYuan, our "Glorious and Remarkable Ancestor. "⑤ Dao, not man, is the measure of all things, and Dao rules over all things. And Dao is "the cardinal principle for all human actions. "⑥ Following Dao, He disapproves a vicious leader who is practicing "three vicious [deeds] …indulging in fighting and killing; persecuting the virtuous; indulging one's own wishes in disregard of the law. "⑦ However, he approves a virtuous leader "motivated solely by public interest⑧who learns, follows and is "in step with" the Dao,⑨ in order to avoid confusion "between right and wrong. " The rule of Dao is because "we human live by it," we can do nothing without it, and it is always "consistent and never fails," He defines rule of Dao in *The Canons*, 8 and 26：

If one goes too far, going further than what is appropriate as judged by

---

① Lu, S. trans. (2008). *The Yellow Emperor's Four Canons*, "5：The Four Principles", "22：Rule of Conduct", "23：Following the Dao".

② Lu, S. trans. (2008). *The Yellow Emperor's Four Canons*, "22：Rule of Conduct".

③ Lu, S. trans. (2008). *The Yellow Emperor's Four Canons*, "23：Following the Dao".

④ Xinhua. (2014). "Xi urges respect for other cultures. " Retrieved on 11/16/14 from 〈http://news. xinhuanet. com/english/china/2014 – 09/24/c_ 133669157. htm〉.

⑤ Mao, Zedong & Zhu De. (1937). "Offering to the Yellow Emperor. " *New China News.*

⑥ Protagoras famously stated："man is the measure of all things. "

⑦ Lu, S. trans. (2008). *The Yellow Emperor's Four Canons*, "5：The Four Principles".

⑧ Lu, S. trans. (2008). *The Yellow Emperor's Four Canons*, "9：Names and Principles".

⑨ Lu, S. trans. (2008). *The Yellow Emperor's Four Canons*, "11：Contemplation".

the Dao, he will suffer defeat. If he goes not far enough, not up to the standard as set by the Dao, he will not accomplish anything. Only when he is in step with the Dao, will he be able to reach his goal…Running counter to the Dao of Heaven means deserting the guiding principle for the state. Without the guiding principle, there will be confusion between right and wrong… [A] ll are born of It; without It, nothing can be accomplished. We humans live by It⋯ we follow It. The Dao is consistent everywhere and all the way; so, if only one grasps Its quintessence, one can infer the whole from a single instance and redress all wrongs in the one right approach⋯ Embrace the Dao and stick to the law derived from It, and all under heaven will be united into a harmonious one. ①

In China, all things are based on rule of Dao, rule of the Party, rule of the People, rule of Law and rule of Virtue. A civilization govern by the rule of Dao does not clash with another civilization governed by the rule of Dao or or a civilization governed by rule of any prophet of God, because the rule of Dao is inclusive in its nature. The rule of Dao embraces all cultures and civilizations as one great family of human races in harmonious unity with the diversity to compose musical tunes of ideas and beliefs. ②③The rule of Dao is the best of all possible rules. The rule of Dao integrates the great divide between the humanities and science into a unified discipline. All knowledge must be based on verifiable XuanYuan-Deng seeking truth from facts,④ which is consistently true anywhere and never fails anytime. ⑤ All government policies, laws and stated goals must be verifiable, accountable

---

① Lu, S. trans. (2008). *The Yellow Emperor's Four Canons*, "8: On the Convenant", "26: The Dao Proper".

② Legge, J. trans. (1893). *Kongzi: The Doctrine of the Mean.*

③ Leo, KoGuan. "New Ideas on The Yellow Emperor's Four Canons: The Anti-Entropic Operating System of the 'Scientific Outlook' Rule of Law and Principle."

④ Lu, S. trans. (2008). *The Yellow Emperor's Four Canons*, "5: The Four Principles"

⑤ Lu, Sherwin. trans. *The Yellow Emperor's Four Canons*, 18: The Established Law.

and falsifiable, whether they are correct or wrong as they are. XuanYuan's Jurisprudenceis the rule of Dao that sets the boundary and the guiding principle for Chinese rule of law. No man, king, ruler, organization or party is above Dao. Dao is not even above itself, It has to obey Its own rule of Dao. The rule of Dao is the rule of the Five Mandates: Humanity, Justice, Yang Zhu's Six Freedoms, Unity of Rights and Duties, and a Regulated but Free and Open Market Giving first and Taking later of Ideas, Goods and Services.

All rule of law concepts must derive their authority not from man but from God or Dao, so that its laws and virtues derived from Him or It are above men and their creatures. These laws and virtues cannot be abolished by man. On the other hand, a rule of law and principle derived from man can be changed and abolished by man. Clearly, Western rule of law is flawed, because this rule is based on its prophet's values. Therefore, the rule of God has two major flaws: 1) It can never be applied to those who believe in neither the prophet nor his God; 2) The Rule of God actually relies upon His prophet. Therefore, one can conclude that rule of law derived from rule of God is incurably flawed in its foundation — it must still depend upon the Prophet who claimed himself as the voice of all Mighty. He has the monopoly in interpreting the God's laws. Therefore, such a system of law is based solely on a prophet's connection with his God/s that cannot be falsified. It is blasphemy even to try to falsify the veracity of the prophet and his spoken words, writings or deeds. Throughout history, there have been an uncountable number of prophets with their uncountable God/s and their interpretations of their Gods' laws. "For example, Germany under Hitler's Nazi rule was the indisputable evidence of the fundamental flaw of Western rule of law concept. Hitler was democratically elected according to German laws and governed Germany under German constitution. Hitler was revered as the prophet of Nazi party and imposed his values on German rule of law that caused misery to mankind. Western rule of virtue is the rule of the Prophet that is meta-rule operating on top of its rule of law. Prophets are men. Thus any rule of any Prophet is fundamentally a rule of man by another name. Western rule of law is constrained and governed by its unspoken rule of the Prophet. In other words, the values of Western Liberal Democracy are derived from rules of the Christian Prophet, and little discussed in this context because to do so would be politically and socially divisive and potentially inflammatory. If it were openly stated in the decisions made by Western courts that the courts' decisions derive from Christian values, these decisions of the courts would be disputed and disobeyed by non-Christians. As a result, according to Fuller,[1] the courts deceive the world and themselves that their decisions are found only in the facts of the cases and in the laws they objectively take as they are. These deceptions are maintained by a conspiracy of silence that has guarded this secret of positivist jurisprudence from unsuspecting subjects. [2] The Western Rule of law derived its authority from the rule of God. It aspires to His moral ideal. Moreover, it has brought about better lives and better justice. It developed enforcement procedures that we can learn from and selectively adapt for our own use. But, despite its many merits, Western rule of law jurisprudence is based on Natural Law ideal that has an incurable defect in its very foundation. Natural Law ideal is the rule of God ideal that relies on prophets who claimed their authority from God to rule men. However, all prophets are humans. Thus Western rule of law jurisprudence of Natural Law is, at base, still based upon the arbitrary rule of man. All rules of law based on the rule of man have incurable defects in their foundations. They are bound to be corrupted by self-interested men and their factions. Such rules of law are subject to the interest of the prophet and his/her successive self-proclaimed holy interpretations. Despite the deliberate acts to secularize the Western Rule of Law, derived from Rule of the Prophet, by establishing the concept of the "separation of church and state" as advocated by Thomas Jefferson in 1802, US officials are sworn into office on the Bible, the US Congress starts its sessions with a morning prayer, and the Birth of Christ, known as Christmas, and the Resurrection of Christ from the

---

[1] Fuller, "Positivism and Fidelity to Law—A Reply to Professor Hart." *Harvard Law Review Association* 71 (1958): 630–672.

[2] Hart, H. L. A. (1958). "Positivism and the Separation of Law and Morals." *Harvard Law Review Association* 71 (1958): 593–629.

dead, known as Easter, are celebrated as solemn holidays. Similarly, Thanksgiving Day is celebrated as a day to give thanks to God, and Sunday is a day of rest, as suggested in the Bible. *In God We Trust* is the official motto of the United States and carved on U. S. Coins and printed on all Dollar Bills.

In contrast, the rule of Dao is the standard yardstick that can be verified and falsified by the unity of names and forms and by seeking truth from facts. While we long ago abandoned the idea of measuring length according to a prophet's foot, the meter is defined as the distance travelled by light in the vacuum in 1/299, 792, 458 of a second. [1] Imagine if the meter and second were arbitrarily set by a variety of prophets from various geographies and various ages. Our scientific civilization will instantly collapse. We must abandon arbitrary standards imposed by prophets. We must seek truth from falsifiable facts, not from men claiming to be prophets. A man is a man, no matter how holy he may be or claim to be. We must derive our laws and values from the verifiable and falsifiable Dao, not from prophets or holy men. That is why our cultural hero[2] XuanYuan decrees that China must be caged by Chinese Rule of Law and Rule of Virtue (Five Mandates) from Dao, not from any powerful man or prophet. Chinese courts must objectively interpret facts and laws following the Five Mandates, Guofa, and Renqing, as Chinese Jurisprudence according to Dao. Such a jurisprudence unifies names and forms as one to reward good and punish evil and to find truth from facts as they are. We must standardize the rule of law that has a falsifiable foundation. The Five Mandates of Dao provide that falsifiable standard. From our 5, 000 years of human archaeological and written history, we learn that any state, including China, that fails to rule accordance to the Five mandates (rule of Humanity, rule of Justice, rule of Six Freedoms, rule of the Unity of Rights and Duties, and/or rule of a Regulated but Free and Open Market Giving first and Taking later of Ideas,

---

[1] *Resolution 1 of the 17ᵗʰ CGMP* (*General Conference on Weights and Measures*) (1983) at ⟨http://www. bipm. org/en/CGPM/db/17/1/⟩.

[2] Mao Zedong & Zhu De, "Offering to the Yellow Emperor," *New China News* (1937).

Goods and Services as the engine for wealth creation and distribution) [1] cannot escape from cycles of violent changes, and eventually is either destroyed by violent revolution or subjugated, or colonized by others. Therefore, Chinese official motto must be: *In Dao We Trust.*

President Xi Jinping stated that Chinese Culture is the soul of China, [2] **therefore, Chinese Dream must be powered by Chinese engine.** To realize Chinese Dream, under the Party's leadership, we establish XuanYuan Culture and Civilization 2.0 powered by KQID engine. Hereby, China is under the Rule of Dao, Party, People, Law and Virtue that support a new Chinese social contract of Strong People, Strong Party, Strong Government and Strong Organizations. Strong and super productive anti-entropic organizations, so that they can produce, harvest and deliver an abundance of goods and services to all; Strong anti-entropic government, so that it can establish and enforce XuanYuan Rule of Law and Principle (Five Mandates) to uphold humanity and justice for all and establish Scientific Outlook Free-Lunch economic system where each has free education, free health care and free material comfort for all; Strong and united Party, so that the Party forms a strong anti-entropic government that is so strong that it can bring about humanity, justice, peace and prosperity for all; Strong people to supervise organizations, government and the Party; so that Party, government, organizations and people work together in harmony with diversity assisting each

---

[1] The current Chinese Open Door policy is in accordance with one of the Five Mandates, a regulated but open and free market Giving first and Taking later of Ideas, Goods and Services as the engine for wealth creation and distribution, is effectively rejuvenating Chinese culture and civilization. This New Silk Road Grand Strategy of *One belt, One road* links China to Asia, the Indian Ocean, Europe, Africa, the Middle East, Latin America and North America through sea and land networks. This magnificent global strategy is equally bold in setting up the China-led Asian Infrastructure Investment Bank (AIIB) to finance and coordinate these initiatives and the China-led BRICS Bank, which will rescue troubled banks in times of severe financial crises. This way, President Xi has backed up his Chinese Dreams with concrete and effective actions that are supercharging the Chinese Renaissance in this century and beyond. This *One belt, One road* shall bring peace and prosperity to all mankind.

[2] Xinhua. (2014). "Xi urges respect for other cultures." Retrieved on 11/16/14 from ⟨http://news.xinhuanet.com/english/china/2014 - 09/24/c_133669157.htm⟩.

citizen to realize his/her dreams. Xunzi[1][2] pointed out more than 2,000 years ago that the comparative advantage of any country is its cultural system. However, a culture and civilization depends on its engine to power it. Powerful engine produces powerful culture and civilization. We propose Dao's engine (KQID) to power XuanYuan-Xi's Dream to rejuvenate Chinese culture and civilization to bring about XuanYuan DaTong to all mankind in which everyone shall enjoy free education, free health care and free material comfort for life, so that everyone is free to find, pursue and achieve his/her dreams and aspirations. This Chinese Dream is achievable within our lifetime, because we have a new powerful Chinese information engine to power XuanYuan 2.0. What we need is a political will and an institutionalized knowhow built to harness this Chinese engine realizing the Chinese Dream. XuanYuan culture and civilization 1.0 was powered by XuanYuan's Dao that our illustrious forefathers Kongzi, Mengzi, Xunzi, Shang Yang, Laozi, Zhuangzi, Yang Zhu, Mozi, Zhu Xi, Wang Yangming, Xu Guangqi, Kang Youwei, Sun Zhongshan, and many others had tried to implement for at least the last 3,000 years but they had failed. They failed because they did not develop Chinese engine to power Chinese Dream. Chinese engine must come from Dao. To create Chinese mechanical engine, we have to derive equations and numbers directly from Dao. Our Remarkable Ancestor XuanYuan invented a falsifiable method of seeking truth from facts and unifying names with forms. He states that Dao is true only because it has been consistent everywhere and never failed anywhere at anytime. [3] Chinese invented silk making, the compass, gunpowder, paper, and paper money. However, we did not invent modern electrical and mechanical engines to power industrial revolutions, such as modern factories and airplanes, and the rockets to carry Chang'e and her pet Yu Tu[4] to the moon.

---

[1] Fung Y. L. , *A Short History of Chinese Philosophy*, ed. by D. Bodde (New York: Free Press, 1948).

[2] Chan W. T. ed. , *A Source Book in Chinese Philosophy* (Princeton: Princeton University Press, 1963).

[3] Lu, Sherwin. trans. *The Yellow Emperor's Four Canons*, 18: The Established Law.

[4] Xinhua. (2013). "China's Chang'e – 3 lunar probe amazes world." Retrieved on 05/30/16 from ⟨http://news. xinhuanet. com/english/china/2013 – 12/14/c_132968320. htm⟩.

Today we have only three options for engines with their respective operating systems: 1) the **THESIS**, Biological engines or our brains and muscles that powered both XuanYuan 1. 0 and Western operating system 1. 0; 2) its **ANTITHESIS**, the Powerful Newtonian engine that sprang fromWestern Operating System 2. 0. In order to OPTIMIZE the use of the Newtonian engine, one must operate it by using the Western Operating System 2. 0, and all users will be assimilated and converted into Westernizers with Chinese characteristics. [1] Western Operating System 2. 0 powered by Newtonian engine has contributed greatly to the progress of mankind. We are NOT against Western operating System 2. 0, and on the contrary, we are grateful for its Newtonian engine. As a people, we are entitled to empower our Chinese culture to flourishing equally under the Sun, like Western culture. We need Western culture to prosper. Likewise, it needs Chinese culture to flourish. Each requires the other to tango, in a win-win dance of life; 3) the **SYNTHESIS**, the KQID engine that sprang from Dao. As we are living in a Darwinian world, any unfit culture must adapt or go extinct. In short, we must develop a Chinese engine from Dao with equations and numbers to power the Chinese Dream. If we do not we will fail our Chinese Dream to rejuvenate Chinese culture and civilization. Fortunately, we have invented KQID engine from Dao to power the Chinese Dream. composed of just one Dao's equation with one complex number to power the Chinese Dream. KQID created a new concept of math with new symbols Qbit $(00, +, _{+}-)$ = Existence = 1 that requires only one complex number a + bi produced by $\equiv 00\mathbf{\Xi}\mathbf{\Xi}$ $\langle \bar{S} \mid E \mid \overset{+}{A} \rangle$ = $bit = \alpha kT = h/t = pc + m_o c^2 = Ee^{i2\pi\tau} = \overset{+}{A} + \bar{S} = \overset{o}{I}\psi$ (cte) $= \psi$ $(i\tau L_{x,y,z}, \tilde{T}) \subseteq \tilde{T} = 1$, 4 – vector complex coordinates living in Minkowski flat 3D time entangled in time. The complex number is a + bi where a and b are real but i is imaginary number $\sqrt{-1}$. KQID is our ancestor Qbit's shapeshifter equation that transform itself into infinite equations with infinite numbers for infinite solutions to infinite problems. (See KQID

---

[1] American born Chinese (ABC) is sometimes known as "banana" in the USA, yellow outside but white inside.

Engine and Creation）The Chinese engine is the KQID engine that comes from Dao. From Dao comes Love, and from Love comes *Giving first Taking later*, *Wang Yangminggm one bit-wave of knowing and doing*, in which giving and knowing Yang $(\overset{+}{A})$ taking and doing Yin $(\bar{S})$ = energy Qi (E) is the foundational principle underlying the creation and distribution of all that is, nothing that it is not, and even nothing itself. The logic and mechanics of *Giving first Taking later* are prescribed by KQID $\overset{+}{A} = E - \bar{S} \subseteq \tilde{T}$, where $\overset{+}{A}$ is creative Giving first, an anti-entropic time-future bit-wave function (ψ) moving backwards in time that acts as positive fundamental element Yang, $\bar{S}$ is creative Taking later, an entropic time-past bit-wave function (ψ) moving forwards in time that acts as negative fundamental element Yin, and the outcome is E, a creative energetic time-present bit-wave function (ψ) as a neutral fundamental composite element energy Qi moving either forwards or backwards in time that is subset or equal to $\tilde{T}$, the absolute digital time $\leqslant 10^{-1000}$s. Yang and Yin attract and mate to create and distribute new forms. XuanYuan says in *The Four Canons*, 11:

> All things had been one whole before …Yin and Yang were not separated yet, it was not possible to name anything. Now that one is divided into two: Yin and Yang… The enlightened take it as the Dao… and follow it in whatever they do… When there is attraction between the two, then follows the union of the assertive and the receptive. They complement each other and give birth to new forms. [1]

In conclusion, XuanYuan Culture and Civilization 2.0 powered by the KQID engine derived from Dao shall enable the Chinese to retain and improve upon their "Chineseness" and guarantee that we will survive and prosper here and forever on earth and in our universe. Let's sing together XuanYuan Calling!

---

[1]　Lu, S. trans. (2008). *The Yellow Emperor's Four Canons*, "11: Contemplation"

XuanYuan Calling!

Our Remarkable and Glorious Ancestor is the world famous Hero, ①

You unite and establish modern China here and forever, ¹

Establish rule of Dao to govern all, ②

Give first Take later as the guiding principle, ²

Create Chinese everlasting culture and civilization, ¹

Light up the world with your immortal wisdom, ¹

Harmonize Heaven, Earth and man,

Seek truth from facts by unifying names and forms to distinguish right from wrong

in order to reward the good and punish the evil,

Decree the Mandate of Heavenauthorizing everyone to remove or kill any tyrant anywhere,

Kill Chiyou², a cruel tyrant, as an example,

Free men from their masters,

Enact rule of Law and Five Mandates from Dao to champion humanity and justice,

Do you hear XuanYuan sing? ③

Revering the Heaven, cherishing the Earth, and holding the people dear,

I help the disorientated find the right direction…,

I assist the well orientated pursuing their dreams, … and I love and prosper all. ²

He sings your heart's song!

XuanYuan DaTong:

Free education for all for life,

Free health care for all for life,

Free material comfort for all for life.

Worry free pursuing your dreams.

---

① Xinhua. (2014). "Xi urges respect for other cultures." Retrieved on 11/16/14 from ⟨http://news.xinhuanet.com/english/china/2014 – 09/24/c_133669157.htm⟩.

② Modified by Leo KoGuan, based on Sherwin Lu's translation of The Yellow Emperor's Four Canons.

③ *Les Misérables*: "Do you hear the people sing? It is the music of a people who will not be slaves again…Then join in the fight that will give you the right to be free!"

Ask not① who He is calling,

He is calling on you!

Guardian of humanity and justice.

Do you hear XuanYuan sing?

Revering the Heaven, cherishing the Earth, and holding the people dear,

I help the disorientated find the right direction…,

I assist the well orientated pursuing their dreams, ⋯ and I love and prosper all.

He sings your heart's song!

DoReMiFaSoLa:②

Do, freedom of listening you like to hear

Re, freedom of seeing things you want to see

Mi, freedom of aesthetics you enjoy to experience

Fa, freedom of speaking out ideas you aspire to express

So, freedom of living a peaceful and leisure life you wish to have

La, freedom of thinking and acting on goals you desire to achieve in life

DoReMiFaSoLa…LaSoFaMiReDo…

---

① John F. Kennedy's speech: "Ask not what your country can do for you - ask what you can do for your country."

② Yang Zhu six musical tunes of freedoms: Let there be me! Do—Freedom of listening to things I like to hear as though the universe through us is listening to its own passionate and sacred melody in the sphere; Re—Freedom of seeing things I want to see as though the universe through me is actively absorbing the beautiful world I am living in, opening and freeing up my mind enabling and ennobling me with universal creativity; Mi—Freedom of aesthetics I enjoy as though the universe through me is enjoying "naked" and pure beauty to satisfy its artistic expression and be one with nature; Fa—Freedom of speaking out ideas I aspire as though the universe through me is solemnly expressing itself so that I, Tianming Ren, can hear its mandates. Thus, the people's voice is the Heaven's wish; the people's united voice is the Heaven's Five Mandates (Humanity, Justice, Yangzhu's Six Freedoms, Unity of Rights and Duties, and A Regulated but Free and Open Market Giving first and Taking later of Ideas, Goods and Services as the engine for wealth creation and distribution); So—Freedom of living the peaceful and leisurely life I wish as though the universe through me is relaxing in contemplation to be itself in nature and be one with the whole; Thus, TianmingRen is free to be let alone (Wuwei) in harmony with nature, and free from physical torture, mentally pain and suffering; La—Freedom of thinking and acting on goals I desire as though the universe through me is thinking and acting, doing whatever is necessary to execute its mandates on Earth and in my universe.

DRAFT RESOLUTIONS

Chinese Jurisprudence and Chinese Scientific Outlook Rule of Law and principle must be the creatures of XuanYuan's Dao. Rule of Dao, Rule of the Party, Rule of the People and Rule of Law and Principle are unified into one XuanYuan Culture and Civilization 2.0 powered by KQID engine. The rule of Dao is the rule of the Five Mandates: Humanity, Justice, Yang Zhu's Six Freedoms,[1] Unity of Rights and Duties, and a Regulated but Free and Open Market System along with Goufa and Renqing as the Chinese jurisprudence, which is the foundation for any Judicial Review of Chinese Constitution as well as her laws and policies. We must learn from history in China that without the Judicial Review Committee/Court under the supervision of the NPC, the Sovereign's will, we cannot effectively implement constitutionalism or the so-called rule of Dao, rule of the Party, rule of the People and rule of Law and virtue. Even during the rule of law regime of Lord Shang Yang, we did have some sort of judicial review by officers of law to implement Qin's rule of law regime separate from officers of government who executed the laws and policies of Qin government. He instituted a limited Judicial Review Qin Laws and developed customary legal practices in the land to create consistency in the interpretation and practices of the laws. His radical reform and his rule of law enabled Qin, a small state to rise up from just a relatively weak state to become the most powerful state among the seven states within only about 13 years after the rule of law reform by Lord Shang Yang consented by Duke Xiao.[2] Duyvendak who translated *The Book of Lord Shang* into English commented on Chinese customary law-making and law-maintaining:

It is no longer the ruler himself, who is identified with the maintenance

---

① Leo, KoGuan. "The Yellow Emperor Hypothesis: The Anti-entropic Operating System of the 'Scientific Outlook' on Rule of Law and Principle."

② Leo, KoGuan. "The Yellow Emperor Hypothesis: The Anti-Entropic Operating System of the 'Scientific Outlook' Rule of Law and Principle"; See also Leo, KoGuan. "New Ideas on The Yellow Emperor's Four Canons: The Anti-Entropic Operating System of the 'Scientific Outlook' Rule of Law and Principle."

of the law, nor is it a dead book or tradition, but there are living interpreters of the ancient writ, who, moreover, are in closed touch with the everyday practice of government. For they have to interpret the laws to the people and to the officials and have to give their opinion, whenever it is desired, about the legality or otherwise of administrative actions or people's conduct. Their interpretations of the law are put on record and " on the death of the officer, affairs should be transacted according to these files. [①]

The amazing fact is that Shang Yang's rule of law and his Judicial Review institution derived from XuanYuan Scientific rule of law and principle from Dao. Consequently, laws "should not be arbitrary. " Laws are in the hands of responsible "law-makers" and "law-executors" who administer selflessly consistent and impartial Justice for all without exception. The impartial and selfless "law-executors" of the courts must be independent "from personal or factional motives and interests. " He orders for independent judges and courts from political pressures to apply laws strictly to cases to determine who is right and wrong. This is XuanYuan's judicial review process. *The Four Canons*, 9 states: "To distinguish the right and wrong one must judge by law…one must prudently guard against interferences from personal or factional motives and interests. "[②] And *The Four Canons*, 3 states:

> The rule of law should not be arbitrary… (t) he law-makers' and law-executors' selfless impartiality and consistency in administering rewards and punishments are essential for bringing about a good social order.

Consequently, "Those who are rewarded would not be grateful while those punished bear no grudge, because rewards and punishments are appropriate and deserved. "[③]

---

① Duyvendak, J. J. L. trans. *The Book of Lord Shang.*
② Lu, Sherwin. trans. *The Yellow Emperor's Four Canons*, 9: Names and Principles.
③ Lu, Sherwin. trans. *The Yellow Emperor's Four Canons*, 3: The Upright King.

XuanYuan judicious deeds were documented by the illustrious scholar re-
formist Shang Yang who proclaimed in his book that during XuanYuan's rule, e-
ven the punished criminals "were not angry,"① because the punishments were
just. Thus, under XuanYuan 2.0, these laws and principles must be just, fair,
clear, precise, impartial, uniform, universal, consistent, regular and predicta-
ble.②

WE, THE PEOPLE, HEREBY RESOLUTE to establish XuanYuan
Rule of Law and Principle according to Chinese Jurisprudence: from Dao comes
laws and virtues. Therefore, we must rejuvenate and reestablish the Scientific
Outlook Rule of Law and Principle that "should not be arbitrary" in the hands of
responsible "law-makers" and "law-executors," who administer selflessly con-
sistent and impartial Justice for all without exception. *The Four Canons*, 3 states:

> Of all political institutions, law is the most important. Therefore, the
> rule of law should not be arbitrary. The installment of legal institutions
> should be out of the hands of irresponsible people. The law-makers' and
> law-executors' selfless impartiality and consistency in administering rewards
> and punishments are essential for bringing about a good social order.③

**NOW, WE, THE PEOPLE, HEREBY RESOLVE, according to the
rule of Dao, rule of the Party, rule of the People and rule of Law and Vir-
tue** (*Five Mandates*), we establish Independent Constitutional Courts supervised
by NPC. The impartial and selfless "law-executors" of the courts must be inde-
pendent "from personal or factional motives and interests." Sternly, XuanYuan
calls for independent judges and courts from political pressures to apply laws
strictly to cases to determine who is right and wrong. He orders: "When judging
if things tally with law or not, one must prudently guard against interferences from

---

① The King said: "…Fu Hai and Shen-nung taught but did not punish; Huangdi, Yao, and Shun
punished, but were not angry…" See Duyvendak, J. J. L. trans. *The Book of Lord Shang*.

② Leo, KoGuan. "In Search of a Rule of Law with Chinese Characteristics," p. 3.

③ Lu, Sherwin. trans. *The Yellow Emperor's Four Canons*, 3: The Upright King.

personal or factional motives and interests. "①

NOW, FURTHER, BE IT RESOLVED, that we shall scientific-outlook-ly rejuvenate Chinese traditional rituals and purge its superstitious elements and non-scientific ideas except for historical and pragmatic purposes. We shall reinforce and reinvigorate Chinese filial piety of children towards their parents and ancestors. We shall update and rejuvenate *The Great Learning* to build the Harmonious Great Commonwealth; hence we introduce the Five Relationships between 1) each sovereign being to his authentic-self, 2) to family, friends and community, 3) to modern Culture-State, 4) to mankind and to Nature, 5) to his Ancestor XuanYuan that give rise to virtues. Virtues require duties to be performed that grant the performers their rights attached. This is Wang Yangming's unity of rights and duties as one. Moreover, we will create and distribute new habits, new self-strengthening minds and new invigorated culture in weddings, funerals, greetings, everyday life activities, and so on for this century and beyond. We voluntarily renew, rejuvenate and revitalize them by infodynamic consensus into new rituals, new habits, new culture and new thinking as collectively directed by the Party led by President Xi Jinping and according to XuanYuan Culture and Civilization 2.0 powered by KQID engine (Dao). Each generation is entitled to revise the rituals according to the need of their time;②

NOW, FURTHER, BE IT RESOLVED, that we shall establish the new national ritual that every Chinese strives to be the TianmingRen who cultivates sincerity in his heart, extends his knowledge③ by seeking truth from facts,④ holds he knows when he knows a thing and admits he does not know a thing when he does not know.⑤ He rectifies his mission by mastering XuanYuan's ***Giving first***

---

① Lu, Sherwin. trans. *The Yellow Emperor's Four Canons*, 9: Names and Principles.
② President Xi wrote: "To proceed on the basis of our country's realities, we need to give emphasis to what is especially Chinese, practical, and contemporary. " See Xi, Jinping. "Accelerating the Establishment of Socialist Rule of Law in China. "
③ Legge, James. trans. *Kongzi: Liji*, "The Great Learning. "
④ XuanYuan and Deng's seeking truth from facts.
⑤ Legge, James. trans. *Kongzi: Analects*, 2.17.

Taking later and infusing his/her mind with the Five Mandates to uphold Humanity, Justice, Yang Zhu's DoReMiFaSoLa, Unity of Rights and Duties and a Regulated but Free and Open Market Giving first and Taking later of Ideas, Goods and Services as the engine for wealth creation and distribution for all. He works not only for himself but also for mankind. He builds a society "free from want"① (Da Tong) where each has free education, free health care and free material wealth. Furthermore, every able Chinese at least once has to pay pilgrimage to Xinzheng, the holiest city, on March 3rd Chinese Lunar Calendar to perform Offering and directly receive his Mandate of Heaven as the common sovereign from XuanYuan in person. He/she shall perform the "filial duty" ritual and swear before XuanYuan, our Glorious and Remarkable Ancestor, our world famous cultural HERO, the Father of Chinese culture and civilization, and the Founder of modern China that he shall punish the evil and reward the good "to fulfill Heaven's Will, never flinching nor passing the buck" in this world;②

NOW, FURTHER, BE IT RESOLVED, as President Xi praised Huangling as the spiritual symbol of Chinese civilization,③ that we shall establish the new national ritual that every able Chinese at least once must pay pilgrimage to Huangling, the holiest place, in April to perform filial piety tomb-sweeping④ of XuanYuan, our Glorious and Remarkable Ancestor, our world famous cultural HERO, the Father of Chinese culture and civilization, and the Founder of modern Culture-State China;

NOW, FURTHER, BE IT RESOLVED, that in order to create a new ritual for the 21st century China, any Chinese President-elect having been elected officially and properly according to the Constitution derived from Dao within 8 days thereafter must wear ceremonial Hanfu on behalf of the Chinese to swear to our Remarkable Cultural Hero XuanYuan and receive his/her official Mandate of

---

① Xi, Jinping. "Full text: Xi Jinping's speech at UNESCO headquarters."
② Lu, Sherwin. trans. *The Yellow Emperor's Four Canons*, 11: Contemplation.
③ Ta Kung Pao. "Huangling is the spiritual symbol of Chinese civilization."
④ Chinese filial piety to their ancestor.

Heaven in Xinzheng that he/she shall uphold the Five Mandates: Humanity, Justice, Yang Zhu's DoReMiFaSoLa, Unity of Rights and Duties and a Regulated but Free and Open Market Giving first and Taking later of Ideas, Goods and Services, and punish the evil and reward the good "to fulfill Heaven's Will, never flinching nor passing the buck"① in executing his/her mandates. This national ceremony shall be presided over and conducted by the Chairman of National People's Congress.

NOW, FURTHER, BE IT RESOLVED, that in order to create a new ritual for the 21st century China, according to the Constitution derived from Dao, within 8 days before the Chinese Spring Festival in his/her expiring term, the President in ceremonial Hanfu must give his/her last State of China address as a report on his/her Mandate of Heaven in upholding the Five Mandates: Humanity, Justice, Yang Zhu's DoReMiFaSoLa, Unity of Rights and Duties and a Regulated but Free and Open Market Giving first and Taking later of Ideas, Goods and Services, and punishing the evil and rewarding the good to fulfill the "Heaven's Will"② to our Remarkable Cultural Hero XuanYuan, and receive his/her personal farewell blessing at XuanYuan Mausoleum in Huangling. This national ceremony shall be presided over and conducted by the Chairman of National People's Congress.

NOW, FURTHER, BE IT RESOLVED, as Chinese culture and civilization has only one principle, that is, the rule of Dao, Dao creates and distributes all things and Chinese culture and civilization is founded on this sacred principle, that we shall establish the new national ritual that every able Chinese at least once must pay pilgrimage to Kongtong Mountain, the holiest place and the birthplace of Chinese culture and civilization, to receive his/her Dao as XuanYuan, our Glorious and Remarkable Ancestor, our world famous cultural HERO, the Father of Chinese culture and civilization, and the Founder of modern Culture-State China,

---

① Lu, Sherwin. trans. *The Yellow Emperor's Four Canons*, 11: Contemplation.
② Lu, Sherwin. trans. *The Yellow Emperor's Four Canons*, 11: Contemplation.

originally received his Dao there;

WE, THE PEOPLE, HEREBY RESOLUTE to establish XuanYuan Scientific Outlook and Harmonious Society according to the rule of Dao based on opening one's mind while seeking truth from facts and unifying all names with their forms. We must build XuanYuan falsifiable and scientific-art culture and civilization 2.0 powered by KQID engine. China shall invest 5% of her GDP annually for national Research and Development, like fusion reactors to provide clean and free energy and pollution-free transport system to support Eco-civilization, the Supercollider and space exploration to planets, exoplanets and stars in our Milky Way and beyond to accumulate the leading-edge knowledge and the useful knowhow to bring about XuanYuan Da Tong here and now on Earth.

NOW, FURTHER, BE IT RESOLVED, that in order to promote Chinese Socialism that "women hold up half the sky,"[1] we culturally and legally enhance equality between men and women that both men and women can retain their own last names in the marriage; furthermore, male children should inherit their father's last name and female children should inherit their mother's last name. Biologically, we have scientifically identified the male's Y-chromosomal DNA lineage passes on only from father to sons to create patrilineal history and we further identify mitochondrial DNA lineage passes on only from mother to daughters to create maternal history.[2] This way, female children shall not be disadvantaged and discriminated against, because they also "hold up half the sky" in the family's last name and genetic materials just like male children do. This will reduce the pressure to have more male than female children. With time, the ratio of boys and girls would balance itself out according to nature. Therefore, any family should freely decide and choose whatever makes sense for this family on their children's last names. Each family should keep and update their family tree. The state respects the sanctity of family and shall have neither the right nor the duty to

---

① Mao Zedong Thought.

② Wikipedia. "Mitochondrial DNA."

interfere with their family name choices;

NOW, THEREFORE, BE IT RESOLVED, that we shall restore what was his and reestablish the international XuanYuan Era within Gregorian Calendar, marking it out for Chinese historical continuity as well as international cooperation. For example, today is October 17th, 4713XY (2016AD), and thus we still use the Gregorian Calendar plus the inserted XuanYuan era sandwiched in the middle to honor the selfless contribution of our Ancestor Founder XuanYuan and his Co-founders, who loved us and founded MODERN Culture-State China in 1XY (2697BC); For any event before XuanYuan's reign in 1XY, we just put in Before XuanYuan (BXY). For example, XuanYuan was born in 20BXY (2717BC); Liangzhu Culture near Shanghai and Yangtze River delta existed around 2603-1603BXY (5300 – 4300BC), which was discovered in 4633XY (1936AD); and Hemudu Culture near the lower reaches of the Yangtze River existed around 4303 – 2303BXY (7000 – 5000BC), which was first discovered in 4670XY (1973AD);

NOW, THEREFORE, BE IT RESOLVED, that we acknowledge and recognize XuanYuan is the Founder of modern China, the Creator of Chinese culture and civilization, the Promoter and Protector of humanity and justice to each citizen of the earth, and the Father of all Chinese on Earth and in our Universe; therefore we shall establish Father's Day in His honor as a national holiday on Chinese lunar calendar March 3rd;

NOW, THEREFORE, BE IT RESOLVED, that we acknowledge and recognize Leizu is the Mother of all Chinese on Earth and in our Universe; therefore we shall establish Mother's Day as a national holiday on Chinese lunar calendar June 6th celebrating Leizu's marriage with XuanYuan and honoring her creation and distribution of Chinese silk civilization.

学术综述

中国法律史学会 2016 年年会学术综述

张　勤　侯欣一[*]

摘　要：2016 年 9 月 24 日至 25 日，中国法律史学会 2016 年年会暨法制转型与政治文明研讨会在天津财经大学举行，会议研讨由大会发言和分组报告两大部分组成。分组报告按三个主题分别展开，即传统中国法制转型与政治文明及社会进步、近代中国法制转型与政治文明、近代中国法制转型与社会进步及西方法律文化。本次年会报告有不少"亮点"值得肯定：一是研究视野更加开阔，选题有所拓宽；二是旧题新作，新意迭出；三是研究方法有所创新，实证研究色彩浓厚。但也存在一些不足，具体表现在，学术回顾和总结不够，在选题上部门法领域涉及较少，研究范围亟须进一步拓宽。作为法学的基础学科，法律史学在选题上要积极主动地向部门法渗透，只有这样，法律史学才能真正成为法学的基础学科。

关键词：法律史年会　综述方法　选题　基础学科

金秋的天津，秋高气爽。2016 年 9 月 24 日至 25 日，来自北京大学、清华大学、中国人民大学、中国社会科学院法学研究所、中国政法大学等高校和科研单位的 180 多名专家学者汇聚天津，参加中国法律史学会 2016 年年会暨法制转型与政治文明研讨会。本次会议会期一天半，共收到论文约 80 篇。除简短的开幕式外，会议安排了大会发言、分组讨论、学术总结等环节。在分组讨论环节共有 32 位代表围绕主题进行了分组报告，14 位评议人对分组报告进行了评议。本次年会由天津财经大学法学院承办、清华大学法学院凯原中国法治与义理研究中心协办。

---

　* 张勤，天津财经大学近现代法研究中心、法学院教授；侯欣一，天津财经大学近现代法研究中心、法学院教授，中国法律史学会执行会长。

中国法律史研究（2017 年卷）

为充分总结本次年会的研讨成果，推动法律史学科的发展，本文主要根据大会发言和分组报告的内容，结合评议人的评议意见，对本次年会进行学术综述。

一　大会主题发言

开幕式后的大会主题发言环节，共有 4 位代表分别就政体变迁、中西文化交流、日本殖民中国时期的法制、中华文化的根本等主题进行了报告。

武汉大学陈晓枫教授报告的题目是："中国政体：君主集权向宪法集权的转型"。通过对清末时期《钦定宪法大纲》、《重大信条十九条》到民国初期《中华民国临时约法》再到国民政府时期《训政时期约法》、《中华民国宪法》等宪法本文和实践的分析，陈教授认为，中国历史上的君主集权制度，在近现代经过了历次制宪、颁宪、修宪的活动后，完成了外观的近现代化，即宪法化，而保留了其主要的集权精神和原则，并导致了所有分权设置在宪法实施中的文本浪漫化。陈教授最后认为，中国政治体制中，国家权力的集散和分配问题可能还需要一个较长时间的历史探索。

华东政法大学李秀清教授报告的题目是："十九世纪西方视野中的中国司法"。李教授对比了 19 世纪上半期和下半期出版的英文《中国丛报》和《中国评论》中对中国司法的介绍和评论后认为，相对于早期《中国丛报》对中国司法"残酷"、"野蛮"、"落后"这样的负面看法，在后期《中国评论》中，对于中国司法不再是一概否定的抨击，而是代之以既有抨击同时又肯定其历史进步的评述。这些变化，李教授认为，和 19 世纪下半期中国的制度改革、中西关系缓和、刊物所在地香港特殊的地缘和文化环境、来稿多元及办刊的开放性等因素密切相关。

南京大学张仁善教授报告的题目是："论日本对华法律殖民"。张教授将日本在华法律殖民的样式区分为台湾模式、汪伪模式、伪满洲国模式三种模式。他认为，日据时期的法律构成了中国法律近代化的重要组成部分，值得深入研究和探讨。

清华大学凯原中国法治与义理研究中心廖凯原教授报告的题目是："由中华引擎提供动力的中国梦"。廖教授从"香蕉人"的话题开始，就确认轩辕黄帝是中国文化源头的重要性，以及建立轩辕纪元的必要性等问题进行了阐述。

大会报告人的题目紧扣本次年会的主题,从多角度阐述了转型中国法制的特征。陈晓枫教授着重于对主要宪法文本的梳理,考察中国传统集权惯性在近代宪政话语中的走向和命运;李秀清教授则从中国法律史界以往较少关注的 19 世纪英文报刊资料入手,归纳和比较西方人的"中国司法观";张仁善教授更是将研究的目光投向了以往很少关注的日据时期中国的法制状况,尤其是对伪满洲国法制的关注。尽管在国外的汉学界已有一些对伪满洲国法制研究的成果,如杜博思(Thomas David DuBois)的系列研究,但对于中国大陆法律史学界来说,这仍是一片有待探索的新领域。

二 传统中国法制转型与政治文明及社会进步

本专题共有 11 位报告者进行了小组报告。这些报告,既有从宏观角度展开的思辨型的纯理论层面的讨论,如黄宇昕博士和吕铁贞副教授的报告,也有针对具体法律现象展开的描述和评价,这其中又可细分为两种情形,一是侧重于对现有观点的质疑,如陈会林副教授、程令政博士、谢红星副教授,二是捕捉新的法律现象,并对此展开分析和阐释,如金大宝博士、彭炳金教授、吴海航教授、武航宇副教授、岳纯之教授等。张伯元教授的论文侧重于对法律典籍的考证,可另归一类。

宏观层面思辨型的讨论,能激发受众的思维,推动观念的更新。南开大学黄宇昕博士从子产和叔向围绕"铸刑书"所引发的争论入手,揭示出其所蕴含的深刻的法哲学意义。黄博士认为,"铸刑书"之争集中体现了传统中国文化内在的根本缺陷,即这种文化从"性本善"出发,在道德上单刀突进,但完全忽略甚至否定被视为"恶"的逻辑理性,最终导致不能彻底摆脱原始和谐,缺少理性自觉,反过来,道德的实现也无从谈起。以往对"铸刑书"的讨论较多地侧重阐释其法律形式变化上的意义,黄博士从法律文化出发,在道德和逻辑理性两个维度对其展开论述,给人耳目一新的感觉。黄博士侧重于对先秦时期"铸刑书"法哲学意义的挖掘,有所不同的是,上海财经大学吕铁贞副教授则着眼于明清时期的天下观、义利观、防务观的探讨,其目的主要是为考察明清时期对外贸易法制而进行"观念史"层面的梳理。从变迁的角度看,她认为这些观念的形成不是一蹴而就的，它们由来已久，并有很大的历史惯性。但随着时势的变迁，也悄然发生着变化。正如评议者所言，将"三观"集中于一篇论文进行讨论，虽有综合考察之长，但也难免有难以深入之短。

陈会林副教授、程令政博士、谢红星副教授的报告主要针对学界现有的观点进行反思，并在此基础上提出自己的看法。在研究方向上涉及清代司法的特点、早期中国法的特点、传统家族主义伦理和腐败的关系等。与以往的固有看法不同，中南财经政法大学陈会林副教授认为，传统司法应对"小事闹大"诉告的模式并非都是"大事化小"。事实上，清代还有大量严格司法和非"大事化小"的能动司法情形存在。中国学界常常依据梅因"秘密法"的论断得出这样的结论，即中国法在"铸刑书"之前处于"秘密法"阶段，天津财经大学程令政博士则不以为然。他认为，至少有史以来，中国法就不是秘密的，所谓子产"铸刑书"之前中国法为"秘密法"的说法根本就无从谈起。晋国叔向所反对的是子产公布了一种罪刑相应的新型法律而已。传统中国的家族主义伦理和腐败之间是否具有关联性，目前学界存在两种截然相反的观点。江西财经大学谢红星副教授从古代官员对家族所负有的义务、家族的伦理义务加重古代官员的经济负担、家族主义伦理解除了官员腐败的道德束缚三个方面进行论证，最后得出结论认为，家族主义伦理是传统中国腐败的深层文化基因。

对固有观点进行反思，以学术对话的方式深化学术讨论，常常能推陈出新，推动学术进步，而对新法律现象的捕捉，并对此进行思考，则能在广度上丰富学术研究，拓宽研究领域。中南大学金大宝博士对清代和唐代的刑讯规制进行对比后认为，清代刑讯有严酷化的趋势。就因果关系而言，他认为，刑讯的严酷化和清代人口急速增加、诉讼纠纷不断增多所导致的司法资源相对不足有较大的关联性。借用刑讯这一"高效率"的手段，成了基层人员处理命盗重案甚至民间词讼时不得已的当然选择。天津师范大学彭炳金教授聚焦于《唐律》中的监临官，对这一主体的职务犯罪及其处罚进行了细致的考察。彭教授发现，身为中央和地方各级机构中的长官和负责执行事务的官员，《唐律》对于监临官实行从重处罚的原则，这对于今天预防职务犯罪立法有一定的借鉴意义。如果说唐代的监临官及其职务犯罪的研究有一定新意的话，那么北京师范大学吴海航教授则把我们带向了一个更加充满新意的交叉领域即元代的法律与语言。吴教授聚焦于元初"蒙古新字"在行政、法制文书中的运用，认为"蒙古新字"在元代行政、法制文书制作领域发挥了一定的功能，但在实践中也给行政、法制文书的撰写带来了不利的影响。中国古代契约的研究一直是学界的一个热点，但还较少有学者对其中的"沽酒"条款展开系统的分析。沈阳师范大学武航宇副教授对中国古代契约文书中的"沽酒"条款进行梳理后发现，秦汉时期契约文书中已出现"沽酒"、"沽"等语，"沽酒"活动使契约缔结仪式对契约的履行具有了更大的约束力。就该条款的变迁而言，他发现，在唐之后"沽酒"条款已鲜见于现世契约文书中，而大量存在于冥世契约文书之中。在清代，"沽酒"作为一种民事习惯出现于官员的判牍中，作为民事习俗出现在士人的日记中。他认为，这一变化说明了，"沽酒"逐渐摆脱了其神圣性内涵，呈现日益世俗化的趋势。与武航宇副教授专注于某个条款的研究较为相似，南开大学岳纯之教授以《唐律（杂律）》第 450 条"不应为"条为考察对象，从由来、适用、刑罚标准、影响等方面展开论述。岳教授认为，作为一种概括性条款，"不应为"条的适用须具备两个条件，一是律令无条，二是理不可为。"不应为"条规定了笞四十和杖八十两种轻重不同的刑度，执法者可以酌情据理予以适用。

华东政法大学张伯元教授，长期致力于法律典籍的整理，在本次年会的报告中，他介绍了他对清代大臣杨守敬所撰《日本访书志》中《汉令甲》的校勘成果。张教授认为，《汉令甲》开创了后代对"令"的研究，在方法上能注意到传注、经书中法律资料的收集，对后世产生了深远的影响。

三　近代中国法制转型与政治文明

本专题共有 12 位报告者进行了小组报告，在研究时段上虽均专注于近代这一时期，但在内容上却有所不同，大致可细分为三个方向：一是宪法和地方立法，如聂鑫副教授、钟盛博士、周子良教授；二是司法，这方面的报告者较多，有崔兰琴副教授、李超副教授、龚先砦副教授、李在全副研究员、刘全娥副教授、牛锦红副教授、王春子博士、杨晓辉副教授；三是法律思想，如申巍博士。

讨论近代宪法和地方立法的三位报告者，聂鑫副教授侧重于挖掘民国宪法的"亮点"，钟盛博士专注于对 20 年代省宪自治运动失败原因的剖析，周子良教授则对阎锡山统治山西时期地方立法和村治的关系进行了探讨。

就民国宪法的评价而言，以往的研究基本上持批评态度，肯定的不多。清华大学聂鑫副教授的报告反其道而行之，尽量挖掘其可取之处。这些可取之处至少包括以下几点，即由独立于议会之外的非常规会议（国民会议）行使制宪权，构建"修正式"总统制/内阁制的混合政体，在宪法中大规模地引入社会权条文等。聂鑫副教授认为，近代中国制宪者在师法欧美的同时，坚持了"独立的精神"与"理性的选择"，因而取得了"不俗"的成绩。如果把聂鑫副教授所讨论的宪法归入"正统"的话，那么武汉大学钟盛博士所探讨的省宪之治在当时的中央政府看来，无疑是一种"异类"。20世纪20年代的省宪自治运动是传统大一统模式失效、国家陷入分裂格局状况下的一种救济行为，反映出国人试图以宪法解决割据战乱的尝试。但由于面临难以调和的文化冲突，无法逾越专制集权、央地关系、单一制等障碍铸造的那道高高的屏障，省宪自治运动的失败有其必然性。在近代史的研究中，已有不少著述对阎锡山统治山西时期，以"六政三事"为内容的村治进行过讨论，山西大学周子良教授的报告另辟蹊径，对鲜有人问津的地方立法和村治的关系进行了考察。他认为，山西在推行"六政三事"时，除了采用政策和行政命令外，还通过颁行和实施大量的地方性法规将"六政三事"付诸实践，这一做法对现代仍有启发意义。

一段时间以来近代司法已成为法律史学界的"热门"话题，从报告者的选题来看，本次年会也不例外。报告者涉及的内容，包括民初的行政兼理司法制度、国民政府时期的监犯移垦制度、民初司法官群体的分流与重组、陕甘宁边区的"司法独立"思想与实践、民国司法调解制度、司法行政机构在司法改革中的角色、国民政府时期媒体和司法的关系等方面。

浙江工商大学崔兰琴副教授和中国政法大学李超副教授的报告均以民初的行政兼理司法制度为研究对象，但重心和方法则有较大的差别。崔兰琴副教授以浙江省为区域范围，探讨了浙江省范围内具有知县兼理司法特征执法科的缘起、功能，以及所存在的问题。她最后认为，如果抛却地位和名分上的尴尬之处，仅仅从机构的功能意义上分析，执法科作为民初浙江省法院设立不足的一种补充和过渡，便于民众接近和了解民国初年新式的司法制度和程序，因此，其设置不失为一种成功之举。虽同样关注民初的行政兼司法制度，和崔兰琴副教授的报告有所不同的是，李超副教授的报告更多地从全国范围展开论述，他着重考察了行政兼理司法制度的形成和变迁，他认为兼理司法以最基本的近代审判原则处理司法事务，在与民众接触最为广泛的基层权力单位县实现了对传统司法的突破。一般认为，尽管民初延续了清末开始的近代法院建设规划，并有所实施和推进，但因为人财物等因素的制约，近代法院并没有在基层权力单位县设立。以往对行政兼理司法的研究，以负面评价为主，崔兰琴副教授和李超副教授的报告，从当时国情和其功能出发所进行的考察，给予其一定的肯定，将有助于推动学界对这一制度进行更为客观、公正的评价。如果说行政兼理司法制度是近代法律史研究中的"热门"话题的话，那么湖北工程学院龚先砦副教授讨论的监犯移垦制度，则相对来说属于"冷门"话题，探讨者并不多。龚先砦副教授从确立过程、主要内容、实施等三个方面对国民政府时期的监犯移垦制度进行了全面介绍。最后他认为，在物资匮乏、国力维艰的抗战时期，监犯移垦并非一味地强调生产作业，忽视教诲教育，而是将两者有机地结合起来，并在实践中得到落实，这一点值得肯定和借鉴。

研究民初司法审判，除对诉讼程序进行分析外，另一重要内容就是对司法官群体的考察，现有的研究侧重于司法官的资格、待遇、惩戒等方面，较少从变迁的角度考察清末和民初的政权更迭对这一群体所产生的影响。中国社会科学院近代史研究所李在全副研究员从中央和地方两个层次探讨了"后革命"时期即民国初年司法官群体的分流和重组。他发现，从清政府到民国政府的上层人事更迭，二者承续性非常明显，其中也包括司法高层人士，但中下层状况则呈现出较明显的"断裂"倾向。因此，他认为，考察辛亥革命后的人事问题，除关注"承续"与"断裂"面相外，尚需留意"专业"与"层级"因素。

西北政法大学刘全娥副教授长期致力于陕甘宁边区司法制度的研究，这次年会的报告她选取了边区司法史的重要人物朱婴，着重探讨其在特殊区域和特殊时期的"司法独立"思想和实践。通过分析，她认为，尽管朱婴的努力收效甚微，但其所蕴含的启发意义仍不容低估。同样是运用个案研究的方法，淮阴师范学院牛锦红副教授则把视角投到了民国时期著名的"李公朴、闻一多案"上。她从官方媒体、民主媒体、"中立"媒体的舆论导向三个方面分析了媒体和司法的关系，她认为，在"李、闻案"中，媒体和司法的关系并不融洽，政治对媒体与司法的双重干涉造成严重后果，最终导致"李、闻案"中的司法虚伪和舆论无力。

调解曾被誉为"东方经验"，以往的研究较多地侧重于明清乃至更早时期基层调解的运作机理，较少注意到近代以来调解受西方法律文化影响下所经历的嬗变。近年来这一问题已逐渐引起学界的关注。辽宁大学王春子博士的报告选题展现了这一研究趋势。她从清末民初民事诉讼立法中"和解"概念的辨析开始，重点分析了 1930 年国民政府《民事调解法》的内容，并对其中强制调解规定的得失进行了检讨。最后对 1935 年《民事诉讼法》的相关调解立法内容进行了评价。她认为，国民政府时期在民事诉讼法修订过程中对调解制度所展开的反思，已经触碰到 20 世纪西方国家民事诉讼法不断改革的核心问题，较之于清末民初的诉讼法和民事调解法单纯地向西方法学习和借鉴，已是不小的进步。

司法行政是近代司法变革的推动力量，对其所扮演的角色进行全面细致的缕析具有重要价值。中央司法警官学院杨晓辉副教授的报告重点分析了司法行政机构在近代司法改革中所扮演的角色，她认为，司法行政机构及其人事的相对稳定性，对清末至国民政府时期司法改革的持续性推进具有重要作用。

除上述宪法和地方立法、近代司法两个方向外，山西警察学院申巍博士的报告以清末驻外使节的警政观为题，在分类上属于法律思想史范畴。在报告中，他先后考察了郭嵩焘、刘锡鸿、张德彝、黄遵宪这四位驻外使节对当时英国、俄罗斯、日本等国警察制度的观察和记录。他认为，这些驻外使者的警政观在国内的传播和影响比较有限，但从历史的眼光来看，具有一定的前瞻性。

四　近代中国法制转型与社会进步及西方法律文化

本专题共有 9 位报告者，报告内容可细分为两大部分，即近代中国法制转型与社会进步，以及近代中国法制转型和西方法律文化。前者如陈云朝博士、胡伟博士、郑全红教授、王红梅教授的报告，后者如蔡晓荣教授、柴松霞副教授、夏婷婷副教授、刘艺工教授、任岳鹏副教授的报告。

本专题第一部分主要从部门法的角度考察近代法制转型对社会变革所

产生的影响，涉及的领域有物权法、婚姻法、继承法、商人结社法等。1930 年国民政府《民法典》在"物权法定"和"一物一权"原则指导下，将传统的"一田两主（大买和小买）"地权结构改造为物权法上的"所有权－永佃权"结构。这一立法改造的效果如何？山西财经大学陈云朝博士以安徽歙县档案为材料基础，对此进行了回答。他认为，这一改造引发了和固有习惯的紧张关系，就效果而言，改造后的永佃权制度只是停留在纸面上的立法，从裁判实践和学者的研究成果来看，"小买"习惯依然"活"在民众的观念和行动中。

安阳师范学院胡伟博士和天津商业大学郑全红教授的报告均以女性为研究对象，分别讨论了离婚法的女性权利变迁以及女子财产继承权的变化。胡伟博士以北宋李清照离婚案、20 世纪 30 年代初文秀离婚案和 40 年代陕甘宁边区封捧儿离婚案为个案，比较分析了女方提起离婚诉讼的法律环境。他认为，法律环境的差异对结果产生了明显的影响。胡伟博士最后认为，中国共产党领导的根据地民主政权抓住了婚姻的根本问题——妇女解放，在各根据地内进行了全新的婚姻法制创建，不仅推动了中国社会变革向纵深发展，而且奠定了当代婚姻制度的基础。郑全红教授以民初大理院判例为中心，对民初女儿、寡妻和妾的财产权进行了全面考察，指出民初女子财产继承权虽仍受到较大限制，但民初大理院深受男女平等理念和妇女解放运动的影响，在司法实践中变通了《现行律民事有效部分》，使女性在继承关系中相较传统中国法享有更多权利。从整个社会变革的角度讲，这些变化于今后法律与社会的发展都极具意义。

随着商业活动的发展，商人间的相互协作成为必然，最终导致商业团体的形成。盐城工学院王红梅教授首先考察了唐宋至明清时期商人结社的形式和性质，指出上述商人团体以自发为主，缺乏国家法的推动。然后重点对 1904 年颁布的《商会简明章程》进行了介绍。王教授认为，该章程的颁布，对各地商会的形成和发展起到了积极的推动作用，使商会逐渐发展成为不可忽视的社会力量。

本专题第二部分的报告内容侧重近代法制转型与西方法律文化的关系，从多角度梳理近代法制转型中的"西方元素"。福州大学蔡晓荣教授以 1909 年至 1913 年间，上海会审公廨美国会审官以美领事署名义呈致会审公廨的 693 桢交涉函件为依据，从微观层面考察纠纷的类型以及中美混合诉讼司法运作的细节，在微观层面推进了对上海会审公廨的研究。蔡教授的发现主要有两点：一是中美混合诉讼之整个过程尽在美国会审官的把控之中；二是美领事署的恣意介入，为诉讼当事人和其他各类参与角色影响诉讼提供了可乘之机。蔡教授认为，这是会审公廨涉外诉讼"泛外交化"导致的结果。

中日同为东亚国家，但法制近代化的结果并非相同，是哪些因素导致了这些差异的出现？天津财经大学柴松霞副教授选取了中日共同经历的出洋考察这一事件，从比较的角度探讨了中日两次出洋考察时的具体情形，认为国内外环境、宪政基础、民族心理、外国政府态度等因素造成了他们对西方法律文化认知上的差异，从而对本国的法制改革产生影响，由此在近代中日法制转型与法律近代化中起到不同的作用。

同样是比较研究，沈阳师范大学夏婷婷副教授将研究的重心放在了未婚通奸罪在中西法律规制中的异同上。她认为，在立法上，对通奸行为从罪到非罪的认定，是中西法律发展中的首要共性。在人类社会发展的相当一段时期，法律对男女通奸行为均采取了严酷的制裁方法。但在通奸罪的量刑上，西方要比中国古代法典中规定得严重。西方的通奸罪处刑往往都是死刑，在中国古代法典中，强奸行为中有加重情节的会处以死刑，普通的通奸行为本身罪不至死。

大连理工大学刘艺工教授对中国法制近代化和现代转型这一命题进行了宏观层面的阐述。他认为，中国的法制近代化之所以走了不少弯路，在很大程度上是因为丧失了对自己民族文化的自信心，其实，中国历史上有很多优秀的法律思想需要继承和发扬，如人本主义思想，注重道德教化的思想，以及人与人、人与自然相和谐的思想，等等。至于中国法制如何实现现代转型，他认为，除加强对本土法律资源的利用外，应继续加强向大陆法系和英美法系国家和地区先进法律文化的学习和借鉴。与此同时，还应加强对俄罗斯和东欧各国法制变迁的研究，注意吸取其法制转型中的经验教训。

天津财经大学任岳鹏副教授的报告虽未与本专题产生直接关联，但其对现代自然法方法论转向原因的分析，对于我们理解近代法制转型的动力和障碍仍有启发意义。他认为，现代自然法之所以出现方法论转向，最根本的原因是社会基础发生了变化。19 世纪以来社会急剧变化，由此产生的价值多元化和相对化使"普遍性道德"陷入"虚无"困境。现代自然法放弃本体论寻求并转向形式化的方法论研究，就是对这种社会现实的反映。他同时认为，现代自然法的转向，和与实证主义法学的碰撞和对话密不可分。把自然法作为一种方法来看待和研究，就是现代自然法实证主义化的表现和反映。

结　语

一年一次的年会，是法律史学界的盛会，也是集中展示法律史研究成果的一次"考评会"。归纳总结 36 位报告者的报告，我们发现，本次年会有不少"亮点"值得肯定。一是研究视野更加开阔，选题有所拓宽。以往较少关注的法律现象开始受到重视，张仁善教授对日据中国时期法制状况的考察，吴海航教授对"蒙古新字"在行政、法制中的运用的分析等就是很好的例证。二是旧题新作，新意迭出。最典型的例证就是两位年轻学者对"铸刑书"的重新检视。黄宇昕博士从子产和叔向围绕"铸刑书"所引发的争论入手，揭示出其所蕴含的深刻的法哲学意义。程令政博士则认为，子产"铸刑书"之前中国法为"秘密法"的说法根本就无从谈起。晋国叔向所反对的是子产公布了一种罪刑相应的新型法律而已。此外，陈会林副教授对传统司法应对"小事闹大"诉告的模式的反思也有不少新意，他认为应对模式并非都是"大事化小"。事实上，清代还有大量严格司法和非"大事化小"的能动司法情形存在。这里所谓的新意，也包含对法律现象的评价更加客观、中肯，更加接近历史真实。例如，崔兰琴副教授和李超副教授均对民初的行政兼理司法制度给予了重新评价，肯定了其在法制转型中所扮演的积极角色。三是研究方法有所创新，实证研究的色彩浓厚。案例研究、比较研究等方法逐渐成为法律史研究的常规方法，并且研究者在方法的使用上更加娴熟。采用案例研究方法的如蔡晓荣教授对 1909～1913 年美国会审官以美领事署名义呈致上海会审公廨的 693 桢函件的分析，以及郑全红教授对大理院女子继承权判例的讨论。采用比较研究方法的如柴松霞副教授对中日两次出洋考察的比较、夏婷婷对中西未婚通奸罪与罚的比较等。

在肯定本次年会所呈现的上述"亮点"外，我们也须看到存在的不足。归纳起来，至少有两点。一是学术回顾和总结不够。就报告者提交的论文来看，36篇论文中，有较完整学术综述的仅有9篇，只占四分之一。学术综述或回顾是对本领域研究成果的总结，只有在充分占有现有研究成果的基础上才能推进本领域的研究，否则，难以避免重复劳动，最终导致学术资源的浪费。二是尽管在选题上有所创新，但不得不承认的现实是，在选题上部门法领域涉及较少。清末民初以来，西法东渐，以大陆法系为框架的法律体系基本确立，刑法、民法、商法、诉讼法等部门法逐步建立。本次年会以法制转型与政治文明为主题，相当数量会议报告也以近代为研究的时段范围。但遗憾的是，本次年会报告涉及部门法的核心部分如刑法、刑事诉讼法、民法、商法等相对较少或没有，民事诉讼法虽涉及调解制度，但民事诉讼法的其他领域则无人问津。作为法学的基础学科，法律史学在选题上应更加具有渗透力，只有积极主动地向部门法渗透，其成果才有可能被部门法学者所接受和认同，也只有这样，法律史学才能真正成为法学的基础学科。

后 记

作为《中国法律史研究（2017 年卷）》的执行主编，有几句话要说：

一、本卷绝大部分稿子是我邀集而来，部分已经见于去年的学会论文集，经征得作者同意并做了进一步的修改完善，现全部在本刊第一次正式发表，特此向以张德美师兄为首、张勤教授殿后的作者团队表示感谢。作品质量如何，自有读者品评，我就不在这里饶舌了。当然，就作品质量，我愿意与作者一起承担连带责任。

二、本卷稿件的具体编辑工作，主要由我的研究生马子政同学完成，在此对他的辛勤工作表示感谢。当然，最后统稿是由我来完成的，编辑责任是责无旁贷的。

三、中国法律史学会的工作，亟须得到大家的支持。记得在 2014 年汪世荣执行会长承办的西宁年会上，我曾经说过，"中国法律史学会秘书处设在中国社会科学院法学研究所，具体工作由法制史研究室来承担。受制于经费、人员的限制（我只说一点，秘书处没有专职人员，所有的工作都是研究室人员志愿帮忙，在我们的工作考核中一点都不体现。秘书长在很长时间里就是秘书。当然现在好一些了，我的同事王帅一正在帮我做秘书的工作……），秘书处的工作还有很多值得改进的地方，还有很多应该做而没有做的地方"。最近几年，在吴玉章会长的领导和帅一老弟的襄助下，得力于中国社会科学院科研局、中国社会科学院法学研究所和廖凯原先生的财力支持，学会的工作已经大有起色。比如，民政部年检，在连续多年的"基本合格"之后，去年终于"合格"了；2015 年举办了学会优秀学术成果评奖工作；2016 年出版了《中国法律史研究（2016 年卷）》……当然，"起色"也仅是"起色"而已，还远远谈不上"繁荣"，这其中有着太多的变量和因子。比如，《中国法律史研究》作为学会的官方刊物，一年一刊的出版目标确实有着相当难度。今年的编辑工作，就使我常有"巧妇难为无米之炊"之感（尽管我也算不得"巧妇"）。我想，中国法律史学会作为二十世纪七十年代法学界最早成立的国家一级学会，如果欲继续自立于学会之林，确实少不得全国千余名会员的关心和爱护。作为一个民间组织，没有深厚的群众基础，是不可能有长远生命周期的。"大家的学会大家办"，如果您一时还找不到更好"关心和爱护"学会的途径，如果您还希望我们这些秘书处的"志愿者"有些许成就感的话，那就给《中国法律史研究》投稿吧。

　　谢谢大家！

高汉成

2017 年 6 月 26 日于昌平·南邵

图书在版编目(CIP)数据

中国法律史研究. 2017 年卷 / 吴玉章主编. -- 北京:
社会科学文献出版社,2017.9
ISBN 978 - 7 - 5201 - 1300 - 7

Ⅰ.①中…　Ⅱ.①吴…　Ⅲ.①法制史 - 研究 - 中国
Ⅳ.①D929

中国版本图书馆 CIP 数据核字(2017)第 207798 号

中国法律史研究(2017 年卷)

主　　编 / 吴玉章
执行主编 / 高汉成

出 版 人 / 谢寿光
项目统筹 / 芮素平
责任编辑 / 郭瑞萍　汪　珍

出　　版 / 社会科学文献出版社·社会政法分社 (010) 59367156
　　　　　地址:北京市北三环中路甲 29 号院华龙大厦　邮编:100029
　　　　　网址:www.ssap.com.cn
发　　行 / 市场营销中心 (010) 59367081　59367018
印　　装 / 三河市尚艺印装有限公司

规　　格 / 开　本:787mm × 1092mm　1/16
　　　　　印　张:15.25　字　数:249 千字
版　　次 / 2017 年 9 月第 1 版　2017 年 9 月第 1 次印刷
书　　号 / ISBN 978 - 7 - 5201 - 1300 - 7
定　　价 / 69.00 元

本书如有印装质量问题,请与读者服务中心 (010 -59367028) 联系